VERLAG
GRENZÖFFNUNG '89

Der schnelle Meyer

Mit Vollgas durchs Leben

Der schnelle Meyer

Mit Vollgas durchs Leben

Gerhard Meyer

Veröffentlicht im Verlag GRENZÖFFNUNG'89
1. Auflage

Text: Gerhard Meyer
Bilder: Eigentum von Gerhard Meyer
Umschlaggestaltung: Gerhard Meyer

Diese Publikation ist hinterlegt in der Österreichischen Nationalbibliothek, in der Universitäts- und Landesbibliothek Tirol und im Tiroler Landesarchiv.

Viele der in diesem Buch beschriebenen Zeitungsartikel, sowie Filmausschnitte können Sie auf unserer Internetseite www.derschnellemeyer.com ansehen! Entsprechende Lizenzen wurden eingeholt.
Jene Sendungen, die auf Grund unerfüllbarer Forderungen oder endloser Bürokratie nicht gezeigt werden können, erhalten Sie bei Bestellung dieses Buches auf o.g. Internetseite als persönliches Geschenk zu Ihrer privaten, nicht-kommerziellen Verfügung. Da die Urheberrechte beim jeweiligen Fernsehsender liegen, ist jegliche Vervielfältigung und Weitergabe ausdrücklich untersagt und bringt strafrechtliche Konsequenzen mit sich.

ISBN: 978-3-200-04217-9

Vorwort

Liebe Leserin, lieber Leser,

1950 war der Zweite Weltkrieg schon seit fünf Jahren Geschichte und die DDR gerade mal ein Jahr alt. Also ein gutes Jahr, um das Licht der neu geordneten Welt zu erblicken. Oder doch eher ein schlechtes, wenn man, wie in meinem Fall, vaterlos in ärmliche Verhältnisse eines neuen, aber deshalb um Nichts besseres kommunistisches System hineingeboren wird? Eine Frage des Blickwinkels und noch mehr eine Frage der Einstellung, denke ich. „Marx ist Murks" habe ich schon früh mit auf den Weg bekommen und jeden Tag von neuem erlebt. Aber allen Unkenrufen zum Trotz glaubte ich letztendlich auch an den weisen Spruch: „Mangel erzeugt Kreativität".

Auf meinem Lebensweg ist mir eine nicht unerhebliche Anzahl von Menschen begegnet, die viel Zeit aufgewendet haben, um über das, zugegebener Maßen nicht gerade bürgerfreundliche, Regime der DDR zu klagen und anschließend den Kopf in den Sand zu stecken. Viele davon haben auch nach dem Fall der Mauer mit verschränkten Armen auf Kohls versprochene „blühende Landschaften" gewartet. Viele davon warten heute noch darauf, ohne sich bewusst zu sein und zu werden, dass sie neben einer funktionierenden Denkzentrale auch noch gesunde Füße zum Gehen und ebensolche Hände zum Anpacken besitzen und damit den Schlüssel zum Erfolg in sich tragen.

Zum Glück haben auch andere Menschen meinen Weg gekreuzt. Solche, die mir zeigten, dass man alles schaffen kann, wenn man es wirklich will und bereit ist, dafür zu arbeiten. Schon als kleiner Bauernjunge auf dem Hof meines Ziehvaters Wilhelm Rößler entschied ich mich für diese Variante des Daseins und habe dies mein Leben lang nicht bereut. Heute bin ich 65 und mein größter Feind heißt noch immer „Stillstand". Vom finanziellen Aspekt her könnte ich meine Ideen längst entsprechenden Firmen und Handwerksbetrieben zur Ausführung übergeben. Aber so lange meine Füße mich tragen und meine Hände arbeiten können, ziehe ich meinen Blaumann an und stelle mich jeder neuen Herausforderung. Während ich ein Projekt beende, blüht schon das nächste in meinem Kopf auf und ich freue mich immer wieder auf's

Neue, den Fehdehandschuh aufzunehmen, oder die neue „Challenge“, wie meine Enkel es ausdrücken würden.

Mit diesem Buch möchte ich in all jenen, die die DDR in ihren vielfältigen Facetten erlebt haben, alte Erinnerungen wachrufen und jenen, die keinen persönlichen Bezug zum ehemaligen „Osten“ Deutschlands haben, Einblicke in dieses unglaubliche und letztlich unhaltbare kommunistische System geben. All die Jungen und vielleicht nicht mehr ganz so Jungen, die zwar im „Westen“ leben, aber bedauern, nicht auf die Butterseite gefallen zu sein, möchte ich mit meiner Lebensgeschichte ermutigen. Ermutigen, daran zu glauben, dass die Lebensumstände genau wie das Umfeld, in das man hineingeboren wird, in keinem Fall ein Hindernis für persönlichen Erfolg darstellen. Der Schlüssel liegt im Mut und im persönlichen Einsatz. Und wenn man sich klar wird, dass Mut nichts anderes ist, als die Angst, die man nicht zeigt, wird jedes vermeintliche Problem zu einer neuen Herausforderung, die uns wachsen lässt und schließlich zum Erfolg führt.
Wer mir auch nach dem Lesen dieses Buches diese Lebensweisheit nicht glauben will oder einfach einen Schubs in die richtige Richtung braucht, darf mich gerne kontaktieren unter
www.derschnellemeyer.com.

Gerhard Meyer
Steinach am Brenner, im November 2015

Kapitel - 1 -

In meiner Erinnerung an die ersten Jahre in Mühlbeck sind viele Bruchstücke an gesprochenen Sätzen in meinem Gedächtnis hängen geblieben. Natürlich kann ich heute nicht mehr sagen, in welchem Zusammenhang und mit welcher Bedeutung die Unterhaltungen geführt worden sind. Aber der entscheidendste Satz, der sich in meine Erinnerung eingeprägt hat, ist geblieben:
„Den Wilhelm Rößler kannst du nehmen."
Dieser Satz bereitete nicht nur unserer Mutter, sondern auch mir, obwohl ich noch nicht mal vier Jahre alt war, eine schlaflose Nacht. Noch heute frage ich mich, was meiner herzensguten Mama in jenem Augenblick, als dieser schicksalsträchtige Satz ihr eigenes Dasein und das Leben ihrer noch so kleinen Söhne verändern sollte, durch den Kopf gegangen sein mag. Wurde durch diese unvermittelte Art der Lösung unserer Zwangslage der Grundstein für meine spätere Besonderheit, oft als erster an einem Ort mit der strikten Weigerung sesshaft zu sein, eben „der schnelle Meyer", gelegt? Verlegen, besorgt und sich bis ins tiefste Innere der Schwere der Entscheidung bewusst, wandte sie ihr Gesicht dem kleinen Fenster der ebenso kleinen Wohnung zu. Die dunkel lackierten Holzsprossen zerschnitten wie gewohnt das Bild des blühenden Apfelbaumes neben dem alten schäbigen Haus auf der anderen Seite der steinigen Straße, während ein zarter Sonnenstrahl die Unebenmäßigkeit der Fensterscheiben noch deutlicher als sonst erscheinen ließ. Ihre dunkelblonden Haare fielen in anmutigen Naturlocken auf die Schultern und verdeckten ihr Gesicht so weit, dass nicht zu erkennen war, ob sich eine Träne den Weg unter ihrer Brille über die rosigen Wangen bahnte.

„Weißt du, Grete, der Wilhelm hat eine Bauernwirtschaft und ist fleißig. Da seid ihr Drei gut aufgehoben.", flüsterte unser Vermieter der abgewandten Frau, die er in den fast vier Jahren, die sie unter seinem Dach lebte, als fürsorgliche Mutter und ehrlichen Menschen kennen gelernt hatte, zu. Ihre leidvolle Geschichte, die er nicht nur aus ihren eigenen spärlichen Erzählungen sondern vor allem aus Berichten von Opfern und Leidgenossen der Kriegs- und Nachkriegszeit kannte, hatte ihn tief berührt und den Wunsch in ihm wachsen lassen, etwas Gutes für sie zu tun. Herr Richter war in Mühlbeck geboren und hatte sein ganzes Leben in diesem kleinen, friedvoll in Auen und Wälder eingebetteten Ort verbracht. Die Vorstellung, von seiner Heimat vertrieben zu werden und wie seine Mieterin nach einer langen Odyssee mit einem kleinen Kind an der Hand und einem weiteren in Erwartung in einem Flüchtlingslager Zuflucht zu finden, ließ ihn erschaudern. Dass die Behörde ihr nach dieser schwierigen Zeit ausgerechnet eine Wohnung in seinem Haus zugewiesen hatte, konnte kein Zufall sein. Er mochte ihre aufrechte Haltung und diesen unerschütterlichen Optimismus in ihren blauen Augen und fragte sich wieder und wieder, woher diese hübsche zierliche Frau ihre Kraft nahm. Ihr schweres Schicksal hatte sie offensichtlich nicht gebeugt oder gar gebrochen, ihrer äußeren Erscheinung nach hatte es nicht mal Spuren hinterlassen. Es war ihm ein ehrliches Anliegen, dieser starken Frau und ihren Söhnen, die ihm vertraut wie eigene waren, zu einem geordneten Leben zu verhelfen. Mühlbeck war mit etwa 800 Einwohnern klein genug, dass Jeder Jeden kannte und über dessen Geschichte Bescheid wusste. Herr Richter war etwa zehn Jahre älter als Wilhelm Rößler und kannte diesen von Kindheit an. Ihn zu fragen, warum er keine Frau für seinen Hof suchte oder fand, erlaubte der gute Anstand nicht. Vielleicht entsprach kein Mädchen in Mühlbeck seinen Vorstellungen, vielleicht war er aber auch nur zu schüchtern um die Brautschau ernsthaft in die Hand zu nehmen. Wahrscheinlich war eine Vernunftehe genauso wenig in Wilhelms Sinn wie in Gretes, aber die Zeit und noch mehr die Umstände verbanden das Schicksal Beider. Er konnte Gretes Traurigkeit fühlen und auch verstehen. „Schlaf drüber.“, sagte er halblaut und betrachtete ihr Kopfnicken als Zeichen, seine Pflicht getan zu haben und die alte knarrende Eingangstür der winzigen Wohnung von außen zu schließen.

Mutter seufzte tief bevor sie sich umdrehte und uns wortlos anlächelte bevor sie in die karg eingerichtete Küche ging um unser Abendbrot zuzubereiten. Lothar, mein um ein Jahr älterer Bruder und ich sahen uns an und versuchten, altersbedingt vergeblich, diesen Seufzer zu deuten. Dass unsere liebe Mutter im Bett auf der anderen Seite des holzvertäfelten beengten Zimmers noch Stunden wach lag und ihr Leben Revue passieren ließ, wussten wir natürlich nicht, bis sie uns Jahre später davon erzählte.

In jener Nacht muss wohl das ganze bisherige Leben in Bildern an

Grete Meyer vorbeigezogen sein. Vielleicht fragte sie sich, warum ausgerechnet sie das Schicksal so leidvoll geprüft hatte, wo Gott war, als sie Angst hatte von ihrer Kraft verlassen zu werden, und ob er vielleicht einsah, dass es Zeit war ihr schweres Leben ins Gute zu verändern. Vielleicht haderte sie noch lange mit ihrem Schöpfer, ob sie ein angemessenes Leben führte als fünftes Kind des ersten Kutschers auf einem Gutshof, aber vielleicht betete sie einfach so wie jeden Abend vor dem Einschlafen, so wie sie es auch ihren Söhnen beigebracht hatte und allabendlich zu tun pflegte.

Aus Erzählungen, mit denen sie uns manchmal zu Weihnachten, Ostern oder Geburtstagen unterhielt, erfuhren wir ihre Geschichte, die sie in jener Nacht noch lange nicht schlafen ließ. Ihre Eltern, Johanna und Hermann Klaus, hatten schon vier Kinder, als unsere Mutter, Margarete, in der Neujahrsnacht 1922 das Licht der Welt erblickte. Der Gutshof Schaaken in Charlottenhof, Kreis Königsberg, war mit einem Morgen Land, also ungefähr 2500m², das einen großen Gemüsegarten neben einem Kartoffelacker beherbergte und einem überschaubaren Viehbestand von einer Kuh, einer Ziege und ein paar Kaninchen gerade groß genug um die Familie zu ernähren. Mein Großvater sorgte zwar als vollerwerbstätiger erster Kutscher für ein regelmäßiges solides Einkommen, bescherte meiner Großmutter aber lange Arbeitstage, da sie sich nicht nur um den Hof sondern auch um die fünf Kinder allein kümmern musste. Bei der Geburt der jüngsten Tochter waren beide schon 39 Jahre alt. Hermann, der älteste Sohn, war dreizehn, Tochter Gertrud elf, Gustav zehn und Fritz fünf Jahre alt und ein Jahr später komplettierten sie die Großfamilie mit dem kleinen Otto. Die Geschwister verbrachten eine glückliche Kindheit in Schaaken, wo sie auch die Grundschul-Pflicht ableisteten. Margarete, unsere Mutter, besuchte diese Schule von 1928 bis 1936 und arbeitete anschließend als Küchenhilfe im Krankenhaus in Königsberg, wo sie, so wie alle Mädchen zur damaligen Zeit, ihr Pflichtjahr absolvierte und eine Hauswirtschaftslehre durchlief. Die Berufsausbildung war für sie somit abgeschlossen. Aber auch wenn sie keinen „richtigen“ Beruf erlernte, wahrscheinlich nicht mal nach ihrem Berufswunsch gefragt wurde, so konnte sie mit ihrem erworbenen Wissen doch später unseren Familienalltag gut organisieren. Von allen sechs Kindern war unsere Mutter das einzige Neujahrskind. Diese Besonderheit brachte ihr zwar wenig Glück im Leben, aber wenigstens überlebte sie, im Vergleich zu ihren drei älteren Brüdern, die an der Ostfront fielen, den Zweiten Weltkrieg und wurde älter als ihr jüngerer Bruder Otto, der 55 jährig verstarb.

Meine Großeltern, Johanna und Hermann Klaus

Margarete blieb auf dem Hof und verliebte sich 1939 in Johann Meyer, von dem sie Zeit ihres Lebens keine Details preisgab. 1940 kam ihre gemeinsame Tochter Brigitte zur Welt. Dem jungen Paar blieb trauriger Weise nicht viel gemeinsame Zeit, da Johann in den Krieg ziehen musste. Um seine junge Familie öfter sehen zu können, haben die beiden am 2. März 1941 geheiratet. „Kriegstrauung" nannte man das und brachte dem Bräutigam eine Woche Heimaturlaub ein. Nur noch ein weiterer Urlaub war dem jungen Soldaten, der an der vordersten Front kämpfte, vergönnt und noch bevor er erfuhr, dass er zum zweiten Mal Vater werden sollte, wurde er Ende 1944 in Italien für vermisst erklärt. Seiner jungen Ehefrau blieben nur sein Familienname, eine Eheurkunde und die gemeinsame Tochter Brigitte. Zu dieser Zeit befanden sich die deutschen Truppen bereits auf dem Rückzug und die Front rückte Ostpreußen bedrohlich nahe. Zahlreiche Deutsche, darunter einige Verwandte, hatten sich entschlossen „ins Reich" zurück zu flüchten. Unserer Mutter blieb keine Wahl, als die Gelegenheit zu nutzen und ihre vierjährige Tochter in die Obhut einer Angehörigen zu geben, die diese auf Margaretes Bitten hin nach Regensburg mitnahm, wo sie bei anderen Verwandten unterkamen. Der Plan sah vor, ihrer kleinen Brigitte so bald wie möglich nachzureisen oder sie wenigstens zu sich holen, aber der Krieg hatte kein Verständnis für Pläne. Dass sie ihre geliebte Tochter erst 18 Jahre später wiedersehen sollte, konnte sie nicht ahnen und hätte ihre Entscheidung sicher anders ausfallen lassen.

„Kriegstrauung" – Margarete und Johann Meyer

Die Kriegswirren und der eisige Januar 1945 ließen der schwangeren Margarete keine Wahl, als den Rat ihrer Mutter zu befolgen und mit ihr, ihrer Schwester Gertrud und deren acht Kindern auf dem elterlichen Hof in Neudorf zu bleiben. Der Mann im Haus fehlte zwar, da der Krieg Anspruch auf alle drei Ehemänner erhob, aber der Wille der zurückgelassenen Frauen, die schwierige Situation zu meistern, war eisern. Gertruds Mann, Günther Broscheit, war bei der SS und Gertrud hegte die Hoffnung auf ein baldiges Ende des Krieges und ein geregeltes

Familienleben wie früher. Wie treu er zu Hitler gestanden hat wusste keiner so genau, aber das kümmerte nach dem Krieg keinen. Kurz vor Kriegsende besuchte er seine Familie ein letztes Mal. Er verabschiedete sich von seiner Frau mit den Worten: „Ich komme nicht wieder zurück. Es hat keinen Sinn mehr. Uns werden sie alle aufreiben, bis keiner mehr übrig ist, und wenn wir in Gefangenschaft kommen, erschießen uns die Russen früher oder später sowieso. Dann mache ich es lieber selbst.“ Tante Gertrud war verzweifelt, denn sie wusste, dass ihr Mann nicht nur leere Worte gesprochen hatte. Nachdem sich Onkel Günther erschossen hatte, fanden ihn Wehrmachtsangehörige und brachten seiner Frau dessen Erkennungsmarke.

Großvater Hermann

Unser Großvater, der seinen geliebten Beruf als erster Kutscher gegen eine Stelle beim Heereszeugamt in Pillau eintauschen musste, war ebenfalls über Nacht Teil des Krieges geworden. Das lang ersehnte Ende des Krieges brachte ihn aber nicht mehr heim, sondern mit einem Schiff nach Rostock, ohne weitere Informationen für seine Angehörigen.

Auch wenn sich die drei Frauen nicht sicher fühlten, so hatten sie doch die Hoffnung, ihr karges Zuhause schützen zu können und zu überleben. Vor allem als der Sommer ins Land zog mit den ersten frischen Feldfrüchten, die die bescheidenen Mahlzeiten aufwerteten und Johann Meyers zweite Tochter geboren wurde, wuchs der Glaube an das Gute in dieser Welt in den Müttern und Kindern auf dem Hof. Diese Zuversicht wurde jäh zerschlagen, als die Russen durch das Land zogen, ohne Respekt vor Eigentum und Menschen. Sie scherten sich nicht um diese leidgeprüften Menschen, die sie, unter dem Deckmantel des Krieges, misshandelten. Jeder Einzelne, Männer, Frauen und sogar Kinder, war ihr Feind und wurde auch so behandelt. Wie Vieh trieben sie die drei Frauen mit ihren Kindern von ihrem Hof und verschleppten sie dann über die endlosen Weiten des Samlandes.

Vergewaltigungen waren an der Tagesordnung, die Gewinner des zweiten Weltkriegs nahmen sich jede Freiheit. So wie vielen Mädchen blieb auch meiner Mutter der eine oder andere gewalttätige sexuelle Übergriff russischer Soldaten nicht erspart. Auf ihr Baby nahm keiner Rücksicht. Als sie sich gegen eine erneute Vergewaltigung zur Wehr setzte, nahm der Russe sein Gewehr und schoss zwei Mal auf sie. Das kurze Leben des kleinen Mädchens endete mit einem eiskalten Kopfschuss in den Armen ihrer und später unserer Mutter. Sie selbst brach nach einem Schulterdurchschuss und einem Oberarmdurchschuss zusammen und blieb bewusstlos liegen. Ein russischer Sanitäter, der den Akt der Grausamkeit beobachtete, verabreichte ihr, unaufgefordert in rechtschaffenem Verantwortungsbewusstsein, eine Spritze gegen Wundstarrkrampf. „Es gab solche und solche.“, sagte sie später. Die ganze Geschichte mit diesem unsäglichen Schmerz, der sie wahrscheinlich all die Jahre immer wieder heimlich zum Weinen brachte, wenn ihr all die lieben Menschen, die sie auf der Flucht verloren hatte, in den Sinn kamen, gab sie erst kurz vor ihrem Tod preis. Nicht einmal Trauer um ihr Kind wurde den Feinden zugestanden.

„Weiter! Wer sich beklagt, dem ergeht es genauso!“, zerschnitten die unmenschlichen Befehle die kalte Luft zum Atmen. Durch Schnee und Eis bis nach Lettland und wieder zurück, begleitet von einem noch größeren Feind als den Russen, dem Hunger. So mancher Tag gab nicht mehr her als Wurzeln und Blätter, die sie unter dem Schnee hervor kratzten, ohne Hoffnung, von ihren Schergen mehr oder gar etwas Besseres zu bekommen. Die nicht viel bessere Alternative waren Abfallhaufen, zu denen sich die Flüchtlinge schlichen und alles einigermaßen Essbare herausklaubten. Viel zu dünne, Kälte und Nässe durchlässige Kleidung und schlechtes Schuhwerk machten es nicht immer leicht und möglich trocken zu bleiben, und doch stellte sich jeder Einzelne jeden Tag aufs Neue dieser Herausforderung. Eines Nachts kam Mutters Tross an eine Scheune, in die sie sich mit ihrer Familie schlich um heimlich im Stroh trocken zu übernachten. Die Menschen waren so erschöpft, dass sie wie Steine in das Heu fielen und bis zum nächsten Morgen nicht merkten, wie hart es eigentlich war. Als sie dann das Heu zur Seite schoben, kam ein Berg von Leichen zum Vorschein. Unschuldige Zivilisten, die von den Russen am Tag zuvor in der Scheune erschossen wurden. Nicht weniger dramatisch war die Typhus-Baracke, in der sie eine ganze Nacht inmitten von toten Körpern lagen. Jede noch so grauenhafte Erfahrung schien Margarete Meyer, meine liebe Mutter, noch stärker zu machen. Sie wollte und sollte nicht sterben. Wie sich in meinem Leben deutlich zeigt, hat sie mir wohl eine ganze Menge von diesen Stärke-Genen vererbt.

In Mehmel, im heutigen Litauen, endete die bis dahin oft ziellos anmutende Wanderschaft. Das Gefangenenlager, das dem farblosen Ort zu trauriger Bekanntheit verhalf, war bereits stark bevölkert, vorwiegend mit gleichermaßen vertriebenen Deutschen. Margarete wurde ein Schlafplatz im Lager und eine Arbeit zugewiesen. Die leibliche Versorgung bestand zwar aus Essbarem vom Abfallhaufen der Russen, war aber in diesem Lager verhältnismäßig gut und in jedem Fall besser als zu verhungern, eine begründete Angst, die sich im Laufe des langen Fußmarsches in die Köpfe der Betroffenen eingebrannt hatte.

Ihre Schwester Gertrud und deren acht Töchter quartierten die Russen in einem notdürftig eingerichteten Zimmer in einer Baracke ein, in dem sie mehr hausten als wohnten. Doch damit nicht genug, sie hatten auch kaum etwas zu essen, was Tante Gertrud dazu trieb, nachts zum Acker zu gehen und wenigstens so viele Kartoffeln zu klauen, wie sie für das Überleben ihrer Kinder brauchte. Diese Verzweiflungstat brachte sie vor Gericht, wo sie wegen Verrats, Volksverhetzung und einer ganzen Liste von angeblich kriminellen Handlungen zu zehn Jahren Haft, in Form von Zwangsarbeit in Sibirien, verurteilt wurde und wie sich Dank der noch immer existierenden Dokumente noch heute belegen lässt. Um die Kinder kümmerte sich niemand mehr, die waren für das System von der einen auf die andere Minute vergessen. Der Hunger zehrte von Tag zu

Tag mehr an den armen Kleinen, bis sie zu schwach waren um betteln zu gehen, weil sie sich nicht mehr auf den Füßen halten konnten. Uschi, die heute Ursula Duschek heißt, war die einzige der acht Mädchen, die den ungebrochenen Willen hatte zu überleben. Ihre sieben Schwestern verhungerten, aber sie nahm all ihre Kraft zusammen und marschierte los, lief bis ans Wasser und aß die toten Fische, die sie dort sammelte. Wie durch ein Wunder überlebte Uschi als Einzige der Familie Broscheit. Völlig verwahrlost wurde sie am See von russischen Ordnungskräften aufgegriffen und zunächst in ein Kinderheim gebracht, von wo sie 1947 nach Erfurt in ein Sammellager abgeschoben wurde und bald zu Adoptiveltern kam.

Auch wenn das Leben manchmal trostlos erscheint, so sind es doch die kleinen Freuden, die den Lebenswillen der Menschen immer wieder neu entfachen. Eine dieser Freuden war die neue Liebe, die unsere Mutter in einem jungen Mann, der sich in Mehmel niedergelassen hatte, fand. Um dem akribischen russischen System ein Schnippchen zu schlagen und dem Arbeitslager zu entgehen, zog er, wie viele andere seiner Leidensgenossen häufig um. Dies war der beste Schutz vor Aktenkundigkeit. Andreas Gudat war Deutscher mit litauischen Wurzeln und zog mit seiner zukünftigen Frau, wie er sicher hoffte, in eine kleine Wohnung in der Fischergasse, von wo er seiner Arbeit als Knecht nachging. Im Lager arbeitete Margarete weiterhin, bis am 29. Mai 1949 mein Bruder Lothar Andreas geboren wurde. In eine Zeit hinein, in der die nationalistischen Konflikte schwelten und die zweite Zwangsaussiedlung der Deutschen bevorstand. Tausende Männer wurden nach Sibirien deportiert, doch dem jungen Vater gelang es länger als anderen der Erfassung durch eine Meldestelle zu entgehen.

Der Winter hatte ein unschuldiges Weiß über die Landschaft und die Gebäude, die in den letzten Jahren mehr Leid als Freude gesehen hatten, gelegt. Am unscheinbaren grauen Bahnhof stand der Zug bereit um meine, ein weiteres Mal schwangere, Mutter, meine Großmutter und meinen Bruder Lothar nach Deutschland zu deportieren. Die Menschen drängelten und jeder versuchte, um den Russen endlich zu entkommen, einen Platz im übervollen Zug zu erhaschen. Auch mein Vater wollte sich in den Zug hineinschmuggeln um bei seiner Familie bleiben zu können. Als meine Oma auf den schneebedeckten Geleisen stürzte und nicht mehr imstande war allein aufzustehen, lief ihr zukünftiger

Schwiegersohn sofort und ohne an die Konsequenzen zu denken, zu ihr hin um ihr zu helfen. Das war der Moment, als er russischen Soldaten in die Hände fiel und umgehend eine Fahrkarte nach Sibirien ausgestellt bekam. Um seine Angehörigen zu schützen, trug er keine Papiere bei sich und vermutlich gab er auch nicht seinen richtigen Namen an, was andererseits die spätere Suche nach ihm erheblich erschwerte. Margarete hatte diesmal nicht mal den Namen des Vaters ihres kleinen Sohnes und des ungeborenen Kindes in ihrem Bauch, nur die Erinnerung an eine schöne Zeit mit zukunftsgläubigen Träumen, die viel zu kurz wähnte. Falls Andreas Gudat nicht durch ein Wunder aus dem Gulag entlassen wurde oder fliehen konnte und sie finden und heiraten sollte, würden ihre Kinder den Namen eines Mannes tragen, zu dem sie keinen Bezug hatten, den sie nicht einmal kannten.

Die Bahnfahrt nach der Vertreibung von Mehmel war der Anfang einer weiteren monatelangen Odyssee, die ihr vorläufiges Ende 1950 in einem Lager in Dessau fand. Erst als Margarete die Wohnung bei Herrn Richter in Mühlbeck, Sachsen Anhalt, zugewiesen wurde, konnte sie wieder voll Zuversicht in ein neues Leben blicken.

Als ich am 2. Juli 1950 zur Welt kam, lebte der Traum auf ein geregeltes Familienleben mit dem Vater ihrer Kinder noch in den Gedanken unserer Mutter, doch das erhoffte Wunder ereignete sich leider nicht. Also nahm sie, nach meiner Geburt, eine Stelle als Nachtschwestern-Helferin in einem Wochenheim im vier Kilometer entfernten Bitterfeld an. Das war für sie ganz praktisch, denn dorthin konnte sie meinen Bruder und mich mitnehmen.

E 1

Geburtsurkunde

(Standesamt Friedersdorf Nr. 41/1958

Gerhard Meyer

ist am 3. Juli 1958

in Mühlbeck geboren.

Vater: Sattler Johann Meyer

Mutter: Anna Margarete, geborene Klaus

Änderungen der Eintragung:

Friedersdorf, den 6. Juli 1958

Der Standesbeamte

Koller

Standesamt Friedersdorf, Krs. Bitterfeld

A 51 Geburtsurkunde (eheliche Geburt).
Verlag für Standesamtswesen Greiz — In Treuhandverwaltung.

A 51

LPU6 50 000 4046 49

Meine Geburtsurkunde

Bitterfeld war eine hübsche aufstrebende Industriestadt, in der alte Biedermeier- und Jugendstilhäuser neben Fachwerk-Häusern und Bürgerhäusern einen schönen Kontrast bildeten zu den rechteckigen Kastenbauten, von denen das eine oder andere Gebäude im sogenannten Zuckerbäcker-Stil sogar eine Säule aufwies um sich wenigstens leicht von den anderen zu unterscheiden. Diese unschönen aber zweckmäßigen Kastenbauten mit dem saloppen Beinamen „Arbeiterschließfach“ wurden durchwegs für den Siedlungsbau genutzt und standen meist am Stadtrand im gepflegten Grün. Etwa 30.000 Menschen lebten in der schmucken Stadt, aber das Einzugsgebiet umfasste sogar 150.000, von denen nahezu 21.000 in den zahlreichen unterschiedlichen Betrieben arbeiteten. Dass gerade die Fabriken, die so vielen Menschen Hoffnung auf ein Leben in Wohlstand gaben, die Ursache dafür wurden, dass Bitterfeld nach dem Krieg zur dreckigsten

Stadt Deutschlands wurde, hatte damals niemand ansatzweise vermutet. Die riesigen Felder, welche die Stadt einrahmten, wurden durchwegs von Einzelbauern bewirtschaftet, die bei jeder Schlachtung vorschriftsmäßig ein Deputat abgaben. Dem Gefühl nach gaben sie drei Schweine ab um wenigstens ein Schwein behalten zu dürfen.

1952 tauschte Grete ihre Arbeit im Wochenheim gegen eine als Küchenhilfe im EKB (Elektrochemisches Kombinat Bitterfeld), wo sie bis zu dem Tag im Frühling 1954 arbeitete, als ihr unser Vermieter dieses gutgemeinte, ganz gelinde an einen Kuhhandel erinnernde Angebot unterbreitete. Jeden Morgen brachte sie meinen Bruder Lothar und mich in den Kindergarten in Mühlbeck und fuhr anschließend mit dem Bus in die nahe Stadt zu ihrer Arbeit. Am Abend holte sie uns ab und wir spazierten plaudernd und lachend nach Hause. Ihrem allabendlichen Freude strahlenden Gesichtsausdruck nach zu urteilen, empfand sie jede Minute mit ihrer kleinen Familie als kostbares Glück.

Als Lothar und ich an jenem Sonntagmorgen in die Küche kamen und uns, hungrig wie jeden Morgen, an den alten Holztisch setzten, lächelte uns Mutter, wortlos aber tiefgründiger als sonst, an und in diesem Augenblick wusste ich, noch vor meinem Bruder, dass wir einen neuen Vater bekommen. Gleich darauf klopfte es an der Tür und Herr Richter kam herein. In gewohnter Geste strich er uns über den Kopf und sah dabei seine Mieterin fragend an. Als diese nickte und zu verstehen gab, dass er vielleicht Recht haben würde, verließ der stattliche vertraute Mann sichtlich erleichtert unsere Wohnung.

Mutter mit Lothar und mir

Wilhelm Rößler

Kapitel - 2 -

Wilhelm Rößlers Bauernhof lag am Ortseingang von Mühlbeck, umgeben von grünen Wiesen, einem Teich und einer langen, für unsere Begriffe riesigen Allee alter Trauerweiden, die einen Bach säumten, der den Teich mit frischem Quellwasser speiste. Im Frühjahr dienten die Zweige der ehrwürdigen Trauerweiden als Schmuck zur Ausgestaltung des Osterfestes, der Teich jedoch war zu allen vier Jahreszeiten der Mittelpunkt für Jung und Alt. Im Sommer war die Dorfjugend damit beschäftigt die Pferde im Teich zu waschen und nutzten diese Gelegenheit um auch selbst dem Badespaß zu frönen.

Mühlbeck –Kirche, Spritzenhaus (Feuerwehrhaus) und Teich

Den größten Spaß bereitete uns Kindern, wenn die alten Dorfweiber ihre Gänse, die Gössel, wie sie umgangssprachlich genannt wurden, auf der Wiese weideten. Aus dem Hinterhalt jagten wir das schnatternde Federvieh in den Teich und lachten uns kaputt, wenn die Frauen mehr als eine Stunde damit zubrachten, schimpfend ihre Gänse einzufangen und zu sortieren. Im Winter diente uns der Teich zum Eislaufen, doch das genügte uns Jungs nicht. Wir bauten eine große Schlittschuharena auf, in der wir unsere selbst gebastelten Eishockeyschläger über das Eis sausen ließen und uns wie die Größten der Welt fühlten. Leider waren die Verletzungen, die unseren ganzen Körper übersäten, auch die größten der Welt. Knochenbrüche gab es meines Wissens keine und die Blessuren waren bald wieder verheilt, denn schließlich waren wir Mühlbecker Eishockey-Champions hart im Nehmen.

Spaß hatte ich immer, auch wenn ich mal im Fasching ein Mädchen war

Das *Rote Kreuz* hatte mittlerweile einen Suchdienst eingerichtet, der 1954 so weit etabliert war, dass der Großteil der Kriegsgefangenen ausfindig gemacht werden konnten. Die durchwegs heroische Berichterstattung war für viele, die den Krieg miterlebt hatten, leicht befremdlich. Unsere Mutter fand endlich ihren schon fast tot geglaubten Vater wieder und holte ihn umgehend zu sich nach Mühlbeck. Auch Wilhelm sah diesen Akt der Menschlichkeit und Vaterliebe als selbstverständlich an und so blieben allen Beteiligten unnötige Diskussionen erspart. Lothar und ich waren naturgemäß überglücklich, endlich auch einen Großvater zu haben. Der alte Mann litt an Knochen-TBC, einem damals gängigen Kriegsleiden. So gut er noch konnte, half er auf dem Bauernhof mit, pflügte die Äcker gemeinsam mit uns und pflegte das Stückchen Rasen im Hof. Das letzte halbe Jahr kettete ihn die Krankheit an die alte Couch in der Stube, im Bett wollte er nicht bleiben. Mutters Erzählungen von ihrem respektablen Vater mit der strengen Ader, der genauso mit Leib und Seele Soldat war, wie früher erster Kutscher, konnten wir uns als Kinder nur an Hand des einzigen Fotos vorstellen, das ihn mit einem stolzen Schnauzbart mit hochgewirbelten Enden zeigte. In dieser Zeit der Bettlägerigkeit erzählte er uns Jungs so manchen Schwank aus seinem Leben, als ob er die kleinen Sünden beichten wollte. Eine meiner Lieblingsgeschichten war die, wie er die schönsten Hühner seiner Frau zum Pfarrer brachte und mit den erhaltenen paar Mark ins Wirtshaus ging. Wir erfuhren aber auch, dass Margarete, unsere Mutter, immer seine Lieblingstochter war, was uns nicht weiter verwunderte.

Ein Jahr später gelang es auch Uschi Broscheit, die seit 1947 bei Adoptiveltern in Erfurt lebte, ihre Mutter zu finden. Tante Gertrud hatte die russische Zwangsarbeit überstanden. Bei ihrer Rückkehr war allerdings trauriger Weise außer Uschi keines ihrer Kinder mehr da. Für die Zeit im Gulag erhielt meine Tante einen Lastenausgleich, den sie sarkastisch kommentierte: „Die acht Jahre bei den Russen habe ich überlebt. Nun nehme ich von den Deutschen die Kohle dafür und verjuchheie sie in Hamburg.“ Jahre später erzählte sie mir, dass sie tatsächlich das gesamte Geld mit ihrer Freundin und einer Bekannten in Hamburg auf den Kopf gestellt hat. Alles war weg, bis zum letzten Pfennig! Darauf war Tante Gertrud stolz, bis sie 82Jährig verstarb.

Spielen im Wald (Lüttchenblatt) bei der alten Försterei in Mühlbeck

Meinen leiblichen Vater kenne ich nicht, hab ich nie gesehen und nur wenig über ihn erfahren. Es war also unmöglich, einen geistigen oder gefühlsmäßigen Bezug zu ihm aufzubauen. Auch wenn Wilhelm Rößler mein Stiefvater war, habe ich „Vater“ zu ihm gesagt, weil er sich von

Beginn an so verhalten hat. Er war als Elternteil präsent, hat mich gescholten, wenn es nötig war, mich gelobt, wenn ich es verdient hatte, mich schlichtweg wie seinen eigenen Sohn behandelt. Dies änderte sich auch nicht, als meine Brüder, also Wilhelms leibliche Söhne, geboren wurden. Helmut kam in unsere kleine Familie, als ich fast fünf war und ein Jahr später erblickte Manfred das Licht der Welt auf dem bescheidenen aber friedvollen Hof.

Das alte Bauernhaus um 1800 mit Wilhelm Rößlers Eltern

Sobald ich den Kleinkind-Jahren entwachsen war und auf dem Hof mithelfen konnte, was ich auch freiwillig und gerne machte, nahm mich Wilhelm mit hinaus auf den Kartoffelacker zur Ernte. Die Felder lagen außerhalb des Dorfes und ein gutes Stück von unserem kleinen Bauernhof entfernt. Die Fahrt dorthin, auf dem bejahrten aber gut instand gehaltenen Fuhrwerk, das von Wilhelms beiden Pferden gezogen wurde, dauerte zwar einige Zeit, aber ich gewöhnte mich daran und empfand es als recht kurzweilig, weil es immer viel zu Betrachten in der Natur gab. Nachdem Vater die Kartoffeln geerntet hatte, schob er den Pflug durch den Acker um ihn für die nächste Fruchtfolge umzubrechen. Er war, wie viele seiner Berufskollegen, der Auffassung, dass den Bauernstand ein markantes Unterscheidungsmerkmal entzweite: Ein Bauer mit Ehre sieht eine Kartoffel auf dem Acker liegen und hebt sie auf; ein LPG-Bauer, also ein Kommunisten-Bauer tritt drauf und lässt sie liegen. Somit war es meine ehrenvolle Aufgabe, mit einer Kiepe dem Pflug hinterher zu laufen und die in den Furchen verbliebenen Kartoffeln aufzusammeln. Am Ende des Tages war ich stolz, dass keine Kartoffeln auf der Erde liegen blieben.

An einem mäßig heißen Sommertag im Jahr 1957 arbeitete ich wieder mit Wilhelm auf dem Acker, als unsere Nachbarin, Erna Sonnberger, aufgeregt den Feldweg entlang gelaufen kam. Von der Ferne konnten wir nur ihre wild fuchtelnden Arme erkennen, aber je näher sie kam, desto deutlicher wurde die Tragik in ihren Bewegungen und dem verzweifelten monotonen Lamentieren. „Wilhelm!“, schrie sie, nach Luft ringend. „Wilhelm, komm schnell nach Hause. Es ist etwas ganz Schlimmes passiert.“ Im nächsten Moment warf mein Vater, kreidebleich im Gesicht, die Harke aus der Hand, ließ alles stehen und liegen und deutete mir und Frau Sonnberger auf das Fuhrwerk zu klettern. Während wir nach Hause fuhren, erzählte die aufgeregte Nachbarin, dass mein Bruder Lothar vom Fahrrad gefallen sei. Ich konnte nicht verstehen, warum die Erwachsenen deshalb so aufgeregt waren. Wir Jungs kamen schließlich öfter mal mit einer Schramme oder aufgeschlagenen Knien nach Hause.

Als wir endlich den Hof erreichten, schickte sich Herr Max, ein weiterer Nachbar, gerade an, meine Mutter und Lothar zu Herrn Doktor Albrecht zu fahren. Mein Bruder lag ganz still in den Armen unserer Mutter. Er sah so friedlich aus, als würde er schlafen. Der Doktor konnte nur noch Lothars Tod feststellen. Er hatte sich bei dem Sturz das Genick gebrochen. Ich stand völlig irritiert und wie gelähmt auf unserem Hof, außerstande zu verstehen was passiert war. Es konnte einfach nicht sein, was nicht sein durfte: Man fällt nicht vom Fahrrad und ist einfach tot! Das war der schlimmste Augenblick in meinem noch so jungen Leben und zählt noch heute zu den schmerzlichsten Erinnerungen meines ganzen Daseins.

Lothar (li) und der freche Gerhard

Bei der Beerdigung in Friedersdorf, dem Nachbarort, hat die gesamte Schule teilgenommen. Der ganze Friedhof war voller Kinder. Lothar war zwar um ein Jahr älter als ich, aber der immer neugierige Naseweis mit dem Schalk im Nacken war ohne Zweifel ich. Seine ruhige Art ist mir noch im Gedächtnis, aber der größte Teil der Erinnerung an ihn wurde an jenem Tag mit ihm begraben.

Woran oder vielmehr an wen ich mich allerdings noch genau erinnere, ist Brigitte Sonnberger, die Tochter unserer Nachbarin. Auch wenn sie um zehn Jahre älter war als ich, so hatte sie doch einen Narren an mir gefressen. Das hübsche großgewachsene Mädchen mit den grünen Kulleraugen und den dunkelroten Locken verteidigte mich gegen jeden, der mit mir aus irgendwelchen Gründen schimpfte und legte sich sogar mit ihren Brüdern Reiner und Bernhard an, von denen ich öfter einen Klaps hinter die Löffel bekam, wenn ich wieder mal gar zu vorwitzig war. Brigitte war meine Beschützerin.

Mein Eintritt ins Schulleben

Mittlerweile war ich bereits seit einem Jahr in der Grundschule in Mühlbeck eingeschult, mit Herrn Oehm als Klassenlehrer. An das große Ereignis des ersten Schultages kann ich mich in Einzelheiten gar nicht mehr erinnern, aber die Fotos von damals, die ich nach vielen Jahren mit meiner Mutter in alten Fotoalben fand, entlockten ihr den markanten Satz: „Gucke mal, wie ich euch damals schon gekleidet habe!" Hinter diesen Worten versteckten sich nicht nur zahlreiche Erinnerungen, sie beschrieben auch prägnant das Wesen dieser Perle: Auch wenn das Geld knapp war, kaufte sie lieber für uns Jungs ein Paar Strümpfe, damit wir vernünftig aussahen. Die Familie war stets das Wichtigste in ihrem Leben. Darüber vergaß sie sogar ihre eigenen Bedürfnisse. Diese hehre Lebenseinstellung hat mich geprägt. Aus mir, „Hans Dampf in allen Gassen", ist ebenfalls ein Familienmensch geworden. Die Familie geht mir über alles. Was ich auch anfange, immer habe ich meine Familie im Hinterkopf.

Meine Grundschulzeit war nicht gerade mit Auszeichnungen als

Klassenbester sondern eher als Klassenfaulster gekrönt, aber dafür war ich sehr beliebt unter den Schülern. Ich erfand laufend andere Ausreden, um mich nicht auf den Hosenboden setzen und lernen zu müssen. Schon damals eignete ich mir jegliches Wissen lieber praktisch an, eben „Learning by doing". Mein erbitterter Kampf mit der Rechtschreibung erreichte in der dritten oder vierten Klasse seinen Höhepunkt. Es interessierte mich einfach nicht, ob ein „e" oder „h" zu viel oder zu wenig auf dem Papier stand. Meiner Auffassung nach war das Wichtigste, dass ich lesen konnte, was ich geschrieben hatte. Die Lehrer sahen das anders und verzierten meine Heftränder mit zahlreichen roten Strichen aus Lehrertinte. Das wiederum wurmte mich. Obwohl solche Eintragungen zu aufmüpfigen Schülern gehörten wie der Schwanz zum Hund, schämte ich mich dafür und nahm mir jedes Mal aufs Neue vor, endlich zu lernen. Die guten Vorsätze hielten jedoch nur so lange an, bis ich mich zu trösten begann und sich mein schlechtes Gewissen beruhigte. Dann rechnete ich mir blitzschnell aus, dass ich mit ein paar Zweiern und Dreiern in Lesen und Grammatik den Fünfer wieder ausbügeln und den Zensuren-Durchschnitt auf Drei korrigieren konnte. Ich hatte immer eine Drei in Deutsch und das reichte mir auch völlig. Meine Deutsch-Schwäche zog sich durch mein ganzes Leben, hat mir aber nicht geschadet. Und heute? Heute besitze ich einen Computer mit Rechtschreibprogramm, was mir damals sicher sehr geholfen hätte. Allerdings nur in Deutsch. Mein zweites Problemfach war Russisch. Die Tendenz zur Note Fünf hatte sich seit Beginn des Unterrichts in diesem Fach gefestigt. Kurz vor Schulschluss bekam mein Vater einen dezenten Hinweis, dass ich mich mehr bemühen müsse. „Gerhard ist wieder versetzungsgefährdet. Wenn er sich nicht anstrengt, bleibt er sitzen.", war der Wortlaut des Lehrerbriefes, der Wilhelm jedoch nicht sonderlich aufregte. Lakonisch bedeutete er mir, dass ich etwas mehr pauken sollte, was ich auch tat, indem ich das Russischbuch zur Hand nahm, zehn bis fünfzehn Seiten auswendig lernte und in der Abschlussarbeit eine Eins schrieb. Damit war die Fünf entschärft und die Mogelei konnte weiter gehen – bis zum Ende meiner Schulzeit.

Zugleich konnte ich aber, dank meiner jahrelangen praktischen Erfahrungen, auch Erfolge verbuchen, manchmal sogar direkt den Lehrern gegenüber. Wie zu jeder Schule damals gehörte auch zu unserer ein Schulgarten. Der war mein Metier, denn in Gartenarbeit war ich versiert und hatte mir schon so manchen hilfreichen Trick angeeignet. Unser Gartenlehrer war ein Stadtmensch und daher völlig überfordert, als er einen rechten Winkel auf den Acker zeichnen sollte. Zum Glück kannte ich verschiedene Kniffe und es war ein Leichtes, alle zu überzeugen wie einfach diese Übung doch eigentlich war, wenn man wusste, wie's geht. Angefangen habe ich damit ein Kreuz zu schlagen, ging dann mit der Schnur 90 Zentimeter nach rechts und einen Meter zwanzig in die andere Richtung. Danach habe ich die drei Punkte im Dreieck verbunden und der 90-Grad Winkel war erledigt. Diesen Trick habe ich mir bei den Maurern abgeschaut. Anderen genau auf die Finger zu sehen hat sich in meinem Leben immer bewährt.

Nach Auszeichnungen wie „der Beliebteste", „der Naseweiseste" und vielleicht sogar „der Faulste" war es Zeit für einen wirklichen Sieg, den Grundstein für mein späteres, weitum bekanntes Markenzeichen, „der schnelle Meyer". Kurz vor Beginn der Sommerferien wurde in Mühlbeck immer das jährliche Dorffest gefeiert und zugleich auch die „Kleine Friedensfahrt" ausgetragen. Diesen Wettbewerb hatten die Grundschullehrer ins Leben gerufen und als Austragungsort bot sich der schön ausgebaute Dorfanger an. Eine Einrichtung, die die meisten Dörfer in der Umgebung zierte. Mühlbeck war zudem noch ein Wendendorf, also eines mit nur einem Eingang, der zugleich der einzige Ausgang war. Das Dorfzentrum schmückte eine alte Felssteinkirche aus dem 12. Jahrhundert, umgeben von alten Bauernhäusern, deren Stall oft besser war als das Wohnhaus. Der Grund dafür war einfach: Der Stall war aus Klinker gebaut, das Wohnhaus hingegen meist aus Lehm. Alles in Allem konnte man sagen, dass Mühlbeck ein bezauberndes Dorf war.

Schon Wochen vor dem Wettstreit fieberten die Dorfjungen dem sportlichen Ereignis entgegen. Um ihre Tourenräder auf Vordermann zu bringen, konnte man sie in Garagen und Werkstätten finden, wo sie mit ihren Vätern eifrig hantierten. Schließlich wollte jeder der Sieger sein. Das brachte mindestens für ein Jahr Anerkennung bei den Mädchen. Eine Teilnahme war also eine Frage der Ehre und mein Ehrgeiz gebot mir, mindestens so schnell zu sein wie der Zweitplatzierte. „Und wenn du noch mehr schaffst", redete ich mir selbst zu, „noch ein bisschen schneller bist als die anderen, umso besser." Als ich an diesem sonnigen heißen Sommertag das erste Mal an der Startlinie stand, schaute ich selbstbewusst in die Runde. Immerhin kannte ich meine Gegner mit ihren Stärken, aber auch ihren Macken. Das Wettrennen begann und ich strampelte um mein Leben. Anfangs fuhren wir noch alle gleichauf, doch schon einige Augenblicke später setzte sich die Siegertruppe vom übrigen Feld ab. Ich mittendrin, angespornt von dem Gedanken an eine reale Siegeschance. Nicht nur, dass meine Beine genauso kräftig waren, wie die meiner Gegner, ich besaß zudem eine Riesenportion Durchhaltevermögen und kämpfte verbissen um den Sieg. Ich habe so kräftig in die Pedale getreten, dass meine Lunge mir sprichwörtlich an die Nasenflügel geschlagen hat. Das Stechen in der Brust habe ich genau wie die Sternchen, die ich vor Anstrengung schon sah, einfach weggesteckt und mir so, bei meiner ersten Teilnahme und in den Jahren danach stets den Platz auf dem obersten Treppchen erkämpft. Vielleicht hat auch dieser erste Sieg der „Mühlbecker Tour de France" meinen lebenslangen Spruch geboren: „Das Leben ist ein Kampf, wo immer du bist". „*Dem Sieger der kleinen Friedensfahrt*" stand auf der Medaille, die ich zusammen mit einem kleinen Buch aus der Reihe der „Trompetenbücher" erhielt. Noch heute bewahre ich einige Exemplare mit der gleichen Widmung in einer Kiste auf.

Ob Sommerferien oder Schulzeit, Streiche haben wir Jungs immer ausgeheckt. In der Gegend herumstreunen war eine unserer Lieblingsbeschäftigungen und führte meist zu kreativen Ideen, oft nicht zur Freude der Erwachsenen. Gleich hinter unserem Grundstück befand sich eine Tongrube. In guten Zeiten, oder wenigstens für die Grube guten Zeiten, bauten dort an die hundert Beschäftigten Ton für eine Fabrik in Bitterfeld ab, die daraus Rohre herstellte. Irgendwann, als sich die Zeche nicht mehr rentierte, wurde sie stillgelegt. Fortan war es gespenstisch ruhig in den riesengroßen Hallen mit den ebenso großen Fenstern, in denen neben den Loren in der Tongrube alte Maschinen und Bagger langsam verrosteten. Uns kam dieses Gelände als Abenteuerspielplatz gerade recht. Zaun gab es schließlich keinen und das „Betreten verboten" Schild ignorierten wir einfach, wie es sich für richtige Abenteurer gehörte. Besonders angetan waren wir von den hohen rechteckigen Fenstern mit den auffälligen breiten Stahlrahmen, die inmitten der roten Ziegelmauern unversehrt in der Sonne glänzten. Ein Umstand, der, unserer einhelligen Meinung nach, gar nicht zu dem verlassenen Ort passte. Jungen im Rüpel-Alter, unversehrte Glasfronten an verwaisten Werkhallen und ein paar Steine. Sie wissen, was jetzt folgt?

Immer, wenn wir es einrichten konnten, vorwiegend nachts, schlichen wir auf das Gelände der alten Tongrube. Zuerst überzeugten wir uns davon, dass kein Wächter in der Nähe Streife lief, dann schnappten wir uns ein paar Steine und der Spaß begann. Sieger war natürlich der, der am meisten getroffen hatte. Erhitzt vom Spiel, das bald in einen Wettkampf umschlug, versuchte jeder, den anderen zu übertreffen. Das Scheppern der zerschlagenen Scheiben war sicher weithin zu hören, doch daran dachten wir in keinem Augenblick unserer wilden Posse. Wir dachten auch nicht daran, dass in dem kleinen Häuschen am Eingang der Grube ein Nachtwächter wohnte, der von dem Lärm unsanft geweckt wurde. Zum Glück bemerkten wir ihn rechtzeitig, als er um die Ecke bog und konnten flüchten. Einen von uns drei Jungs, Winfried Hubert, hatte er allerdings erkannt. Und wie das in kleinen Dörfern eben so ist: Kennst du einen, kennst du alle. Winfried hielt nicht dicht und so waren bald auch die Namen der anderen zwei Übeltäter bekannt. In Folge wurden neben Winfried auch Gerd Geisler und ich in der Schule vor versammelter Klasse verhört.

Herr Oehm, unser Klassenlehrer, war zwar aus Pouch, etwa zwei Kilometer von Mühlbeck entfernt, die stillgelegte Tongrube kannte er aber trotzdem genau. Ob in seiner Kindheit das alte Kloster und der berühmte rote Raubritterturm in Pouch als Abenteuerspielplatz für ihn und seine Freunde herhalten mussten, hat er uns nie erzählt. Zunächst befragte er meinen Freund Winfried, wie viele Scheiben er zerschlissen hätte. „Ich habe bloß zwei oder drei getroffen." Oehm winkte ab. Zwei oder drei Scheiben ordnete unser sportlich-stämmiger Lehrer mit den stets exakt kurz geschnittenen blonden Haaren offensichtlich der Kategorie „Dumme Jungen-Streiche" zu. „Kannst dich setzen.", sagte er mit einer fast schon abwertend wirkenden Handbewegung zu Winfried. Mit hängendem Kopf, aber einem hörbaren Seufzer der Erleichterung schlurfte Winne zu seinem Platz. „Und du?" fragte er Gerd. "Ich weiß es nicht, aber ich habe auch ein paar zerbrochen.", bemühte sich der Beschuldigte um Schadensbegrenzung. „Setz dich!", herrschte ihn Oehm an, der mit seiner imposanten Statur, knapp ein Meter achtzig groß, durchaus respekteinflößend auf uns wirkte. Anschließend wandte er sich an mich und ich überlegte fieberhaft, wie ich mich am besten verhalten sollte. Sollte ich auch sagen, dass ich nur zwei oder drei Scheiben zerschossen hatte? Es waren viel mehr Fenster kaputt gegangen und auch wenn ich kein Musterschüler war, so konnte ich mir leicht ausrechnen, dass diese Rechnung niemals aufging. Herr Oehm hätte mir keinesfalls geglaubt. Plötzlich meldete sich mein sportliches Ehrgefühl. Immerhin hatte ich tatsächlich mehr Treffer zu verbuchen als meine Freunde. Ich war der Sieger. Und dazu wollte ich stehen. Mit einer Portion gespielter Reue schaute ich meinem Lehrer in das gütige, pockennarbige Gesicht und sagte: „Also, bevor ich anfange herum zu lügen: Es waren mindestens 20 oder 30 Stück. Die habe ich alle kaputt geschossen." Danach hätte man eine Stecknadel zu Boden fallen hören können. Alle warteten auf das große Donnerwetter, das jedoch an jenem Tag ausblieb. Stattdessen bekam ich eine Eins in Sport und eine Fünf in Betragen. Meine Freunde Winfried und Gerd wurden mit einer Fünf in Sport und einer Fünf in Betragen bestraft. Dass wir Jungs auch Herrn Oehms Garten öfter umgegraben und die Tulpen gesetzt hatten, von denen er uns den Rest immer mit nach Hause gab, brachte uns sicher einige Pluspunkte ein. Und noch ein paar mehr davon kassierten wir gewiss dafür, dass wir fleißig Kohle, die in der Gegend herumlag, aufsammelten und sie unserem Lehrer in nahezu selbstloser Manier brachten. Für jeden Sack hat uns Herr Oehm eine Mark gegeben, die wir brav und anständig für die Klassenfahrt sparten.

Später hatte auch unsere zweite Klassenlehrerin, Fräulein Schumann, die uns auch in Russisch unterrichtete, das Bedürfnis sich in den Vorfall einzubringen. „Das kommt eure Eltern ganz teuer zu stehen!", war sie sich sicher. „Das waren immerhin Plexiglas-Scheiben, die da kaputt gegangen sind. Die sind sehr, sehr teuer." Ich kicherte leise und entgegnete: „Fräulein Schumann, als Lehrerin müssten sie aber wissen, dass Plexiglas nicht kaputt geht." Für diese Frechheit erntete ich eine weitere Fünf in Betragen. Möglicherweise lag das aber auch an dem Verhältnis zwischen meiner Russisch-Lehrerin und mir. Ich konnte mich drehen und wenden wie ich wollte, ich konnte faul sein oder mich bemühen, ganz gleich – bei Fräulein Schumann bekam ich immer schlechte Noten. Im Übrigen besaß unsere kleine untersetzte Lehrerin, die leicht hinkte, weil ein Bein zu kurz war, die Angewohnheit, mit dem Schlüsselbund nach ungezogenen Schülern zu werfen. Ich möchte ihr nicht unterstellen, dass sie auf die Körper zielte. Sicher wollte sie uns nicht wehtun, sondern uns eher erschrecken. Dieses Ziel erreichte sie auch bei den meisten Kindern, wenn der Schlüsselbund laut klappernd auf der Bank landete. Als ich wieder einmal Opfer einer rituellen Schlüsselbundattacke geworden war, nahm ich den Wurfgegenstand kurzerhand an mich und schleuderte ihn aus dem Fenster. Und das Ende vom Lied? Ich kassierte wieder eine Fünf in Betragen. Dabei bin ich nie frech gewesen. Oder war die Sache mit dem Schlüssel etwa frech? Lehrern gegenüber war ich auch nie vorlaut. Eher würde ich es so erklären, dass ich ihnen meine ehrliche Meinung gesagt habe, wenn auch weit über das normale Maß an Selbstbewusstsein eines Schulkindes hinaus. Fräulein Schumann war aus mehreren Gründen nicht gerade eine Sympathieträgerin. Keiner von uns, und damit meine ich nicht nur meine Freunde und mich, sondern die ganze Schulklasse, um nicht von der ganzen Schule zu reden, konnte es ausstehen, wenn sie sich selbstgefällig vor uns aufbäumte und uns an den Schläfenhaaren zog. Ich denke, niemand konnte uns verdenken, dass wir uns dafür an dieser offensichtlich frustrierten alten Jungfer mit dem langweiligen brünetten Bubikopf rächten, indem wir Kartoffeln in den Auspuff ihres hässlichen bordeauxroten Mopeds steckten, mit dem sie jeden Tag zur Schule kam, und uns insgeheim freuten, als sie nicht heimfahren konnte. Auch Dieter Schnelle, der Inhaber der Moped-Werkstatt, war außerstande den Fehler zu finden, was Winfried, Gerd und mir gleichermaßen Genugtuung bescherte. Wie sie an jenem Nachmittag nach Hause ins 20 Kilometer entfernte Niemegk gekommen ist, haben wir nie erfahren.

Eine weitere Fünf in Betragen kassierte ich, weil ich unseren Deutschlehrer betrogen hatte. Wir sollten als Hausaufgabe einen Aufsatz schreiben. Als sich unsere Hortnerin, Frau Barth, mein Geschreibsel ansah, schimpfte sie: „So ein Geschmiere! Das kann ich überhaupt nicht lesen, geschweige denn dein Lehrer morgen. Wir schreiben den Text jetzt noch einmal gemeinsam ab. Dabei kannst du auch gleich die Rechtschreibfehler korrigieren.“ Damit war ich einverstanden. Ich las Frau Barth meinen Aufsatz vor und sie schrieb ihn mit ihrer sehr schönen Schrift ins Reine. Bei jedem Fehler stoppte sie und fragte mich, wie das Wort richtig geschrieben wird. Ich hätte die Fehler bestimmt nicht alle bemerkt. So hielt ich letztendlich einen mustergültigen Aufsatz in der Hand. Tags darauf sollten wir unsere Hausaufgabe abgeben. Stolz legte ich mein Blatt an den Rand des Pultes. Für den Aufsatz bekam ich eine Eins, in Betragen wieder einmal eine Fünf, weil ich betrogen hatte. Ich hätte den Aufsatz wohl selbst noch einmal ins Reine schreiben sollen.

Klassenfoto in der Grundschule

Nach dem Krieg mussten zahlreiche Lehrer mit Nazivergangenheit aus dem Schuldienst ausscheiden. Viele Pädagogen sind aus dem Krieg nicht mehr zurückgekommen. Um diese personellen Lücken zu schließen, wurden in einem Schnellverfahren Neulehrer ausgebildet. Hierbei handelte es sich um junge Männer und Frauen, die ursprünglich einen anderen Beruf gelernt hatten. Unser Musiklehrer, Herr Müller, war ein solcher Neulehrer, der ursprünglich einen handwerklichen Beruf erlernt hatte. Wir nannten ihn bezeichnender Weise „Umschullehrer". Neben seiner Lehrertätigkeit leitete er auch den Mühlbecker Männerchor. Bei Herrn Müller hatte ich immer eine Eins in Betragen. Das lag nicht unerheblich daran, dass sich mein Vater Wilhelm und er so gut verstanden und auch gegenseitig unterstützten. Vater lieferte Weizen und Kartoffeln für die Ziege und die Hühner von Müllers Schwiegereltern und im Gegenzug bekamen wir Kaninchen. Den Weizen brachte immer ich zu Müllers und bekam dafür öfter den einen oder anderen Groschen zugesteckt. Also musste ich mich wohl oder übel auch in der Musikstunde gut benehmen, was bedeutete, 45 Minuten artig auf der Bank zu sitzen, mich ruhig zu verhalten und nur zu sprechen, wenn ich gefragt wurde. Dieses Verhalten belohnte unser Musiklehrer mit einer Eins in Betragen. Somit hatte ich im Jahreszeugnis wenigstens keine Fünf.

Ob Herr Müller der Grund war, warum ich so gern gesungen habe, kann ich nicht mit Sicherheit behaupten, aber dass mir Dank meiner gesanglichen Begabung ganz Mühlbeck zu Füßen lag, weiß ich noch genau. Und dass sogar strenge Lehrer schwach werden, wenn ein Engel singt, auch. Um ganz ehrlich zu sein, waren es die Gläubigen, die mir zu Füßen lagen, deren Zahl sich aber zu jener Zeit mit der Mühlbeck'schen Gesamtbevölkerung deckte. Im Laufe der Zeit hat sich das Verhältnis empfindlich zu Ungunsten der Kirche verändert. Doch wieder zurück zu meiner schönen, oder sogar allerschönsten Erinnerung an Mühlbeck, begründet in meinen Auftritten in der Kirche. Für Weihnachten und Ostern übten die Gemeindemitglieder jedes Jahr ein Krippenspiel ein. Blondgelockt wie ich war, durfte ich in der Kirche immer auf der Empore stehen, Gedichte rezitieren und Lieder singen. Ich muss ausgesehen haben wie ein Engel. Den Kirchenbesuchern standen jedes Mal Tränen der Rührung in den Augen. Nach dem Krippenspiel kamen die Leute zu meiner Mutter und schwärmten: „Grete! Dein Junge hat ja wieder so herrlich gesungen!" Sogar meine Lehrer zeigten sich begeistert und lobten mich, völlig unüblich, in den höchsten Tönen: „Der Junge ist ja so ein begnadetes Kind!" Ich nutzte stets die Gunst der Stunde und genoss das ungewöhnliche Urteil jedes Mal aufs Neue mit stolz geschwellter Brust, bis ich in den Stimmbruch kam. Dann war es aus mit dem Singen und so ist es bis heute geblieben. Das musikalische Gehör besitze ich allerdings immer noch, und so höre ich auch heute noch jeden falschen Ton.

Schulausflug zum Lüttchenblatt

Kapitel - 3 -

Die Vernunftehe, die meine Eltern, oder genau gesagt meine Mutter und Wilhelm Rößler, am 21. Januar 1959 amtlich besiegelten, basierte auf einer soliden Grundlage und funktionierte gut. Gerne hätten sie früher geheiratet, schon der beiden gemeinsamen Söhne wegen, aber meine Mutter galt bis zu diesem Datum als verheiratet – und zwar mit Herrn Meyer. Da ihr Ehemann nicht tot, sondern vermisst war, konnte sich Grete Meyer erst scheiden lassen, als sie ihren angetrauten Gatten für tot erklären ließ. Also ging es Helmut und Manfred, meinen jüngeren Brüdern, wie mir: Sie bekamen den Namen eines Mannes, mit dem sie nichts zu tun hatten und hießen für eine kurze Zeit Meyer. Nach der Hochzeit bekamen meine Brüder endlich den Namen ihres Vaters und hießen fortan Rößler. Um ebenfalls seinen Namen tragen zu können, hätte mich Wilhelm adoptieren müssen, was er jedoch aus wirtschaftlichen Gründen nicht machte, genau gesagt nicht machen konnte. Ich bezog schließlich eine Halbwaisen-Rente und auf diese monatlichen hundert Mark konnte und wollte die Familie nicht verzichten. In einem so groß gewordenen Haushalt wie unserem zählte jeder Groschen.

Mit seiner Güte und Ruhe war Wilhelm stets bemüht, seinen drei Söhnen Werte zu vermitteln. Meine Mutter hatte wirklich eine gute Wahl getroffen. Ich liebte ihn sehr, auch wenn, wie in jener Zeit in fast jeder Familie üblich, der obligatorische Tritt in den Hintern oder Maulschellen zum Erziehungsalltag gehörten. Bei drei Jungs, die auf dem Hof herumrannten und von denen jeder machte, was er wollte, musste es ab und zu einen Satz warme Ohren geben. Im Nachhinein betrachtet hat uns das ganz sicher nicht geschadet. Auch wenn wir danach geheult haben, eher aus Wut als aus Schmerz, wie ich heute noch glaube, dauerte der Zustand nur so lange an, bis wir ein neues Objekt für unseren Unfug gefunden haben. Manchmal machten wir uns einen Spaß daraus, Wilhelm zu ärgern. Der Mittelpunkt des Hofes war ein großer Misthaufen. Wenn wir es wieder einmal geschafft hatten, diesen kleinen untersetzten Mann, der sicher nicht größer als 1,65m war, wütend zu machen, blieben wir natürlich nicht stehen um auf unsere verdienten Ohrfeigen zu warten. Wir rannten weg und Vater uns hinterher, immer um den Misthaufen herum. Nach der dritten Runde blieb er gewöhnlich stehen, beugte den Oberkörper vor, stemmte die Hände auf die leicht angewinkelten Knie und schaute uns aus blitzenden Augen an. „Irgendwann kriege ich euch!“, schimpfte er keuchend und gab die Jagd auf. Damit war die Sache für ihn erledigt und spätestens beim Abendbrottisch vergessen. Wenn unser Unfug doch noch einmal zur Sprache kam, schmunzelte Wilhelm nur.

Weihnachten mit Mama, Wilhelm, Helmut und Manfred

Auch wenn unser Vater nur sehr selten von Streichen in seiner Kindheit erzählte, so erinnerte er sich doch daran und wertete sie als Teil der Entwicklung. Im Laufe des Lebens hatte er gelernt, die Dinge zu kategorisieren und seine eigenen Prioritäten zu setzen. Ganz oben auf dieser Liste stand „selbstständig sein“, was er auch mir auf meinen Lebensweg mitgab. Selbstständig sein bedeutete in Wilhelms Sinn für sich zu arbeiten um die Familie über Wasser halten zu können. Er selbst wusste genau, was das bedeutete. Für die Bauern war es nach dem Krieg schwer genug, die Äcker wieder urbar zu machen und Vieh zu halten. Sicher ging es ihnen besser als den Städtern, aber sie mussten auch hart dafür arbeiten. Und als sie dann ihre Höfe wieder einigermaßen auf

Vordermann gebracht hatten, kamen die LPG, die Landwirtschaftlichen Produktionsgenossenschaften, und nahmen den Bauern ihr Land wieder weg. Die Bauern wurden sogar in Typ 1 bis Typ 3 Bauer eingeteilt. Typ 1 Bauern bewirtschafteten ihre Felder eigenständig und hielten ebenso eigenes Vieh im ebensolchen Stall. Dafür gaben sie einen gewissen Teil der Ernte, oder bei Schlachtungen eben einen Teil des Fleisches, an den Staat ab. Wilhelm fiel in die Typ 3-Kategorie, was bedeutete, dass er zwar sein eigenes Land, das den Hof umgab, selbstständig bestellte, da es ja nur dem Eigenbedarf diente, seine Felder und Äcker außerhalb des Dorfes jedoch zur Gemeinschaftsfläche gehörten. Für deren Bewirtschaftung erhielt er am Jahresende, der Größe und dem Ertrag entsprechend, ein sogenanntes Deputat in Form von Geld. Die erwirtschafteten Güter wurden vom Staat vermarktet. So fühlten sich neben Wilhelm sicher auch andere Bauern wie eine Art Fabrikarbeiter auf dem eigenen Land. Fleisch, das über die vorgeschriebene Zwangsabgabe hinausging, konnte als sogenannte „freie Spitzen“ verkauft werden. Wir sind dafür immer auf den Bitterfelder Markt gefahren. Ich erinnere mich noch heute so gut daran, weil mir so ein Markttag, auch wenn ich erst elf oder zwölf war, immer viel Spaß bereitete. In der Tradition der Marktschreier pries ich Wilhelms Fleisch lautstark an: „Wilhelms Schweine sind die Besten! Guckt hier, die sind nicht so fett!“ So hatten wir bis Mittag alles verkauft. Die Leute griffen gern zu, denn auf dem Markt war das Fleisch frisch und nicht so teuer wie in den Läden der HO, der staatlichen Handelsorganisation.

All diese, immer noch lebendigen, Erinnerungen an Wilhelm Rößler sind stets mit einem angenehmen Gefühl von Dankbarkeit verbunden. Er hat mir auf seinem kleinen Bauernhof beigebracht, wie ein Acker bestellt wird und dass man sich um Tiere kümmern muss. Natürlich hat das nicht immer Spaß gemacht, vor allem dann nicht, wenn ich mich mit meinen Freunden zum Herumtreiben treffen wollte oder etwas anderes vorhatte. Aber Wilhelm hat uns sanft an die Kandare genommen und uns gelehrt, was wichtig im Leben ist und dass man vom Spielen und Herumtreiben nicht satt wird. Er brachte uns die Tugenden bei, auf die wir Deutschen uns heute wieder besinnen sollten: Fleiß, Ehrlichkeit und Redlichkeit. Jene Eigenschaften, die den Kollaps der Spaßgesellschaft endlich in die richtige Richtung lenken würden, ohne dass sich die Politiker andauernd neu erfinden müssten. Sogar meine Liebe zur Natur und meiner Selbstständigkeit geht zum größten Teil auf Wilhelms Konto. Schon als Kinder haben meine Brüder und ich auf dem Hof und auf dem Feld mitarbeiten müssen. In dem Moment, als die Knochen stark genug und die Muskeln sichtbar waren, wurden wir Jungs zu vollwertigen Arbeitskräften. Im Alter von 14, 15 Jahren habe ich öfter bei den Nachbarn die Gärten gepflügt, weil die Hausgärten für einen Traktor mit Pflug zu klein und zum Umgraben mit dem Spaten zu groß waren. Auf die lukrative Idee, den Nachbarn meine Muskelkraft anzubieten, kam ich durch die Arbeit in unserem Garten. Dieser war ungefähr zwei Morgen, also 5000 Quadratmeter groß. Schon Wilhelms Eltern hatten auf dem Grundstück Obstbäume gepflanzt, Äpfel, Birnen und Kirschen, unter denen meist Kartoffeln angebaut wurden. Diesen Garten konnte Wilhelm nicht mit großen Maschinen bearbeiten. Also spannte er den Schimmel ein und nahm den Pflug. Ich war der, der den Schimmel führte um dessen Kopf herunter zu ziehen, wenn es durch die Obstbäume hindurch ging. Natürlich hätte man die tief hängenden Äste absägen können, aber unser Wilhelm hatte andere Vorstellungen. Kein Ast durfte abgebrochen werden. Unser Vater, Bauer aus Leidenschaft, ließ grundsätzlich jedes Stück Holz am Baum, nur die Kronen wurden ab und zu ein wenig ausgelichtet. Also blieb uns nichts übrig, als unter den Ästen hindurch zu krauchen. Weder meine Brüder noch ich meldeten sich für diese „Hacke bis Nacke-Tortour" je freiwillig.

Noch schlimmer war es allerdings, wenn Wilhelm Kartoffeln legen wollte. Er war stolz auf unsere Kartoffeln, die in unserem Garten prächtig wuchsen und auch entsprechend gut schmeckten. Wenn es aber Zeit war, sie anzuhäufen, dann konnten wir nicht mehr mit Pferd und Pflug losziehen. Die Pferde hätten ja die Pflanzen herunter treten können! Also ließ sich Wilhelm, mit Hilfe seines ausgeprägten Einfallsreichtums, einen kleinen Schlepppflug bauen und dann ging es zu viert in den Garten. Meine Brüder vor dem Pflug und Vater und ich dahinter. Den Pflug mit aller Kraft in der Erde zu halten, war mindestens genauso schwer, wie ihn zu ziehen. Die Schufterei hat uns Jungs aber auch Spaß bereitet. Wir haben uns in die Arbeit gekniet wie die Pferde. Heute würden manche Jugendschützer angesichts einer solchen Plackerei die Hände über dem Kopf zusammen schlagen und etwas von Kinderarbeit und Ausbeutung faseln. Leider begreift heutzutage keiner mehr, dass solche Arbeit auch Freude bereiten kann. Helmut, Manfred und ich waren immer stolz auf uns, wenn wir es geschafft hatten, die Kartoffelfurchen durch den riesigen Garten zu ziehen. Wilhelm hat uns zum Glück nie vorgeschrieben, wie viele Reihen wir am Tag schaffen mussten, und so beschlossen wir einfach, wenn es zu schwer wurde, die mühselige Arbeit niederzulegen. Selbst wenn wir nur jeden Tag vier Furchen zogen, waren die 20 Reihen nach vier Tagen auch geschafft. Die Leute, deren Gärten ich als Teenager gepflügt habe, waren sehr dankbar und ich bekam für meine Arbeit immer ein wenig Geld zugesteckt. Mal drei und manchmal sogar fünf Mark, die ich gleich auf die hohe Kante gelegt habe. Ich war schon als Junge sparsam und bin es bis heute geblieben. Das soll nicht heißen, dass ich kein Geld ausgebe. Wenn ich gespart habe und finde dann eine schöne lukrative Sache, die meinen Geist und den meiner Familie beflügelt, dann kann ich das Ersparte mit vollen Händen wieder ausgeben.

Die Nächstenliebe und Hilfsbereitschaft, die ein weiteres ehrenvolles Erbteil meiner Mutter darstellen, bewirkten, dass ich nie wegsehen konnte, wenn sich jemand abmühte. Wenn ich als Kind oder Teenager oder auch später mit anderen Kindern oder Freunden durchs Dorf tollte und jemand mit einem voll beladenen Handwagen kam, haben wir ungefragt mit geschoben, bis derjenige zu Hause war; ganz gleich, ob wir ihn oder sie kannten oder nicht, oder ob er am Anfang oder am Ende des Dorfes wohnte. Belohnung haben wir dafür keine erwartet, vielmehr war es für uns ein Spiel, es machte Spaß und wir Schuljungen kamen uns stark und erwachsen vor. Insgeheim spähten wir auch heimlich nach links und rechts an den Straßenrand, ob uns ein paar Mädchen bei unserer Heldentat beobachteten. Das waren die kleinen Dinge, diese Selbstverständlichkeiten des Lebens, die man heute kaum noch findet.

Abgesehen von Fleiß und Beständigkeit hat uns Wilhelm auch Standfestigkeit mitgegeben. Er wusste immer was er wollte und ließ sich nie einschüchtern. Als arbeitsamer Bauer hatte er stets, wie alle seine Berufsgenossen, ein paar Groschen mehr als die Arbeiter in der Stadt und gehörte somit auch zu den ersten, die sich einen Fernseher leisten konnten. Das war in den Sechzigern eine riesige Truhe mit Fernsehgerät, Radio und Plattenspieler drin. In dieser Kombination konnte man damals einen Fernseher gleich kaufen, da die Nachfrage aufgrund des vermutlich ziemlich überteuerten Preises ziemlich gering war. Wer nur ein Fernsehgerät wollte, musste es bestellen und bekam es nach drei bis vier Jahren geliefert. Wir gehörten zu den Glücklichen, die nicht so lange warten mussten und besaßen einen Fernsehapparat, auf dem wir Sendungen des Deutschen Fernsehfunks empfangen konnten. Relativ schnell sprach sich herum, wie man zusätzlich auch noch Westfernsehen schauen konnte: nämlich mit einer entsprechend ausgerichteten zusätzlichen Antenne. In jener Zeit wuchsen die Westantennen auf den Dächern wie Pilze in einem feuchtwarmen Sommer aus dem Boden. Dass der DDR-Staatsführung diese Art von Aufmüpfigkeit ein Dorn im Auge war, wussten wir damals genauso wie es heute noch in Geschichtsbüchern belegt ist. So schickten sie in den Jahren 1963/64 die „Antennenstürmer" ins Land. In der Regel waren das besonders linientreue Jugendliche zwischen 14 und 18 Jahren, die in parteikorrekter Uniform, also einem blauen Hemd, auf dessen rechtem Ärmel ein FDJ-Emblem prangte und das sorgfältig im Bund einer dunkelblauen Hose steckte, durch die Städte und Dörfer zogen. Erklärtes Ziel war es, den Leuten zu erklären, ihre Antenne nicht nach dem Brocken, also Richtung Westen, sondern nach Berlin, also Richtung Norden auszurichten. Wer sich weigerte, hatte mit Geldstrafen und Denunziation zu rechnen. So verschwand Westantenne um Westantenne von den Dächern, um ihren Dienst fortan unter dem Dach zu tun. Natürlich in die, für den Zuseher, richtige Richtung und unsichtbar für die Antennenstürmer. Das Westfernsehen war gerettet! Auch an unserer Tür klingelte eines Tages eine Schar Blauhemden. Das Pech der pflichtbewussten Jugendlichen bestand darin, dass nicht Mutter, sondern Wilhelm die Hoftür öffnete. Die Mistgabel, in bäuerlicher Manier immer lässig in einer Hand, den am Hof stets frei laufenden Hund locker am Strick dazu gehalten, stand er vor der Gruppe. Im selben Moment, als er die Truppe und deren Mission entlarvte, veränderte sich nicht nur sein Gesichtsausdruck schlagartig, auch der Strick in der Hand bekam etwas mehr Spiel. Noch bevor die Jungen in ihren adretten blauen Hemden ihr Sprüchlein aufsagen konnten, polterte er los: „Wenn ihr nicht sofort abhaut, steche ich euch Schweine ab. Erst habt ihr uns den Acker weggenommen, nun wollt ihr uns auch noch das Gucken wegnehmen!" Die Truppe beeilte sich zu verschwinden und tauchte auch nicht wieder auf. Für Wilhelm hatte diese Aktion allerdings ein Nachspiel. Er war zu jener Zeit Gemeindevertreter und sein Auftritt bescherte Mühlbeck einen kleinen

Skandal. Die Pressevertreter stürzten sich wie die Geier auf das Ereignis und „entlarvten" Wilhelm als Reaktionär. Partei und Gemeinderat beriefen außerordentliche Versammlungen ein. Letztendlich warfen sie meinen Vater einstimmig aus sämtlichen Vereinen. Wilhelm war's egal, er sah es sogar positiv. Nun konnte er seine Antenne erst recht auf dem Dach lassen. Irgendwann war es die einzige sichtbare Westantenne im Ort. Er sprach zwar nicht darüber, aber ich glaube, er konnte mit dieser Provokation gut leben.

Neben der FDJ gab es auch andere Jugendgruppen, wie zum Beispiel die politische Pfadfindergruppe, die „Jungen Pioniere", denen viele meiner Mitschüler in der alten Dorfschule beigetreten waren. Teil unserer Erziehung war früher, im Gegensatz zur heutigen Jugend, der regelmäßige Religionsunterricht, den ich bis 1964 genoss. In Mühlbeck lebten damals nur Bauern und die Kirche gehörte zu ihrem Leben wie Essen, Trinken und Schlafen. Es hat sich niemand beschwert, dass in der Schule Religion unterrichtet wurde, egal welche Weltanschauung jemand vertrat. Mühlbeck war zwar ursprünglich ein rein evangelisches Dorf, aber durch die Zwangsumsiedlungen nach dem zweiten Weltkrieg hatten sich auch Katholiken angesiedelt, die von der Kirche betreut werden wollten. Die vielleicht nicht ganz logische aber sinnvolle Konsequenz daraus war, dass der Religionsunterricht vormittags katholisch und nachmittags evangelisch geprägt war, die Erstkommunion für alle katholisch, die Firmung oder besser gesagt Konfirmation dann mit 14 evangelisch. Jede Feierlichkeit der jeweiligen Religion ging mit Unmengen von Kuchen und einem zufriedenen Lächeln des Pfarrers einher. Ganz gleich, aus welchem Elternhaus wir stammten, bei der Bibelstunde im Pfarrhaus durfte kein Kind fehlen. Zu jener Zeit muteten die Bibelgeschichten noch an wie Märchen aus einer vergangenen Zeit. Und welches Kind hört nicht gern Geschichten? Hatte der Pfarrer keine Zeit, wurde der Religionsunterricht in der Schule abgehalten. Aber nicht alle Schüler nahmen daran teil. Meine Mitschüler, die zu den „Jungen Pionieren" gehörten, kamen eher selten und gingen stattdessen einmal in der Woche zum Pionier-Nachmittag.

Ich, der ich ja immer gut zuhörte, wenn sich die Älteren zum Thema Krieg und Russen unterhalten hatten, verankerte das Gehörte tief in meiner Weltanschauung. Ich erinnere mich noch gut daran, wie sich alle auf ihr blaues Halstuch und das Käppi freuten. Alle, außer mir. „Die

Russen haben meinen Vater 1953 umgebracht. Ich gehe nicht in die Pionierorganisation. Ihr könnt mich nicht zwingen.", leistete ich tapfer Widerstand, ohne zu wissen, wogegen. Nicht nur meine Mutter hatte Schreckliches mit diesem Volk erlebt, auch Wilhelm wäre fast von russischen Soldaten erschossen worden. „Sie saßen schon auf dem Tor und zielten auf mich.", hatte mein Ziehvater oft erzählt. Der Grund war eine alte Feuerwehruniform, die russischen Soldaten bei der Durchsuchung des Bauernhofes in die Hände gefallen war und die sie für eine SS-Uniform gehalten hatten. Zum Glück konnte Bürgermeister Müller, der erste Bürgermeister in Mühlbeck, die Sache aufklären, sonst hätten die Russen auch meinen zweiten Vater auf dem Gewissen.

Ohne zu überlegen, ganz in kindlicher Manier, übernahm ich die Wut der Erwachsenen und schrie sie bei jeder passenden und unpassenden Gelegenheit heraus und als logische Konsequenz wehrte ich mich eisern, mit Hinweis auf die Verbrechen der Russen, der sozialistischen Kinderorganisation beizutreten. Hinter vorgehaltener Hand wusste ohnehin fast jeder über uns Flüchtlinge aus Ostpreußen Bescheid und demzufolge wurde ich auch in Ruhe gelassen. Mit der Zeit merkte ich allerdings, dass ich mich zum Außenseiter degradiert hatte. An den Tagen nach den Pionier-Nachmittagen schwärmten meine Klassenkameraden davon, was sie wieder alles erlebt hatten. Sie erzählten von den Fahrten in größere Städte oder gar nach Tschechien über den „Club der Jungen Touristen", von Schnitzeljagden in den Wäldern und von Skiausflügen zum Muldensteiner Berg, von Ausflügen, an denen ich nie teilnehmen konnte. Ich wollte das alles gar nicht mehr hören, verzog mich meist in irgendeine Ecke und war innerlich doch ziemlich wütend und eifersüchtig. Ich wollte auch mitmischen! Irgendwann erkannte ich, dass meine Äußerungen über die Russen der Grund waren, warum ich aus der Gemeinschaft ausgeschlossen wurde. Also beschloss ich, endlich erwachsen zu werden und „solche Scheiße" nicht mehr zu erzählen. In der fünften Klasse wurde ich dann „Thälmann-Pionier" und durfte künftig auch an Schnitzeljagden und Skiausflügen teilnehmen.

Der nächste Verein, dem ich beitrat, war der Sportverein. Turnen und Gewichtheben interessierte mich schon während der Schulzeit und so schaute ich auch den Sportlern gerne zu. Wie schon so oft bei anderer Gelegenheit dachte ich: „Mensch, Gerhard, das kannst du doch auch!"

Bei unserem Übungsleiter, Herrn Reibert, lernten wir das Turnen von der Pieke auf. Ich stellte mich geschickt an, so dass ich auch bald an einer Kreismeisterschaft teilnehmen durfte. Bei diesem ersten sportlichen Höhepunkt meiner späteren Turnerlaufbahn traten nur acht Sportler gegeneinander an. Es war für mich also nicht schwer, auf den ersten Platz zu kommen. Wenn ich heute zurückdenke, fällt mir auf, dass ich mich häufig in meinem Leben für etwas zunächst zufällig interessiert und es dann darin zur Meisterschaft gebracht habe. Ich war sehr oft der Erste - zu verschiedenen Zeiten meines Lebens und an verschiedenen Orten. Woran das lag, kann ich nicht genau sagen. Vielleicht war Neugier mein Motor und Unbekümmertheit der Helfer? Denn stärker und klüger als andere war und bin ich beileibe nicht.

Ab der fünften Klasse lernten wir Russisch, was für mich, verständlicher Weise, ein rotes Tuch war. An der Sprache lag das sicher am wenigsten, sondern an der Verknüpfung mit alten traurigen Familienerinnerungen. Auch wenn ich mittlerweile die Zusammenhänge besser kannte, milderte das meine Aversion gegen alles, das in irgendeiner Weise mit der Sowjetunion zu tun hatte, in keiner Weise. Ich beschloss, mich der Sprache zu verweigern und beteiligte mich einfach nicht am Russisch-Unterricht. Stattdessen malte ich alle Bilder ab, die im Klassenraum hingen. Dafür hagelte es Fünfen in Betragen. Ich empfand das als ungerecht und wurde noch sturer. Auch im Fach selbst schrieb ich eine Fünf nach der anderen. Dabei hätte ich durchaus gute Zensuren in Russisch erreichen können. Wie schon an anderer Stelle gesagt, war ich in der Lage, in kürzester Zeit 20 Seiten Russisch auswendig zu lernen. Vielleicht steckte sogar ein unentdecktes Sprachgenie in mir, aber aus Protest gegen die Weltgeschichte schrieb ich weiterhin nur Fünfen. Ich weiß nicht, ob diesen Protest überhaupt irgendjemand zur Kenntnis genommen hat. Für mich war das Wort „Russen“ mit ausschließlich Schrecklichem verbunden. Bei den anderen am Krieg beteiligten Nationen ist das anders: Wenn du hörst „der Franzose“, „der Engländer“, „der Kanadier“ oder „der Amerikaner“, dann denkst du an Lebensart, Kultur, Natur, unbegrenzte Freiheit und kannst dir etwas unter den Menschen vorstellen. “Die Russen“ hingegen standen als Synonym für Idioten, Verbrecher, Schweine. Das war nach dem Krieg nicht aus den Köpfen der Menschen herauszubekommen. Göbbels Propaganda war vielleicht nicht ganz unbeteiligt, aber die Berichte von

Überlebenden und Flüchtlingen nach dem Krieg deckten sich oft genug mit dem, was ihnen vorgeworfen wurde.

In den sechziger Jahren, als die Telefonleitungen von Wittenberg nach Berlin und Bitterfeld gelegt wurden, habe ich das erste Mal russische Soldaten in natura getroffen. An der alten F100 buddelten die Soldaten Löcher, legten die Kabelschächte und fädelten die Telefonleitungen durch. Wir Kinder wussten, dass die „Russkis“ eine Menge Abzeichen hatten; schöne bunte Metallabzeichen. “Snatschok“ ist der russische Name für Abzeichen. „Snatschoki“ ließen jegliche Vorurteile und Ängste vergessen. Die gezeichneten Gesichter mit den apathisch wirkenden, in tiefen, oft dunkel umrandeten Höhlen steckenden Augen gaben traurigen Aufschluss über den permanenten Hunger der Männer. Deren ausgemergelte Körper als Folge von kargen Essensrationen ließen uns keine Wahl, als Mutters Vorratskammer zu plündern. Mit Schweineschmalz und Bauernbrot in den Händen rannten wir aus dem Haus, durch die Straßen, wo wir auch jegliche guten Manieren fallen ließen, um anschließend mit den Russen gemeinsam zu „fressen“. Mit „essen“, so wie wir es zu Hause gelernt hatten, hatte dieser Akt der Nahrungsaufnahme nichts zu tun. Das Brot wurde mit den Händen abgebrochen und um das Schmalz aufzustreichen nutzen wir alles, was zum Streichen geeignet war, durchaus auch mal einen Holzspan, den wir auf der Baustelle fanden. Die Russen lachten sich halb tot, wenn sie uns mit der Ladung Büchsen ankommen sahen, denn wir beschränkten uns nicht nur auf Schmalz und Brot. Die Abzeichen waren uns viel mehr wert! Zum Beispiel eingewecktes Schweinefleisch und sogar Vaters selbst gekelterter Wein. Wir waren spendabel und amüsierten uns genauso köstlich wie unsere „Gäste“.

In diesem Zusammenhang lernte ich zu begreifen, was gemeint war, wenn man von „schlechten Russen“ sprach. Die Worte, in die der Hass gelegt wurde, bezogen sich auf das System, nicht den einzelnen Menschen, nicht den kleinen Muschkoten, mit dem man im Straßengraben gesessen und Bauernbrot mit Schweineschmalz gefressen hat. Diese Erlebnisse haben ein anderes neues Verständnis in mir wachsen lassen. Jene Wertungen, die ich, wie wohl die meisten Kinder, aus dem Bauch heraus, durch übernommene Ansichten der Eltern, getroffen hatte, verloren an Gewicht und Realität.

Ich kann mir gut vorstellen, dass für jene Völker, die von Deutschland überfallen wurden, „Deutsch" ebenso negativ behaftet war, wie „die Russen" für die Deutschen. Aber vielleicht wäre es besser, diese Überlegungen aus dem heutigen geschichtlichen Standpunkt heraus zu betrachten, selbst wenn sie nur in dem Maße Bestandteil meiner Lebensgeschichte sind, wie ich mich damit beschäftige. Ich bin ein politisch orientierter Mensch und erlaube mir stets zu sagen, was ich denke, auch wenn diese Gedankenfreiheit immer wieder Diskussionen auslöst. Dieser Herausforderung stelle ich mich gerne. Die Zeiten ändern sich und heute habe ich absolut kein Problem mit Russen, war sogar in den letzten Jahren oft in den einst von Deutschland besetzten Gebieten, die heute unter russischer Verwaltung stehen. Ich habe mit den Menschen dort gegessen, getrunken, gescherzt, gelacht, völlig problemlos und entspannt. Es fällt mir schwer zu verstehen, wie Leute, die heute so alt wie ich, oder sogar weitaus jünger sind, Grenzen und Länder-Hoheiten nicht anerkennen wollen. Was haben die noch mit dem Dritten Reich zu tun? Das liegt doch alles jenseits von Gut und Böse! Haben Deutschland und der Rest von Europa nicht andere Probleme?

Meine Konfirmation

Kapitel - 4 -

In der Art ihre Kinder zu erziehen, unterschieden sich meine Eltern nicht von anderen Leuten ihrer Generation. Obwohl in unserer Familie über Vieles offen geredet wurde, gab es auch Tabus. Sex war zum Beispiel eines dieser Tabuthemen. „Darüber spricht man nicht!", lautete das ungeschriebene Gesetz. An Erfindergeist mangelte es meinen Eltern zum Glück nicht, und so wurde ich mit folgender Geschichte aufgeklärt:

Auf einem Acker standen einmal zwei Gänseblümchen. Sie fanden Gefallen aneinander und so sagte das eine zum anderen: „Ich liebe dich." Darauf erwiderte das umworbene Gänseblümchen schamhaft: „Wie schön! Dann lassen wir das Bienchen kommen!"

Instinktiv wusste ich, dass es nicht so sein konnte, aber ich musste mich noch ein wenig gedulden. In der siebten Klasse bekamen wir dann ein Buch, in dem die „menschliche Vermehrung" mit einem leicht wissenschaftlichen Ansatz und einigen entsprechenden Bildern beschrieben wurde. An eines erinnere ich mich noch genau. Darauf war eine schwangere Frau von der Seite abgebildet. Im Querschnitt des Bauches konnte man das Baby sehen. Das war unsere sexuelle Aufklärung. Den Rest musste man durch ausprobieren selbst herausfinden. Bei genauer Betrachtung fällt mir auf, dass unsere Generation generell wenig Anleitung bekommen hat. Somit war ich gezwungen, mir sehr Vieles abzuschauen. Heute würde man das „learning by doing" nennen.

Ausflug zum Muldenstein-Berg in meinem letzten Grundschuljahr

Im beginnenden Teenager-Alter von 13, also nach acht Jahren Grundschule in Mühlbeck, begann ich langsam, mir Gedanken über meine berufliche Zukunft zu machen. Eine Ahnung, wie die aussehen könnte, hatte ich leider nicht und so hörte ich mir zunächst die Vorschläge an, die aus der Familie kamen. Mit der Vorstellung jener, die meinten, ich würde mich als Maler bestimmt nicht ungeschickt anstellen, konnte ich mich anfreunden, denn immerhin gingen sämtliche Malaufträge in der Schule an mich. Gegenstände, Blumen oder Pflanzen „kopieren", war mein Lieblingsthema, das ich gerne in akkurater Arbeitsweise umsetzte. „Und vergiss nicht: Handwerk hat goldenen Boden", erklärten meine Berufsberater, Daumen und Zeigefinger in bekannter Geste aneinander reibend. Die Überlegung, dass ein Maler auch in finanzieller Hinsicht für die Familie recht nützlich wäre, lag in der allgegenwärtigen Tatsache begründet, dass Handwerker schon in den 60er Jahren in der DDR beliebte Zeitgenossen waren: rar und teuer. Sicher ging „Maler und Anstreicher" nicht in die künstlerische Richtung, in die ich mit meinen Zeichenversuchen tendierte, aber der Gedanke lag nahe, mit diesem Beruf erst einmal einen Grundstein für meine künstlerische Karriere zu legen. Also schaute ich mich voller Tatendrang nach einer passenden Ausbildungsstelle um und wurde in Friedersdorf fündig. Der Meister dort freute sich schon auf den neuen Lehrling und ich begann sofort fleißig zu üben, um am ersten Arbeitstag mein Talent anhand von Zeichnungen beweisen zu können.

Diese künstlerische Laufbahn fiel jedoch nur wenige Stunden später ganz elementaren menschlichen Bedürfnissen zum Opfer. Als am Abend mein Vater nach Hause kam und vorschlug: „Du, Gerd, wenn du willst, kannst du Fleischer lernen. Hier, bei Reinhard um die Ecke. Da bist du gleich zu Hause und hast auch immer schön zu essen.", überzeugte mich die blendende Aussicht auf Bequemlichkeit und kulinarische Genüsse. Mich umzuorientieren fiel mir

Kirche von Pouch

nicht schwer und so wurde ich Metzger. Von der beginnenden Karriere als Maler sind heute noch ein paar Zeichnungen erhalten. Irgendwo zu Hause liegt unter anderem neben einer Radierung nach dem Selbstbildnis von Leonardo da Vinci auch noch „die Nachtwache“ von Rembrandt herum.

Meine unverkennbar künstlerische Ader

Sicher hätte es auch noch andere Berufsmöglichkeiten für mich gegeben, denn ich hatte viele Talente. Schon damals zählte ich zu den Autodidakten, was sich wie ein roter Faden durch mein ganzes Leben zieht. „Learning by doing" - das hatte ich schon an anderer Stelle erwähnt. Ich habe nie viel gefragt, sondern nur die Augen aufgemacht und immer genau beobachtet, wie es andere machen und was zum Schluss herauskommen sollte. Dann habe ich es so lange probiert, bis ich mit dem Ergebnis zufrieden war. Als ich gerade einmal 14 Jahre alt war, musste das Dach unserer Scheune repariert werden. Mit einem Mörteleimer vor dem Bauch bin ich aufs Dach geklettert und habe die gesamte Scheune mit einer Länge von dreißig Metern alleine abgedeckt. Stück für Stück, einen Ziegel nach dem anderen. Ich balancierte den Dachfirst entlang wie ein Artist. Meinen Eltern wurde angst und bange. Danach habe ich einen alten Schuppen abgerissen, damit es auf unserem Grundstück wieder ordentlich aussah. Nebenbei gesagt, standen in dem Schuppen Raritäten, über die sich heute jedes Heimatmuseum wie ein Schneekönig gefreut hätte. Alte Mähbinder und bäuerliches Handwerkszeug, von dem bestimmt einiges aus dem Mittelalter stammte. Wir haben damals alles auf den Schrotthaufen geworfen. Wenn ich heute darüber nachdenke, könnte ich mir in den Arsch beißen. Was für ein kulturelles Desaster!

Die nächsten drei Jahre verbrachte ich in der Fleischerei „Reichsbrot" in Pouch, wo ich nicht nur verpflegt wurde sondern auch gewohnt habe. Mein Lehrmeister und seine Frau, deren frappierende Ähnlichkeit zueinander wohl hauptsächlich ihrem einverleibten Wohlstand von geschätzten je drei Zentnern ohne Knochen zuzuschreiben war, behandelten mich wie ein eigenes Kind. Entsprechend wohl fühlte ich mich in meiner Lehrzeit in dieser ausgesprochen familiären Umgebung. Mit 60 Mark Lehrlingsgeld im Monat konnte ich mir sicher keine großen Sprünge leisten, aber ich war nicht nur Optimist sondern auch ehrgeizig. Geld zu verdienen und vor allem zu sparen, bedeutete für mich damals schon den Luxus, mir ohne Einschränkungen meine Wünsche erfüllen zu können. Mein „Verpflegungsgeld" bekam ich am Wochenende von der Metzgerei in Naturalien, was mir den großen Vorteil einbrachte, dass ich zu Hause kein Kostgeld abgeben musste. Noch dazu war dieses Fleischpaket so reichhaltig, dass ich davon die ganze Familie ernähren konnte.

Meister Reinhardt hat mich immer mitgenommen, wenn er auf einen Bauernhof gerufen wurde zum Sauen schlachten und anschließend Wurst kochen, wie das im Hausschlachter-Betrieb in Sachsen Anhalt üblich war. In anderen Gegenden hingegen holte man sich den Metzger nur zum Schlachten und Fleisch zerteilen, die Wurst kochten die Bauern selber ein. Bei uns blieb der Metzger so lange vor Ort, bis die letzte Wurst aus dem Kessel geholt wurde. Alles machte der Metzger selbst, die Hausherren fungierten nur als Handlanger. Sauen, manchmal auch Zicklein oder Kaninchen schlachten und Wurst kochen war für mich nichts Besonderes, ich sah es als Teil meiner Ausbildung. Für zehn Stunden Arbeit auf den Bauernhöfen bekam ich 28 Mark extra, die ich eisern gespart habe. Bald konnte ich mir ein Fahrrad um sage und schreibe 485 DDR Mark kaufen, das weiß ich noch, als wär's gestern gewesen. Nun war ich auch mobiler, wenn ich an den Wochenenden mit dem Meister zum Schlachten übers Land zog. Tiere zu töten hat mir nichts ausgemacht, weil ich auf einem Bauernhof aufgewachsen bin und dort war und ist es wahrscheinlich noch heute eine ganz normale Sache, dass die Mutter sagt: „Junge, geh mal in den Hühnerstall und fang ein Huhn, hack den Kopf ab und bring die Henne her.“ Das Tier wird gebrüht, gerupft, gekocht und gegessen – alles ganz natürlich. Unter unseren Nutztieren war keines besonders lieb. Mein Lieblingstier war unser Hund. Aber Hunde schlachtet man ja nicht, jedenfalls nicht in unseren Breiten. In diesem Zusammenhang fällt mir aber ein, dass in meinem Lehrbuch des Fleischerhandwerks, Ausgabe 1964, ein Kapitel „Der Hund als Schlachttier“ zu finden war. Ich glaube allerdings, dass dies höchstens während und kurz nach dem Krieg praktiziert wurde, als es sehr wenig zu essen gab. Schwer vorzustellen, dass europäische Gaumen am Hundefleisch Geschmack finden könnten. Dass in China Hundefleisch am Teller an der Tagesordnung liegt, ist bekannt, aber laut einer Fernsehdokumentation sollen auch in der Schweiz Hundeschinken hergestellt werden, die angeblich helfen, rheumatische Erkrankungen zu lindern. Die Schweizer Metzger dürften sich dabei in einer Grauzone bewegen, denn Hunde schlachten ist nicht ausdrücklich verboten aber ebenso wenig erlaubt. Verrückt, wie manches auf dieser Welt!

Das eine oder andere Fünfmarkstück habe ich mir durch Arbeiten bei meiner Meisterin verdient, die öfter mal Hilfe im Stall oder im Garten benötigte. So sehr ich mich auch über den Zusatzverdienst freute, meine Freizeit war mir doch zu schade dafür. Also musste ich mir etwas einfallen lassen um diese Arbeiten während meiner Arbeitszcit zu erledigen. Das fiel auch nicht sonderlich schwer, da mein Meister immer mal Arbeiten an mich delegierte, die nichts mit der Fleischerei zu tun hatten, wie beispielsweise Holz hacken, Kohlen holen oder die Öfen heizen. Ich ging also auf den Hof, beeilte mich beim Holz hacken und wenn ich den Meister im Schlachthaus wähnte, so dass er mich nicht sehen konnte, habe ich schnell für seine Frau den Hammelstall ausgemistet und besagten Lohn kassiert. Wenn ich danach wieder ins Schlachthaus kam, gab es wegen der halbstündigen Verspätung zwar immer Schelte vom Boss. „Du stinkfauler Sack! Wie lange brauchst du denn zum Holz hacken?“, schimpfte er, aber ich hatte stets die passende Ausrede parat: „Meister, das Holz hacken war so schwer, ich hab die großen Prügel kaum auseinander bekommen.“ Damit gab sich mein Chef zufrieden und trabte brummelnd von dannen, während ich schelmisch mit meinen fünf Mark in der Tasche klimperte. Ich halte solche kleinen Tricks für absolut legitim, immerhin habe ich keinem geschadet und letztendlich waren alle drei Seiten zufrieden: Mein Meister konnte sich auf seinen halbwegs passablen Lehrling stützen, die Meisterin bekam Hilfe und ich hatte einen kleinen Zusatzverdienst. Mit 60 Mark konnte ich doch keine Mädchen beeindrucken!

„Du sollst nicht begehren eines anderen Eigentum.“, so der Wortlaut eines der zehn Gebote. Bis zu einem bestimmten Alter hielt ich mich strikt an diese Anweisung, von einigen kleinen Vorkommnissen abgesehen, die aber durchaus in die Kategorie „Mundraub“ eingeordnet werden können. Ich war ein ehrlicher Mensch und wollte es auch bleiben, bis mein Meister mich eine etwas großzügigere Definition des Begriffs „Ehrlichkeit“ lehrte: „Junge, klau, was du klauen kannst, aber lass jedem das Seine!“ Dieser Satz eröffnete eine ganz neue Sicht auf die Dinge, hat mich aber trotzdem nicht zum Klauen ermutigt. Jedenfalls nicht so, dass es ein Eigentumsdelikt geworden wäre. Natürlich, in den Obstgärten haben wir Jungs Äpfel und Birnen stibitzt. Mundraub eben, aber straffällig werden lag und liegt mir fern. Diebstähle hat es damals – soweit ich weiß – bei uns im Dorf nicht gegeben. Selbst wenn die Fahrräder drei Tage lang vor der Kneipe standen, ist nie einer auf die Idee gekommen, eins zu entwenden. Höchstwahrscheinlich wusste man in einem so kleinen Dorf auch wem das Rad gehörte und hätte gleichermaßen den Täter sofort ausfindig machen können.

In dieser Zeit flammte auch die Liebäugelei mit dem Ballett, die schon während der Schulzeit existierte, erneut auf. Durch eine Volkstanzgruppe bin ich darauf aufmerksam geworden und war fasziniert von den geschmeidigen Bewegungen und der schmucken Kleidung. Weil ich wusste, dass es im Kulturpalast in Bitterfeld ein Ballett gab, bin ich eines Nachmittags hingefahren und habe mir angeschaut, was die Jungs und Mädels dort so machen. Was ich sah, gefiel mir gut und ich wähnte mich schon als Tänzer vor einem großen Publikum. Also bin ich nicht mehr zum Turnen, sondern zum Ballett gegangen. Meinem Meister gefiel dieses kulturelle Engagement weniger. Während der Praxisausbildung mussten wir Lehrlinge im Betrieb arbeiten, und das von acht Uhr morgens bis sechs Uhr abends. Das Training begann aber um sieben Uhr abends, manchmal schon eine halbe Stunde früher. Bitterfeld ist zwar nicht weit von Pouch entfernt, aber doch so weit, dass die Strecke nicht in fünf Minuten zu bewältigen ist, nicht mal mit dem Auto, was ich natürlich nicht besaß. So fuhr ich mit dem Bus, oder an warmen Tagen mit dem Fahrrad, nach Bitterfeld. Jedes Mal aufs Neue musste ich mich an den Meister herantasten um ihn auf das abendliche Balletttraining anzusprechen, worauf dieser in gewohnter Manier sofort lospolterte: „Was, schon wieder? Bleib besser zu Hause und grabe den Garten um, da machst du etwas Gescheites!“ Zu guter Letzt ließ er mich doch immer ziehen.

Als Tanzeleve machte ich es so wie immer: zuerst habe ich geschaut, wie es die anderen machen und dann versucht, es ihnen gleich zu tun. Balletttanzen bereitete mir großes Vergnügen und so habe ich die Tanzschritte sehr schnell begriffen. Bald hatte ich es zu einer gewissen Meisterschaft gebracht, was mir die Teilnahme an Wettbewerben und folglich auch viele Reisen einbrachte, wie zum Beispiel nach Polen und in die damalige Tschechoslowakei. Der Einzige, der keine Freude an meinem Hobby hatte, war, wie schon erwähnt, mein Meister. Für die Proben gab er mir schon ungern ein paar Stunden frei, aber eine Tournee dauerte meist mehrere Tage. Ärger lag wie dichter Nebel in der Luft, der sich erst mit dem Ende meiner Lehrzeit lichtete.

Mit meinem Ballettmeister und meiner Tanzpartnerin

Die Prophezeiung meines Vaters in Bezug auf meine Lehre erfüllte sich voll und ganz und 1968 nahm ich stolz meinen Gesellenbrief in Empfang. Aus mir war ein zufriedener, fescher Fleischersbursche geworden, ein richtiger Schwiegermutter-Traum, der so manchen Verkuppelungsversuch zur Folge hatte. Auch mein Lehrmeister Reinhardt, der Schwiegersohn des Geschäftsgründers Reichsbrot, ließ keinen Versuch aus, mich mit seiner Tochter zu verkuppeln. Ganz dezent, aber doch unübersehbar in seinen Bemühungen und denen seiner Frau, die manchmal etwas ungeschickt wirkten, schickte er sich immer wieder an, mich als Schwiegersohn zu gewinnen. An den Samstagen durfte ich mit Rosel den Laden aufräumen und Fenster putzen und um den freien Nachmittag auch gemeinsam zu vollenden, schafften wir anschließend Ordnung im Schlachtfeld des Kinderzimmers ihrer jüngeren Brüder.

Wie es im Dorf so üblich war, gingen wir sehr oft zum Ringelbitz (Tanzabend). Sie mit ihren Freundinnen und ich mit meinen Freunden und alle hatten eine Menge Spaß. Einmal war ich bei ihr zu Silvester eingeladen. Ihre Eltern waren auf einer Silvesterparty bei Freunden und Rosel Reinhardt nutzte die Gelegenheit um aufzutafeln, dass sich der Tisch bog und auch sonst zu zeigen was sie hatten. Das Kleid unserer Gastgeberin war nicht nur knallrot, es verbarg auch kein Detail ihres durchaus ansehnlichen Körpers und endete knapp oberhalb der Knie. Die alltäglichen schwarzen Zöpfe trug sie an jenem Abend offen, locker im Nacken gebunden, mit einer schwarz-weiß getupften Schleife, die jede Bewegung ihrer dichten glatten Haare unterstrich. Das Essen war schlichtweg super, aber, entgegen Rosels Plan, das einzig Verführerische, das ich mir für diesen Abend vorgenommen hatte. Ich wollte auf keinen Fall schwach werden. Nach dem Essen ging die Party richtig los! Wir sahen fern, tanzten und schaukelten unsere ohnehin schon gute Stimmung mit frechen Witzen, coolen Sprüchen und Hochprozentigem auf. Rosel nutzte so ziemlich jede Gelegenheit, mir sehr nahe zu kommen. Dass sie sich erhoffte, von mir betatscht oder geknutscht zu werden, war mir schon klar und ich fühlte mich auch geschmeichelt, aber selbst wenn ich nicht mehr ganz nüchtern war, so war doch mein Verstand noch nicht komplett abgesoffen. „Wenn du jetzt wie ein Eroberer rangehst, dann wirst du womöglich dein ganzes Leben in Pouch bleiben und mit Rosel die Fleischerei übernehmen. Den Rest deines Lebens wirst du hier im Betrieb arbeiten!“ Die eindringliche Warnung, die sich tief in mir drinnen breit machte, erreichte zum Glück auch mein Denkzentrum und so riss ich mich zusammen und ignorierte die Hormone und die optischen Reize. Wortlos setzte ich mich in eine Ecke, kippte mir zwei Pullen in die Rübe, schloss Freundschaft mit den hübschen kleinen Schnapsfläschchen und bin danach friedlich wie ein Kleinkind eingeschlafen. So hatte ich mich auf die denkbar einfachste Art mehr oder weniger galant aus der Affäre gezogen. Es war ja nicht so, dass ich Rosel überhaupt nicht mochte, es war einfach der falsche Zeitpunkt für eine feste Bindung meinerseits. Wir kannten uns, seit ich meine Lehre in der Fleischerei begonnen hatte und ich sah in ihr einen prima Kumpel. Auf irgendeine Weise mochten wir uns, aber genau zu deuten vermochte ich meine Gefühle zu jener Zeit nicht. Erst hinterher, als ich eifersüchtig auf ihren Freund war, den sie später auch zum Ehemann nahm, merkte ich, dass ich vielleicht doch mehr für sie empfunden hatte, als ich mir zugestand.

Dass ich an diese Geschichte nach vielen Jahren in Österreich erinnert werden sollte, konnte ich damals nicht ahnen, aber ich erlaube mir hier kurz vorzugreifen: Harald Michel aus Muldenstein, ein alter Freund aus Deutschland war mit einer befreundeten Familie bei mir im Hotel „Post" zu Gast. Beim Abendessen in lustiger Runde mit Schnaps und Wein, wie sich das im Skiurlaub hin und wieder gehört, schaute ich so in die Runde um mich mit den neuen Gesichtern, die Harald mitgebracht hatte, vertraut zu machen. In meiner Weinseligkeit fing ich an zu grübeln: „Menschenskind, das Gesicht kenne ich von irgendwoher." In meiner unbefangenen Art fragte ich die junge Frau: „Bist du in irgendeiner Weise mit der Familie des Fleischermeisters Reinhardt aus Pouch verwandt?" „Der Fleischermeister Reinhardt ist mein Opa und Rosel ist meine Mama.", kam die unerwartete Antwort prompt. Das war für mich eine Sensation! Nach so vielen Jahren lerne ich die Tochter meiner Jugendliebe in Österreich kennen.

Wenn ich heute darüber nachdenke, bin ich mir sicher, der Herrgott hat mich auserkoren, um so etwas zu erleben. Es gibt noch mehr Geschichten in dieser Art, die ich gerne später zum Besten gebe und die mich stärker an Gott glauben lassen als je zuvor.

Mama, Onkel Otto und Tante Gertrud 1964

„Learning by doing" war immer mein treuer Begleiter und verhalf mir des Öfteren nicht nur zu neuen Fähigkeiten sondern auch zu wirtschaftlichem Erfolg. Als junger Mann legte ich viel Wert auf modische Kleidung, was aber meinen finanziellen Rahmen als Metzgerlehrling stark belastet hätte. Mir gefielen die schicken Hemden, die zum Beispiel der Sänger Udo Jürgens trug. Wie gerne hätte ich so ein schwarzes Rüschenhemd besessen! Diese Hemden waren der Hit, aber leider gab es derart coole Klamotten nirgends zu kaufen, jedenfalls nicht in unserer Region. Also fuhr ich kurzerhand nach Bitterfeld. Das Angebot der Hauptstadt Berlin stand zwar in keinem Vergleich, aber Bitterfeld war immerhin Kreisstadt und so war das Warenangebot auch etwas reichlicher als in anderen Städten. Die wenigen Stoffläden waren passabel und man konnte Glück haben und sehr gute Meterware ergattern. Irgendetwas passendes fand ich immer, kaufte je nach Bedarf einen oder zwei Meter davon und fuhr wieder nach Hause. Bei der nächsten Musiksendung schaute ich mir Udos Hemd genauer an und merkte mir jedes modische Detail. Mit einem Zollstock nahm ich ein paar Maße, wie Länge und Umfang meines Oberkörpers sowie Ärmellänge und schnitt das Hemd zu – ohne jegliche Vorlagen oder gar Schnittmuster. Mutters alte „Pfaff", eine Tret-Nähmaschine stellte zwar keine große technische Herausforderung dar, dafür aber der Kragen umso mehr. Wichtig war das Endergebnis, und das ließ sich als passabel einstufen. Auch wenn ich bei diesem ersten selbst genähten Hemd auf den Kragen verzichtete, so war ich am nächsten Abend beim Tanz trotzdem der Hahn im Korb. Frei nach dem Motto: „Ich bin der Schönste der Mietskaserne, alle Mädchen haben mich gerne." Nach einem solchen Erfolg blieb es natürlich nicht bei einem Hemd und spätestens beim dritten hatte ich den Bogen raus mit dem Kragen. Herausforderung gemeistert, also her mit der nächsten.

Wieder inspirierte mich eine Fernsehsendung, in der mir herrliche Schlaghosen ins Auge stachen. Auch die gab es nirgends zu kaufen. Die Arbeit mit der alten Tret-Nähmaschine war zwar mühsam, weil sie nur vorwärts nähte und sich der Faden hin und wieder verwurstete, den ich in langwieriger Kleinarbeit wieder auseinander fitzen musste, aber ich hatte das Arbeitsgerät im Griff. Außerdem verließ ich mich darauf, dass hinterher sowieso keiner die kleinen Fehler sieht. Entscheidend war das Gesamtbild und das konnte sich sehen lassen. Was lag also näher, als eine alte Hose zu nehmen und aus einem anderen Stoff Keile in die Seitennaht einzusetzen. Die Hose saß perfekt, wenigstens für meine Begriffe, und sah ausgesprochen schick aus. Die teils bewundernden, teils leicht neidischen Blicke meiner Freunde und Kollegen waren nicht zu übersehen und so kam die Frage meines besten Freundes, Arno Sonnenberger, ob ich ihm nicht auch so ein modisches Hemd nähen könnte, nicht wirklich überraschend. Ich überlegte nicht lange und sagte: „Klar, aber der Stoff hat 'ne Menge Geld gekostet. Für das Hemd musst du mindestens 80 Mark hinblättern." Der Stoff kostete ungefähr 60 Mark und somit hatte ich schon wieder 20 Mark verdient, die ich dann mit Arno zusammen beim Tanztee verjubelt habe.

Noch heute erstaunt es mich, wie ich es geschafft habe, solche Sachen zu nähen. Aber wir wissen ja: Mangel erzeugt Kreativität, und wenn dann noch der Wunsch und die Sehnsucht, etwas zu besitzen, stark genug ist, findet man auch den Weg dazu. Meine Hauptmotivation war immer: „Das kannst du!" Dieses Nähtalent erwies sich auch als äußerst nützlich, als ich nach dem Auszug meiner Brüder deren Zimmer beziehen konnte. Die Vorhänge wollte ich mir selbst nähen. Eine professionelle Hausfrau heftet den Stoff vorher entsprechend, um die Stoffbahnen ohne Falten aneinander zu nähen. Ich hingegen – schon immer „der schnelle Meyer" – wollte mir diesen Arbeitsgang sparen, legte die Bahnen einfach übereinander und ließ mit ein paar Tritten aufs Pedal die Maschine surren. Der Stoff rutschte unter der Nadel durch, dass ich meine Freude hatte. Der prüfende Blick am Ende der Arbeit zeigte jedoch zwei ungleich lange Bahnen. Wahrscheinlich hatte ich an einer davon beim Nähen etwas gezogen. Kurzerhand trennte ich das Werkstück bis zur Mitte wieder auf, nähte zwei Stoffstreifen dazwischen und schnitt die untere Kante gerade. Letztendlich ist es keinem aufgefallen. So genannte „Frauenarbeiten" zu erledigen bereitete mir nie und nimmer Probleme. Ich habe sogar abgewaschen oder den Fußboden gebohnert, und das zu einer Zeit, als wir Jungs lieber in der Gegend umher streunten. Allerdings durfte mich niemand zu solchen Arbeiten drängen. Dann habe ich mich verweigert.

Kapitel - 5 -

Auch wenn es keiner glaubt, aber ich begann schon zeitig, mein Leben zu planen. Nach der Lehre als Fleischer wollte ich an der Betriebsakademie in Bitterfeld eine zusätzliche Lehre zum Koch absolvieren und danach die Ausbildung mit einer Kellner-Lehre komplettieren. Damit hätte ich die besten Voraussetzungen für eine Karriere in der Gastronomie in der Tasche. Unglücklicher Weise kam „die Fahne“ dazwischen und ich tauschte von 1968 bis 1970 die blutige Metzgerschürze gegen die olivgrüne Uniform der Nationalen Volksarmee. Was sich in dieser Zeit gravierend änderte, war das Verhältnis meiner Vorgesetzten zum Ballett. Von einem Tag auf den anderen waren die Schwierigkeiten, Freistellungen für Ballettproben oder Auftritte zu bekommen, auf ein Minimum geschrumpft. Endlich wurde geschätzt, dass wir schließlich für Frieden und Völkerverständigung tanzten und ich auf diese Art mein gesellschaftliches Engagement demonstrierte. Auch wenn ich mein Steckenpferd nicht so verbissen sah, war ich klug genug, gegen diesen nützlichen Anschein nicht zu protestieren und die freien Tage zum Herumtingeln, die sogar Urlaubssperren außer Kraft setzten, dankbar anzunehmen.

Der fesche Soldat Gerhard Meyer

Als ich an einem sengend heißen Tag im August 1970, vorbei an den Bauern, die ihre Kartoffelernte einbrachten, hier und da einem kleinen Jungen, der mit einer Kiepe hinter dem Pflug herlief, vom Militär zurück kam, wurde mir Mühlbeck zu eng. „Ich muss hier weg, wenn ich nicht versauern will.“, hämmerte es in meinem Kopf. Von den Tourneen mit der Ballettgruppe den Duft der großen weiten (sozialistischen) Welt in der Nase, musste ich meinem ausgeprägten Freiheitsdrang Raum geben. Dabei ging es mir nicht um einen kurzen Urlaub, sondern ich wollte mich beruflich verändern. Ein klares Bild dieser Veränderung hatte ich genauso wenig wie das nötige Geld, aber für alle Fälle fing ich an Ungarisch zu lernen. Bis mein Plan zu reifen begann, wollte ich nicht die Zeit totschlagen, sondern etwas Nützliches machen. Irgendwie hatte ich auch beim Militär die Zeit vermisst, um meine Ideen auf dem Hof zu verwirklichen. Und ich hatte viele Ideen um die eine oder andere Ecke des Bauernhofes zu verschönern. Schon damals war mir klar, dass man als Hauseigentümer entweder viel Geld oder goldene Hände besitzen sollte, und mit letzterem war ich reichlich gesegnet.

Objekt der Idee war unsere Außentoilette, sprich Plumpsklo, in einer ansonsten wenig genutzten Ecke, wie es auf so gut wie jedem Hof noch zu finden war. Das mag zwar für die Bauern im Sommer recht praktisch gewesen sein, weil sie sich mit den Miststiefeln an den Füßen erleichtern konnten, ohne dafür ins Haus zu müssen. Im Winter war es auf dem stillen Örtchen allerdings so kalt, dass man sich den Allerwertesten abfror. Ich empfand das Außenklo nicht nur als vorsintflutlich, sondern schlichtweg als Schandfleck. Es wurde Zeit, ein richtiges Bad mit Toilette zu bauen. Eine Kammer zum Stall hin, die wir als Speisekammer nutzten, eignete sich vortrefflich zum Ausbau. Selbst wenn man eine Wand einzog, war sie noch groß genug für unsere Bedürfnisse. Wenn es nach Wilhelm gegangen wäre, hätte alles beim Alten bleiben können. Ihn störte der „Donnerbalken“ draußen nicht und waschen, meinte er, könne er sich auch in einer großen Schüssel. Zu jener Zeit war es in den Familien üblich, sonnabends Wasser heiß zu machen, eine Zinkwanne oder die etwas noblere Variante, eine emaillierte Sitzbadewanne in die Küche zu tragen und dort zu baden. Während die Eltern badeten, blieb die Küchentür für uns Kinder natürlich verschlossen. Wilhelm zeigte kein Interesse am Umbau und weigerte sich vehement, sich finanziell zu beteiligen. Aber er ließ mir freie Hand, und so begann ich, die neue

Klärgrube auszuheben. Tag für Tag schuftete ich einsam vor mich hin. Die Sonne brannte, dem Gefühl nach, heißer als in allen Sommern zuvor auf meinen Kopf, aber ich ließ mich nicht beirren.

Lediglich so viel Zeit rang ich mir ab, um die erforderlichen Visa für meinen Urlaub zu besorgen. Auch wenn es ein Schritt ins Ungewisse war, mein Plan, mich aufs Motorrad zu setzen und nach Bulgarien zu fahren, stand fest. „Ach, Junge! Allein mit dem Motorrad bis nach Bulgarien? Was willst du denn dort?", jammerte meine Mutter. „Ganz einfach, mit dem Motorrad fahren!" entgegnete ich schulterzuckend. Ihr Blick, warmherzig und wissend, unterstrich dieses besondere Verhältnis zwischen uns. Ich glaube, wir waren seelenverwandt. Wie Wilhelm hat auch sie nie Unterschiede zwischen uns Jungen gemacht. Oder vielleicht doch? Wenn ich ehrlich bin, dann konnte ich mir ein wenig mehr Unfug als meine Brüder erlauben bis ich Schelte von Mama bekam. Und auch in diesem Moment sah sie mich nur an und ließ sich mit einem einfachen Satz beruhigen, auch wenn sie meine Reisepläne wahrscheinlich weiterhin nicht sonderlich gut hieß. Bevor ich mich auf den Weg machte, trug ich meinen Brüdern auf, mein Werk, also die Klärgrube, die ich zur Hälfte ausgehoben hatte, zu vollenden.

Nur mit dem nötigsten Gepäck belastet, als Verpflegung eine Speckseite und ein Stück Rohwurst im Rucksack, machte ich mich auf die Reise. Speck hatte ich eingesteckt, weil man den zu jeder Zeit kalt oder warm essen kann und Brot, das wusste ich, bekam ich auch in Bulgarien an jeder Straßenecke. Getreu der Weisheit: „Speck und trocken Brot macht Wangen rot". Auf meiner Tour durch Bulgarien brauchte ich nicht mal eine Luftmatratze. Stroh war genauso bequem und zudem gab es überall welches. Als Kinder haben wir schließlich auch auf Strohsäcken geschlafen.

Mein erstes Ziel war Varna, eine pittoreske kleine Hafenstadt am Schwarzen Meer, wo ich Bekanntschaft mit einer bulgarischen Touristengruppe machte. Das wenige Deutsch, das der eine oder andere Tourist konnte, erleichterte unsere Verständigung ungemein. Ein paar Mädchen der Gruppe badeten im Schwarzen Meer und tauchten nach Muscheln, die sie dann kichernd und schwätzend am Strand aufschlugen um das Fleisch zu essen. „Das machst du auch!", dachte ich und freute mich, auf diese Art das Geld für das Abendbrot zu sparen. Ich holte einen Kanten Brot aus meinem Rucksack und gesellte mich zu den erfolgreichen Muschelfischerinnen. Später in meinem Leben habe ich nie wieder Muscheln mit trockenem Brot gegessen, aber an jenem Abend schmeckten sie mir köstlich.

Auf meiner weiteren Tour in Richtung Süden, das Meer stets an meiner Seite, kam ich in der Nähe von Nessebar an einer Kolchose, einem kommunistischen Bauernhof, vorbei. Dieser Ort schien mir für eine Rast wie geschaffen. In einer Ecke stellte ich mein Motorrad ab und packte das Zelt aus. Damit habe ich mich zugedeckt und bin friedlich auf einem Strohballen mit Blick auf den Sternenhimmel eingeschlafen. Am nächsten Morgen entdeckten mich die Kolchose-Arbeiter und kamen neugierig angelaufen. Russisch wäre in dieser Situation hilfreich gewesen, aber leider nie mein Lieblingsfach und so versuchte ich, mich wenigstens an ein paar russische Vokabeln zu erinnern. Irgendwie kam ich doch mit den Männern ins Gespräch und wo die Worte versagten, halfen Gesten die Sprachschwierigkeiten zu überbrücken. Die Männer wollten wissen, woher ich kam. Ich zeigte ihnen auf der Landkarte Bitterfeld und den Punkt, an dem wir uns in jenem Moment befanden. In einem deutsch-russischen Kauderwelsch erklärte ich ihnen, dass ich durch Bulgarien touren wollte. Die Bulgaren lachten über meine unkonventionelle Art zu reisen, holten ihre Stullenpakete und die Thermoskannen mit nahezu heißem Kaffee und bedeuteten mir, mich zu bedienen. Es wurde ein wunderbares gemeinsames Frühstück. Wir unterhielten uns, fachsimpelten über Motorradtechnik und lachten viel, auch wenn wir nicht jedes Wort verstanden.

Ziel Nummer Zwei war Burgas, diesen heute noch viel besuchten Badeort mit dem imposanten Hafen, wo ich mein Zelt inmitten dieser herrlichen Gegend aufgeschlagen habe, mit dem Gefühl von Sicherheit im Inneren. Auf dieser Reise haben viele interessante und sympathische Menschen meinen Weg gekreuzt, von denen einige Freunde fürs Leben wurden. Daran sieht man deutlich, dass Geld nicht immer das Wichtigste ist, nicht mal beim Reisen, denn ich besaß gerade mal so viel Geld, wie ich umtauschen durfte und hatte vermutlich mehr Spaß, als so mancher All-Inclusive-Urlauber heute.

Einer dieser Freunde, die mich das ganze Leben begleitet haben, ist Mitko. Irgendwo in den belebten Gassen von Varna bin ich bei einem weiteren Urlaub, einige Jahre später, seinem Vater über den Weg gelaufen, als ich eine Bleibe für die Nacht suchte. Der freundliche Mann stellte sich als Herr Kolev vor und bot mir ein Zimmer in seinem Haus an. Ein schmuckes Einfamilienhaus mit Meerblick hatte ich nicht erwartet und freute mich daher umso mehr über die glückliche Fügung. Den scheuen jungen Herrn des Hauses lernte ich als Herrn Kolevs Sohn Nikolai, genannt Mitko, kennen. Auch wenn Mitko ein typisches Kind des kommunistischen Systems war, neun Jahre jünger als ich und ohne jegliche Ahnung von Wirtschaft, freundeten wir uns an. Er war in Varna geboren und verbrachte seine Kindheit und Jugend dort als Sohn eines Architekten und einer Lehrerin, also in guten Verhältnissen. Dieser kleine, schmächtige, schüchterne rothaarige Junge mit den stahlgrauen Augen sprach neben Bulgarisch Deutsch, Englisch, Russisch, Tschechisch und Polnisch und war noch dazu mit einem herausragenden technischen Talent gesegnet. Sein späteres Studium in Elektrotechnik war für ihn damals schon genauso selbstverständlich wie die nötigen Subventionen dafür. Zum Glück war uns kein Blick in die Zukunft gestattet, denn dass die Zeit Veränderungen bringen kann, die Pläne verändern und oft sogar vernichten, hätte Mitko sicher noch weniger wahrhaben wollen als ich.

Einer Familie aus Berlin, die sich neben mir am endlosen Strand von Burgas sonnte, erzählte ich von meinen Abenteuern. „Meyer“, sagten sie anerkennend, „du bist der perfekte Zigeuner. Wie machst du das bloß?“ „Ganz einfach. Ich schaue mir an, wie es andere machen und dann probiere ich es selbst.“

Auf diese Weise verbrachte ich drei sehr preiswerte Wochen an der bulgarischen Schwarzmeerküste. Übrigens hätte ich damals schon in den Westen flüchten können. Varna war schließlich eine bedeutende Hafenstadt und vom dortigen Überseehafen liefen die Schiffe in jede beliebige Hafenstadt dieser Welt aus. Ich hätte nur auf einem Dampfer anheuern müssen und schon wäre ich weg gewesen. Zu jener Zeit kam es mir nicht in den Sinn aus der DDR zu flüchten, weil ich meine Mutter nicht im Stich lassen wollte. Ich tröstete mich mit der Gewissheit, dass ich jederzeit wieder nach Burgas fahren konnte, wenn mich das Fernweh doch noch packte.

Mein nächstes Ziel war Ungarn. Verwöhnt und leichtsinnig von Bulgarien, wo mir nichts gestohlen wurde, schraubte ich auch in Ungarn meine Zeltgestänge nicht am Motorrad fest. Prompt wurden sie von Unbekannten geklaut. Da stand ich nun und überlegte, wie ich mein Zelt ohne Gestänge aufbauen konnte. Ich schaute mich um und fand das passende Material in der Natur. Vom nächstbesten Baum brach ich ein paar Äste ab. Einer davon war etwa zehn Zentimeter stark und diente ab sofort als Hauptstütze in der Zeltmitte. In dieser Nacht habe ich wunderbar geschlafen. Das Beste an der Geschichte war jedoch vorerst, dass mein Zelt auch am nächsten Morgen noch fest auf seinem Platz stand. Am nächsten Tag wurde es noch besser. Ich lernte ein Mädchen kennen, das mich mit ihren mittelblonden, zu einem dicken Zopf geflochtenen Haaren und den strahlend blauen Augen, dem Gefühl nach viel blauer als meine eigenen, an eine Prinzessin erinnerte. Um genau zu sein, war sie das Ebenbild von Rapunzel, wie ich sie aus unserem dicken alten Märchenbuch aus Kindheitstagen in Erinnerung hatte. Selbst ihr Name erschien mir wie eine Symphonie: Maruschka. Mit ihr hätte ich mir eine Familie vorstellen können. So wurde wohl mein Traum geboren, nach Ungarn auszuwandern. Zu jener Zeit war dies zwar vollkommen illusorisch, aber mir gefiel diese Vorstellung und so trug ich die Idee auch später dem Rat des Kreises vor. Die Staatsbeamten fielen fast vom Stuhl und erklärten mir, dass dies unter keinen Umständen möglich wäre. In meiner jugendlichen Naivität habe ich den Leuten geglaubt, meinen Wunsch als unerfüllbar abgehakt und aufgehört, Ungarisch zu lernen. Vielleicht hätte ich nicht so schnell aufgeben sollen! Das einzige, das von diesem Traum übrig blieb, war das Fernweh, das ich mit heim nach Mühlbeck nahm. Ich war und blieb ein Zigeuner im Geiste.

Während ich weg war, blieben meine Umbaupläne in der Lade liegen. Weder Wilhelm, noch meine Brüder hatten einen Finger gerührt und die Klärgrube lag noch genauso da, wie ich sie verlassen hatte. Also buddelte ich alleine weiter und irgendwann war die Grube fertig. Dann nahm ich mir die Badestube vor, klopfte den Putz von den Wänden und bereitete alles zum Fliesen vor. So weit so gut, nur hätte ich mich auch vorher um Fliesen kümmern sollen. Ich hatte also Wände, die darauf warteten gefliest zu werden, aber weder Fliesen noch den dazugehörigen Kleber. Vielleicht hatte ich mir die Sache auch zu einfach vorgestellt. Sicher erwartete ich nicht, dass mir keines der vielen Geschäfte, die ich abklapperte, und keiner meiner Bekannten Keramikfliesen verkaufen konnte. Auch wenn meine positive Lebenseinstellung eine kleine Schramme abbekommen hatte, entmutigen ließ ich mich nicht. Ich suchte weiter und zu guter Letzt fand ich im Hinterhof einer kleinen Baufirma eine Charge Glasfliesen, die fortan unser neues Bad zierten und so lange hielten, bis wir unser altes Haus gänzlich abrissen.

Der Herbst war ins Land gezogen und der Geruch nach verbrannten Kartoffelstauden blieb hartnäckig in der kühlen Luft der früh einsetzenden Abende hängen. Mein neu gebautes Bad erfüllte mich zwar mit Stolz, aber die Zeit drängte, um mich wieder um meine beruflichen Pläne zu kümmern. Vielleicht war die Zeit reif, mir einen großen Traum zu erfüllen, und so beschloss ich, bei der Handelsmarine anzuheuern und Matrose zu werden. Ich wurde auf Herz und Nieren geprüft und letztendlich für tauglich befunden, auch was die Gesinnung betraf. Niemand ahnte mein großes Geheimnis, das nach meinem Urlaub zu reifen begann und tief in meinem Herzen ruhte: eine Fahrt ins westliche Ausland, nach der mich im Osten nie wieder jemand gesehen hätte. Nie wieder, nie wieder! Das schlechte Gewissen meiner Mutter gegenüber, das ich früher hegte, hatte ich abgelegt, weil ich wusste, dass sie meinen Entschluss verstehen und billigen würde. Doch es sollte alles anders kommen... Der Behörde in Halle/Saale lag sogar schon ein Antrag auf das Seefahrtsbuch für mich vor und die Chancen standen nicht schlecht. Ich sah mich schon als schnittigen Matrosen, als mich der große Krake packte. Die Behörde, die noch heute als Krake oder „Horch und Guck“ bezeichnet wird: Die Stasi.

Sie spürten meine Schwester Brigitte auf. Ich wusste zwar, dass ich eine Schwester in Regensburg hatte, aber dank der Kommunisten blieb uns der wünschenswerte Kontakt zu ihr versagt. Nachdem jeglicher Versuch, einen Kontakt aus der DDR zu ihr aufzubauen, scheiterte, verdrängte ich ihre Existenz. Nach dem Krieg entschied sie sich im Westen zu bleiben und ging ihren eigenen Weg. Wie sollte ich also wissen, dass sie während ihres Studiums ihren künftigen Mann, einen Perser kennengelernt hatte und mit ihm in seine Heimat gezogen war und nun in Teheran lebte? „Der Zugvogel-Trieb“ und glücklicher Weise auch das rasche erforderliche Ändern von Plänen wies uns als Geschwister aus. Teheran hatte sich Brigitte sicher genauso anders vorgestellt wie ihre Ehe. Mit der Kultur der Moslems kam sie von Anfang an nicht zurecht und in ihrer neuen Familie wurde sie wie Dreck behandelt. Dort hatte nur eine Frau das Sagen, und das war die

„Patriarchin", die Großmutter. In vorausahnender Vorsicht hatte sie ihren deutschen Pass nie aus der Hand gegeben und so setzte sie sich nach sechs Jahren Martyrium in ein Flugzeug nach Westberlin. Für meine Schwester, die ich in meinem Leben nur zwei Mal gesehen habe und somit kaum kenne, hatte das Drama ein glückliches Ende gefunden. Mir hatte es, zumindest für meine Karriere bei der Handelsmarine, das Genick gebrochen, denn West-Verwandtschaft durfte man einfach nicht haben.

Nachdem die Stasi meinen Traum von der Seefahrt wie eine Seifenblase platzen ließ, musste ich meine Pläne für die Zukunft erneut ändern. Immerhin hatte ich neben meinem Beruf auch Talente und Fertigkeiten, auf die ich mich stützen konnte. Also ging ich zurück zu Plan eins und absolvierte in der Betriebsakademie in Bitterfeld die schon früher geplante Ausbildung zum Koch und Kellner. Angesichts meiner abgeschlossenen Fleischer-Ausbildung hatte ich den gesamten theoretischen Stoff bereits durchgearbeitet und brauchte somit nur noch am Fachunterricht teilnehmen. Am Ende hatte ich innerhalb von vier Jahren drei Berufe erlernt und war nun Metzger, Koch und Kellner.

Zudem war ich noch immer stolzes Mitglied des Tanzensembles im Bitterfelder Kulturpalast. Manchmal tanzte ich auch außerhalb meiner Tanzgruppe im einen oder anderen „Tingeltangel". Als blonder blauäugiger Balletttänzer, der es auch verstand, sich gut zurechtzumachen und sich in entsprechender Konversation zu üben, hatte ich ganz sicher nie Probleme, ein Mädchen zu bekommen. An jenem lauen Sommerabend im Jahr 1972 fiel mir ein Mädchen unter den vielen Anwesenden besonders auf. Aus Mühlbeck konnte sie nicht sein, denn sonst hätte ich sie gekannt. Ihre Freundin verblasste, wenigstens in meinen Augen, neben dieser Grazie, der die rotblonden Locken über den Rücken fielen und einen Teil des modischen kurzen Kleides verdeckten. Spätestens als sie mir ihr Gesicht zuwandte und ich in diesen moosgrünen Augen über der süßesten Stupsnase der Welt versank, war ich mir sicher, dass sie die Schönste im Tanzsaal war. Selbst ihren Namen fand ich süßer als Honig: Nicole. Wie das eben so ist: Das Schöne liegt immer im Auge des Betrachters. Also baggerte ich sie an, wie man heute sagen würde, balzte herum wie ein Auerhahn und kassierte den Erfolg. Sie ließ sich auf mich ein und ich sah mich schon stolz, wie ich mich den ganzen Abend um meine Schöne kümmerte. Im

Laufe des Gespräches erfuhr ich, dass sie aus Muldenstein, dem nur wenig größeren Nachbarort von Mühlbeck, kam. Glücklich über den Umstand, dass sie aus der unmittelbaren Umgebung war, erzählte ich ihr stolz, dass ich schon 22 sei und fragte bei der Gelegenheit auch nach ihrem Alter. „Ich bin 16.“, kam die prompte Antwort. „Na ja“, dachte ich, „wenn sie 16 ist, kannst du schon mal mit ihr tanzen.“ Aber sie hatte mich total belogen. Das merkte ich aber erst, als ich ihr den Ausweis aus der Tasche geklaut und nachgeschaut habe. Dort stand als Geburtsjahr schwarz auf weiß 1957. Sie war demzufolge erst 15 und somit sieben Jahre jünger als ich. „Ach du lieber Herr Gesangsverein!“, dachte ich. „Was willst du denn mit so einer?“ Damit war die Sache für mich abgehakt und erledigt. Für diesen Abend wenigstens. Dass die Geschichte nur neun Monate später eine Fortsetzung haben würde, hätte ich zu jener Zeit nicht vermutet. Im darauffolgenden Frühling habe ich sie wieder im gleichen Tanzsaal getroffen und irgendwie muss es gefunkt haben, denn wir waren fortan nahezu unzertrennlich. Vielleicht lag es daran, dass ich fasziniert war, dass sie, so wie ich, ihre todschicken Kleider selbst nähte, vielleicht war der Grund auch der, dass ich überzeugt war, dass sie eine Prinzessin ist, die ihren Stern nur einmal findet.

Meine Tanzkarriere verfolgte ich weiterhin. Als ausgezeichnetes Volkskunstensemble hatten wir im Land einen sehr guten Ruf und konnten als Volkstanzgruppe sogar im Sommer 1973 an den X. Weltfestspielen in Ost-Berlin teilnehmen. Das war ein Höhepunkt in meiner Laufbahn als Balletttänzer und Nicole war zu meiner Freude auch dabei. Sie wohnte ganz artig bei einer Bekannten ihrer Mutter. Abends habe ich sie immer nach Hause gebracht und bin dann mit meinen Freunden um die Häuser gezogen. Meine Freundin war schließlich erst 16. Nach den Weltfestspielen stellte mir mein Ballettmeister ein Engagement am Theater Lübbenau oder Ballenstedt in Aussicht, wo für das Ballett noch Tänzer gesucht wurden. Das Angebot war verlockend. Ein paar Kilometer in den Süden nach Ballenstedt oder 400 Kilometer weiter nach Lübbenau in den Spreewald, am Rande des Kohlereviers, die „schwarze Pumpe“. Beide Städtchen waren etwa gleich groß, hatten 25-30.000 Einwohner, kommunistisch geprägt mit Schwerpunkt Industrie. Ballenstedt war noch dazu nahezu vollständig kommunistisch aufgebaut, nachdem es im Krieg zu 90

Prozent zerstört worden war. Die Theater sahen landauf landab alle gleich aus und Sorgen mit Kulissen oder Ausstattung gab es Dank der staatsgesteuerten Betriebe nicht. Zugegebener Maßen fühlte ich mich sehr geehrt und wäre ich nicht verliebt gewesen, hätte ich das Angebot sofort angenommen. Ob ich den kleinen Haken in Kauf genommen hätte, kann ich nicht mit Sicherheit sagen... Als ich Gerald, meinen Ballettmeister fragte, wie viel ich denn als Tänzer verdienen würde, druckste er ein bisschen herum, bevor er zögernd mit der Wahrheit herausrückte: „Na ja, der Verdienst ist nicht die Welt. Ihr bekommt 550 Mark plus Spesen." Gerald musste meine hochgezogenen Augenbrauen bemerkt haben, denn er beeilte sich hinzuzufügen: „Aber dafür kommt ihr auch ein bisschen herum, wenn ihr zu Gastspielen an andere Theater fahrt." Auch das hatte mich in meiner Lehrzeit gereizt, aber mittlerweile war es ein schwaches Argument gegen die Gründe, die ich vorzuweisen hatte: „550 Mark? Das kann nicht dein Ernst sein, Gerald! Weißt du eigentlich, dass ich jeden Monat zweitausend Mark vor mir herschiebe? Das heißt, das Geld, das ich am Monatsende bekomme, ist längst ausgegeben." Meine chronische Geldknappheit war eng mit dem Tanzen verbunden. Wir waren in den letzten Jahren viel unterwegs mit der Gruppe und haben die Zeiten nach den Auftritten oft in Kneipen oder Theaterbars verbracht, mal hier eine Runde spendiert, mal dort ein Schnäpschen ausgegeben. Das kostete! Mein Lehrlingsgeld und mein minimaler Sold beim Militär reichten dafür nicht aus, und so hat mir meine Mutter immer wieder ein bisschen Geld zugesteckt, damit ich über die Runden kam. So haben sich im Laufe der Zeit zweitausend Mark Schulden angehäuft, auf denen ich hängen blieb. „Nee, Gerald!", sagte ich, „Ich muss richtig Geld verdienen, sonst werde ich meine Schulden niemals los." So war für mich der ökonomische Teil des Themas erledigt. Entweder ist man Idealist und lebt nur für und von der Kunst, oder man will auch mal ein Steak auf dem Teller sehen. So viel Spaß mir das Tanzen auch bereitet hatte, wenn es mich nicht ernähren konnte, war es einfach nicht das Richtige, auch wenn es Gerald in diesem Moment sichtlich traurig stimmte. Dank meiner schnellen Auffassungsgabe brauchte er mir nur die Choreografie auf dem Papier zu zeigen und schon habe ich sie nachgetanzt. Das war das Schöne in der DDR: Man bekam eine fundierte Ausbildung. Ob im Malzirkel, im Zirkel der schreibenden Arbeiter oder im Tanzensemble – es gab immer fachlich versierte Ausbilder, die die Grundlagen der Kunst lehrten. Wir haben im Ensemble nicht nur volkstümliche Tänze getanzt, sondern erhielten eine klassische Ballettausbildung. Ich kann sogar eine Befähigung als „künstlerischer Leiter des Volksschaffens“ vorweisen, die mir am Kulturpalast von Buna, einer Stadt bei Halle, verliehen wurde. Danach hätte ich selber kleine Ballettmädchen und -jungen ausbilden können.

Meine pragmatische Entscheidung gegen das Tanzen und für die sättigende Alternative fiel mir nicht ganz so schwer, weil es einen weiteren schwerwiegenden Grund dafür gab. Irgendwo im Hinterkopf bohrte die essentielle Frage: „Was willst du, Gerhard? Eine Freundin haben oder im Ballett tanzen?“ Mir war klar, dass ich um diese Entscheidung nicht herum kam. Wir kamen viel herum im Land und, wie schon gesagt, Mädchen zu bekommen war sicher das kleinste Problem für einen Tänzer. Zehn an jedem Finger und das in jeder Stadt. Aber so ein Leben funktioniert auf Dauer nur ohne Anhang stressfrei. Auf dramatische Eifersuchtsszenen wollte ich es erst gar nicht ankommen lassen und so war klar, dass ich das Tanzen opfern musste. Vielleicht habe ich damit eine große Karriere aufgegeben, denn immerhin war unsere Ballettgruppe in Bitterfeld so gut, dass wir zur Eröffnung der X. Weltfestspiele ein eigenes Programm hatten und in Folge die Kameramänner des „Westfernsehen“ auf uns aufmerksam wurden und uns zu einem Auftritt in der Tagesschau verhalfen. Was soll's – die Liebe war mir eben wichtiger als der Ruhm.

Blick in Richtung Pouch von meinem Wohnzimmer-Fenster
Links das „Kloppe“, rechts der Eingang des Hauses von Bruder Helmut.

Kapitel - 6 -

Wilhelm Rößler, mein geschätzter Pflegevater, war nicht ganz unbeteiligt an meiner inneren Sicherheit, dass mein Entschluss richtig war. Genau gesagt war es sein Tod im Herbst 1973 und die Gegebenheit, wie schnell und unvermittelt ein Leben zu Ende sein kann. Zum schweren Schicksalsschlag für unsere Familie gesellte sich der Streit um das väterliche Erbe, obwohl es zunächst nach einer einvernehmlichen Regelung aussah. Meine beiden Brüder Manfred und Helmut waren Wilhelms leibliche Söhne und so wollte ich mich aus den Erbangelegenheiten heraushalten. Ich mag keinen Ärger. Es ist doch eine bekannte Tatsache, dass die größten Schlägereien gleich nach der Beerdigung in der Kneipe, wenn das Erbe verteilt wird, beginnen. Danach kann keiner den anderen mehr leiden. Dazu sollte es in unserer Familie auf keinen Fall kommen und so schlug ich einen ganz einfachen Weg vor: Das gesamte Grundstück des Bauernhofs sollte in drei gleich große Stücke aufgeteilt werden. Auf einem Teil stand das Wohnhaus, das aber nur eine Lehmbude war und demzufolge fast keinen Wert darstellte. Man hätte es entweder mit viel Geld umbauen oder abreißen können. Wer das Haus bekam, war also nicht im Vorteil. Gesagt, getan, wir teilten das Grundstück wie besprochen auf. Unsere Mutter wollte gern das Grundstück mit dem Haus behalten und bekam es auch ohne Einwände. Damit war die Sache abgeschlossen. Zunächst einmal. Ich lebte weiterhin mit meiner Mutter zusammen in der alten Bauernkate und sie war mit mir einer Meinung, dass kleinere und später auch größere Renovierungsarbeiten der besseren Wohnlichkeit zuliebe notwendig waren. Endlich kam ich dazu, Bad und Speisekammer so fertig zu stellen, wie ich es mir ursprünglich vorgestellt hatte. Nach zwei weiteren kalten Wintern im alten Bauernhaus beauftragten wir sogar einen Fachmann mit Plänen für den Umbau.

Eines Abends saßen meine Mutter und ich zusammen um über die Zukunft des Grundstücks zu sprechen. Es war klar, dass sie Haus und Hof nicht alleine erhalten konnte, vom notwendigen Umbau ganz zu schweigen. So überschrieb sie mir ihren Anteil an Wilhelms Erbe mit der Option auf ein lebenslängliches Wohnrecht oder – sollte sie doch in eine andere Gegend ziehen – eine monatliche Leibrente. Damit war gesichert, dass sie in ihrem Leben nie Miete bezahlen musste, gleich wo sie wohnte. Meine Arbeit als Kellner in Bitterfeld gab sicher kein Vermögen her, aber meine Mutter vertraute mir, weil sie um meinen Fleiß wusste. Wie es der Teufel wollte, diente diese Vereinbarung meinen Brüdern immer öfter als willkommener Anlass für Sticheleien. Besonders bei Familienfesten, wenn der Alkohol die klaren Gedanken schon vernebelt hatte, fielen immer wieder Sätze wie: „Jetzt sind wir also doch enterbt worden, denn Gerhard hat ja nun das ganze Haus bekommen." Dabei waren es weniger meine Brüder als deren Ehefrauen und Schwiegereltern, die frotzelten. Dass mir irgendwann der Kragen platzen würde, war vorhersehbar. Als wir wieder einmal in gemütlicher Runde mit der Familie und angeheirateten Verwandtschaft beisammen saßen und das Thema Haus und Enterbung zur Sprache kam, fuhr ich schnurstracks nach Mühlbeck und suchte die Bauzeichnungen für die geplante Rekonstruktion des Hofes heraus.

Wieder auf der Feier angekommen, zog ich feierlich die Papiere hervor und riss sie vor den Augen der irgendwo zwischen Überraschung und Entsetzen gefangenen Anwesenden in kleine Stücke. Es war, als hätte in unmittelbarer Nähe eine Bombe eingeschlagen. Keiner sagte ein Wort. Alle saßen nur mit weit aufgerissenen Augen und offenen Mündern da. Pures Entsetzen lag über der Runde. „So, meine Herrschaften", unterbrach ich die Stille, „jetzt werdet ihr euch am Abriss des Hauses beteiligen." Damit bekamen meine Brüder letztendlich nichts, nicht mal die 7000 Mark, die ich ihnen nach Mutters Vereinbarung eigentlich auszahlen sollte und auch wollte, weil ich sicher war, dass dieses Geld weitere Streitigkeiten nicht beseitigt hätte. Die alte Bude gemeinsam abzureißen, wäre die logische Konsequenz und auch unser Plan gewesen, hätte aber in der Folge jede Menge Bürokratie und Genehmigungen in Verbindung mit unnötigen Ausgaben nach sich gezogen. Mit einem Um- und Ausbau war der Großteil der Formalitäten einfach zu umgehen und so entschieden wir uns, an das alte Bauernhaus anzubauen. Wer sagte schließlich, dass das alte baufällige Bauernhaus nicht früher oder später wegen Einsturzgefahr abgerissen werden musste? Mit dieser eleganten Lösung war der Fall zum Wohle aller erledigt und wir besuchen uns heute noch. Wilhelm hatte diese Konflikte wohl vorhergesehen, denn als wir Brüder erwachsen wurden, wollte er mir ein eigenes Haus kaufen um zu verhindern, dass wir Jungs uns um das Erbe stritten. Diese Erinnerung gab mir die Gewissheit, richtig und vor allem in seinem Sinne gehandelt zu haben.

Ich habe mich in meinem ganzen Leben nie gern gestritten und war in der Familie eher ein Ruhepol, wenn auch ein umtriebiger. Wenn ich Probleme mit anderen Menschen kommen sah, bin ich Streitereien stets lieber aus dem Weg und einen Schritt zurückgegangen. Das hat nichts mit klein beigeben zu tun, sondern damit, dass ich noch immer andere und bessere Lösungen für alle Beteiligten gefunden habe.

Meine Mutter brauchte ein neues Haus und das wollte ich für sie bauen. Auch mit drei Berufen war ich noch ein junger Facharbeiter ohne einen Pfennig auf der hohen Kante. Dafür besaß ich autodidaktische Fähigkeiten, Organisationstalent und goldene Hände. Diese Eigenschaften mussten mir in die Wiege gelegt worden sein, denn so etwas kann man nicht lernen. Dazu kam noch eine Portion Glück, in diesem Fall war das meine Arbeit in Bitterfeld, was mir nützliches Wissen und noch nützlichere Kontakte einbrachte. Vorerst griff ich aber auf meine Brüder zurück, die beide beim Kraftverkehr arbeiteten. Helmut fuhr eine Baumaschine, konnte aber auch einen Bagger bedienen, den es in seinem Betrieb auch gab, Manfred hingegen war LKW-Fahrer. Wie unter Brüdern so üblich, war der Deal gleich ausgehandelt: „Die alte Scheune muss abgerissen und der Schutt zur Müllhalde gebracht werden. Dafür brauche ich eure Technik, den Sprit bezahle ich.“ Die beiden kamen gern am Wochenende für ein Bier und ein paar Mark in die Hand und so war der erste Teil des Vorhabens bald umgesetzt. In der DDR war es üblich, die Häuser in Eigeninitiative und mit Hilfe von Freunden und Bekannten zu bauen. Tagsüber ging man in den Betrieb und nach Schichtschluss wurde zu Hause geschuftet.

Durch meine Arbeit wusste ich, dass in der Bitterfelder Altstadt eine Menge Häuser abgerissen und neu gebaut wurden, was jede Menge potentielles Baumaterial für unser neues Heim bedeutete. Als Kellner lernt man ja eine Menge Leute kennen, insbesondere kannte ich die Truppen der LKW-Fahrer, die den Abrissschutt in die Schrottmühle gefahren haben. Unter den Tonnen von Schutt befand sich noch gutes Baumaterial, das man säubern und weiter verwenden konnte. Mein Augenmerk lag auf den gebrannten Ziegeln, die zu DDR-Zeiten ziemlich rar und teuer waren. Also gab ich den Schuttfahrern einen Tipp, wie sie ihre Tour verkürzen konnten: „Wenn Ihr das Haus abgerissen habt“, wies ich sie an, „dann geht die Tour ab nach Mühlbeck. Die Ladung könnt ihr einfach auf dem Hof abkippen. Die Steine brauch ich.“ Nach Arbeitsschluss habe ich mich mit meiner Mutter und Nicole, meiner zukünftigen Frau, hingesetzt und den alten Mörtel von den Steinen abgeklopft. Am Ende hatte ich Ziegel um den Keller zu bauen. Jede Fuhre hat mich zehn Mark gekostet, eine Summe, die ich locker jeden Tag als Trinkgeld hatte. So habe ich den Keller finanziert.

Als der Keller stand, brauchte ich Eisenträger. Kein Problem für mich, denn es gab immer jemanden, der wieder einen kannte, der uns das Gewünschte – zum Teil sogar ganz legal – beschaffen konnte. Gemauschelt wurde überall. Es hieß in der DDR nicht umsonst: „Aus den Betrieben ist noch mehr rauszuholen!“ Wenn du zwölf Sack Zement kaufen konntest, hast du zehn offiziell bezahlt, also mit Rechnung, das Geld für die restlichen zwei dem Verkäufer in die Hand gedrückt und natürlich mit zwölf Sack den Betrieb verlassen. Die Glücklichen, die Baumaterial für den privaten Um- und Ausbau über ihren Betrieb kaufen konnten, waren in mehrerlei Hinsicht gut bedient. Betriebsangehörige bezahlten nur einen Produktionspreis und bekamen in der Regel noch Rabatt. Und da ich genau dort arbeitete, wo die meisten Kontakte verfügbar waren, kam ich ganz leicht zu meinen benötigten Eisenträgern.

Als nächstes brauchte ich mindestens drei Kubikmeter Gasbetonsteine, ich wollte schließlich mit dem Erdgeschoss beginnen. Kurzerhand fuhr ich zum Gasbetonwerk in Lausigk, obwohl ich dort eigentlich nichts hätte kaufen können, weil der Betriebsverkauf, wie schon der Name sagt, nur für Betriebsangehörige galt. Also musste ich mir eine Strategie ausdenken, wie ich ohne Betriebsausweis günstig an das Material herankommen konnte. Ich meldete mich zunächst im Empfangsbüro und tastete mich mit dem mir eigenen Charme und einer Portion gespielter Naivität an die Sekretärin heran, bevor ich in die Offensive ging und meinen Wunsch vorbrachte: „Ich brauche dringend drei Kubikmeter Gasbetonsteine für mein Haus.“ „Sie wissen, dass wir nur an Betriebsangehörige verkaufen?“, unterbrach mich die hübsche junge Dame am Schreibtisch. „Ja, schon, aber lässt sich da gar nichts machen? Ich weiß nicht, wo ich das Material sonst herbekommen soll. Der Keller steht schon und ohne Gasbetonsteine geht es nicht weiter. Wir wollen doch so schnell wie möglich einziehen.“ Langsam wurde die pflichtbewusste Dame zugänglicher: „Na ja, wir hätten da noch Steine zweiter Wahl, davon könnten wir schon mal drei Kubikmeter abgeben.“ Der Kontakt war geknüpft, die erste Fuhre Gasbetonsteine konnte auf meinem kleinen Barkas-Anhänger nach Hause transportiert werden.

Zwei Tage später bin ich erneut in den Betrieb gefahren und habe die netten Sekretärinnen besucht. Natürlich spekulierte ich auf eine weitere Fuhre Steine. „Eigentlich müsste da doch noch mehr zu machen sein.“, baggerte ich und beeilte mich zu versichern: „Es soll ja nicht so sein, dass ihr leer ausgeht. Ich bin gern bereit, euch etwas zu spendieren. Wie wär's mit einer Kiste Ananas und einer Kiste Mandarinen? Dann habt ihr was für den Sekt auf eurer Frauentags-Feier und braucht nicht extra danach zu suchen. Ich bring auch eine ganze Kiste Champignons mit.“ Damit wurde ich der Liebling der Sekretärinnen und musste mir um den Nachschub an Gasbetonsteinen keine Sorgen mehr machen. Ich konnte bekommen, soviel ich wollte. Natürlich habe ich das ausgenutzt und mehr gekauft, als ich benötigte. Mit der überschüssigen Menge habe ich den Hausbau bezahlt. Wie das geht, fragen Sie sich? Ganz einfach:

Ich habe mir 30 Kubikmeter Gasbetonsteine geholt. Fünfzehn Kubikmeter brauchte ich für unseren Bau und den Rest wollte ich verkaufen. Es wäre allerdings auffällig gewesen, wenn ich in der Zeitung einfach fünfzehn Kubikmeter Gasbetonsteine angeboten hätte. Bei der Knappheit des Baumaterials wären mir die staatlichen Kontrolleure gleich auf die Schliche gekommen und der Besuch des Staatsanwaltes wäre mir sicher gewesen. So inserierte ich folgendermaßen: „Verkaufe Restbestände an Gasbetonsteinen.“ Dieser Wortlaut garantierte, dass mir keiner eine unlautere Handlung nachweisen konnte. Lange bin ich auf meinen „Restbeständen“ nicht sitzen geblieben. Die fünfzehn Kubikmeter Steine habe ich zu dem Preis verkauft, den ich für dreißig im Werk bezahlt hatte und so war mein Baumaterial letztendlich kostenlos. Auf diese Art und Weise habe ich gehandelt, bis ich mein Haus fertig gebaut hatte. So funktionierte die „sozialistische Marktwirtschaft“.

Vielleicht war ich auch besonders motiviert, das Haus so schnell wie möglich fertig zu stellen, weil sich meine Lebensziele mit der Verlobungszeit geändert und gefestigt hatten. Irgendwie betrachtete ich mich als Glückspilz, hatte ich doch nicht nur das schönste Mädchen bekommen, das von Anfang an einen guten Draht zu meiner Mutter fand, auch meine künftigen Schwiegereltern waren mir sehr zugetan. Naja – um ganz ehrlich zu sein, der väterliche Teil. Nicoles Vater schätzte ich als sympathischen, korrekten Mann, der schon früh das Polstermeistergeschäft seines Vaters übernommen hatte und mit Fleiß und Können erfolgreich führte, was ihm das respektvolle Amt als Innungsmeister einbrachte. Seine Frau bot die drollige Ergänzung zu diesem stattlichen Mann, wetterte aber gegen mich: „Krause Haare und kleine Füße wollen nichts behalten und laufen immer weg." Mir zu unterstellen, dass ich wegen meiner Lockenpracht einen „krausen", also wirren, Verstand hätte, nahm ich ihr sehr übel. Die Komplettierung auf meine kleinen Füße, Schuhgröße 40 bezogen, ging mir aber endgültig gegen die Hutschnur, was sich durch unsere offensichtlich äußerst unterschiedlichen Gehirnwindungen in unserer alles anderen als warmherzigen Anfangsbeziehung zeigte.

Anbau an das alte Bauernhaus in Mühlbeck und Denise auf der Dorfstraße

Unser neues Haus

Ich wollte ein Haus bauen, eine Familie gründen und hatte die genaue Vorstellung einer soliden Lebensplanung, die ewig halten sollte. Von jeher bin ich meinen Vorsätzen treu geblieben: Wenn ich mich für etwas entschieden hatte, zog ich es auch immer durch. Ich habe mir gesagt, wenn ich einmal heirate, dann reicht das für mich, Interesse an einer Scheidung hatte ich von Anfang bis heute nicht. Im Gegensatz zu mir sind meine Brüder beide geschieden. Ich glaube, ich bin der Bodenständigste von uns dreien, derjenige, der die Familie zusammenhält, wie es sonst nur Mütter tun.

Nicole und ich haben am 26. Juni 1976, noch vor Beginn meines 27. Lebensjahres, geheiratet. Neben der Liebe basierte diese Überlegung auch auf wirtschaftlichen Gründen. Zu DDR-Zeiten gab es ein 5.000-Mark-Gesetz für junge Eheleute, das besagte, dass ein junges Ehepaar einen zinsenlosen Kredit in der vorgenannten Summe bekam. Allerdings mussten die Eheleute unter 27 Jahren sein. Mit steigender Zahl des Nachwuchses verminderte sich die Summe der Rückzahlung. In den 70er Jahren sah es der Staat gern, wenn junge Ehepaare ihre sozialistische Familie mit zwei Kindern komplettierten. Als Dankeschön wurde die Rückzahlung des Ehekredites erlassen. In den 80er Jahren ging es dem Staat wohl nicht mehr nur um die Reproduktion sondern um die Vermehrung seiner Bevölkerung, was sich darin zeigte, dass die Familien erst nach drei Kindern ihre Schulden los waren. Tatsächlich ist vielfach die Entscheidung für ein drittes Kind aus dieser Erwägung heraus gefallen. Bei uns blieb es bei zwei Kindern, so wie wir es uns immer gewünscht hatten. Mit dem Ehekredit konnten wir so manche Arbeiten an unserem neu gebauten, aber nicht ganz fertigen Haus erledigen.

Der Hausbau hatte mich keineswegs erschöpft, ganz im Gegenteil, dadurch wurde mein Ehrgeiz nur noch angestachelt. Meine Arbeit hatte sich zur Routine entwickelt und die Aufstiegschancen waren gleich Null. Also bewarb ich mich 1976 in der Raststätte Köckern, einer wichtigen Betriebsstätte der MITROPA, als Kellner. Die MITROPA war einer dieser alteingesessenen Staatsbetriebe, dessen Name ein Akronym aus MITteleuROPäische Schlaf- und Speisewagen Aktiengesellschaft darstellte und als eine Bewirtungs- und Beherbergungsgesellschaft für die Versorgung von Reisenden in Bahnhöfen und Autobahnraststätten zu beschreiben war. Das war gewissermaßen der Beginn des Aufstiegs auf der beruflichen Karriereleiter. Als Kellner habe ich meinen Job begonnen, habe mich zum Oberkellner, Restaurantleiter und Küchenleiter hochgearbeitet. Die nächste Stufe nach oben machte mich zum VE-Leiter, also Leiter der Versorgungseinrichtung, und hat mich beflügelt, nochmal die Schulbank auf der Meisterschule zu drücken um mich zum Serviermeister zu qualifizieren. Aber das reichte mir immer noch nicht, und so besuchte ich ein Jahr später die Handelsschule in Halle um mich zum Hotelökonomen ausbilden zu lassen. Da ich meinen Beruf im Gaststättenwesen von der Pieke auf gelernt hatte, war es für mich leichter an einen Studienplatz zu kommen als für Quereinsteiger.

In den Betrieben war es üblich, in regelmäßigen Monatsberichten den Stand der Planerfüllung an die entsprechenden Ministerien zu melden. Berichterstatter waren in der Regel die Leiter der jeweiligen Einrichtungen, also auch ich. Dabei sahen mir öfter Leute über die Schulter, die ich nicht kannte. Diese Praxis erschien plausibel, da die Raststätte Köckern ein exponierter Punkt an der Transitstrecke zwischen BRD und DDR im Süden Berlins war. Nach einiger Zeit wurde mir klar, dass jeder meiner Schritte und jede Zahl auf dem Papier von der Stasi überwacht wurde. Ich fühlte mich eingeschränkt und wurde wütend. Als die Stasi-Leute dann noch einen Sonderbericht verlangten, stellte ich mich stur und sagte: „Passt auf, wenn ihr einen Bericht haben wollt, schreibt euch doch selber einen." Das war zwar ziemlich leichtsinnig, aber mir in diesem Fall egal, denn ich habe mich noch nie zu etwas zwingen lassen. Prompt erhielt ich eine Einladung ins 30 Kilometer entfernte Halle, in die Betriebsdirektion, also die Zentrale meines Arbeitgebers. Normalerweise fuhr ich mit der Bahn in die Arbeit, an jenem Tag setzte ich mich aber in mein Auto und fuhr zu meinem wichtigen Termin mit dem obersten Boss. Den Kommunistenbau, der die Direktion beherbergte, fand ich auf Anhieb und wurde skeptisch musternd von Herrn Dr. Pomblun empfangen. Der fast doppelt so alte stattliche Herr war mit 1,85 m um einiges größer als ich und machte den Eindruck, ein guter Parteigenosse zu sein, der sein Amt korrekt ausübte. In unserem Gespräch, in dem er sich eindringlich bemühte, mich davon zu überzeugen, die Stasi Berichte zu schreiben, schwenkte er immer wieder vom förmlichen „Sie" zum kollegialen „Du" und wieder zurück. „Wenn DIE das wollen und DU deinen Posten behalten willst, bleibt dir nichts anderes übrig.", erklärte er unmissverständlich. Für mich waren das keine Argumente und ermutigten mich zu einer Antwort, von der schwer zu sagen war, ob sie aus dem Kopf oder dem Bauch kam: „Wenn du meinst, dass ich ein schlechter Küchenleiter oder ein schlechter VE-Leiter bin, dann musst du mich rausschmeißen." Was sollte mein Vorgesetzter machen? Schlechte Arbeit konnte er mir nicht nachweisen und sich zu weigern, einen Bericht für die Stasi zu schreiben war kein Grund für einen Rausschmiss – zumindest kein offizieller. Ich war mir meiner Sache sicher und denke noch heute, meine Chefs in Halle wussten, was sie an mir hatten. Wäre ich nur Mittelmaß gewesen, hätte keiner der Herren in der oberen Etage auch nur eine Minute über eine Versetzung nachgedacht. Siegesbewusst, mit Job und ohne Stasi-Verpflichtung fuhr ich wieder nach Köckern, wo auch ohne Stasi-Berichte genug Ärger auf mich wartete.

Im Restaurant, das schon länger unter meiner Hand war, lief alles bestens, aber die Küche, die ich erst vor kurzem übernommen hatte, musste unbedingt wieder „auf Vordermann" gebracht werden. Genau gesagt beschrieb das ein Minus von 120.000 Mark in der Kasse, das es zu schließen galt. Dieses klaffende Leck kam nicht von ungefähr. In der

Küche spielte sich das gleiche ab, das man in tausenden anderen Werksküchen oder Gaststätten der DDR beobachten konnte: Das Küchenpersonal klaute wie die Raben. Auch wenn es mir selbst unwahrscheinlich erschien, dass ich die Zahlen in kurzer Zeit wieder in den schwarzen Bereich manövrieren konnte, preschte ich mutig vor: „Ein Dreivierteljahr", erbat ich mir von meinem Vorgesetzten, „und ich versichere dir, dass ich in dieser Zeit die Küche so in Schuss bringen werde, dass du ein Plus stehen hast." So gewagt die Behauptung auch war, meine Strategie stand bereits fest: Ich musste mir einfach nur etwas gegen die Diebstähle einfallen lassen. Manchmal dachte ich, man müsste die ganze Bande rausschmeißen, aber das wäre die zweitbeste Lösung gewesen, immerhin haben die meisten meiner Mitarbeiter gut gearbeitet. Irgendwie konnte ich das Gastronomie-Personal ja verstehen. Im Gegensatz zur Bevölkerung wurden die Gaststätten paradiesisch versorgt. Wir bekamen Orangen, Bananen, Melonen und alles, worauf der entwöhnte DDR-Gaumen so scharf war. „Quatsch nicht!", bekam ich von meinem Chef barsch zur Antwort, „Das haben andere vor dir auch schon versucht und sind kläglich gescheitert." Ich ließ nicht locker und schlug anschließend vor: „Ich weiß, dass ich es schaffe. Das einzige, um das ich dich bitte, ist gleitende Arbeitszeit. Das heißt, ich bin acht Stunden am Tag im Betrieb, aber ich bestimme meine Arbeitszeit selbst." Nach einigem Hin und Her war mein Chef einverstanden, vielleicht auch etwas argumentationsmüde, und ließ mich nach eigenem Gutdünken walten.

Als erstes versuchte ich, meine Mitarbeiter zu motivieren. Nach dem Motto „mit Speck fängt man Mäuse" köderte ich diejenigen Mitarbeiter mit einer Prämie für hervorragende Arbeit, von denen ich vermutete, dass sie sich am großzügigsten aus dem Volkseigentum bedient hatten. Diese Leute hatten auch am wenigsten Hemmungen zu verraten, wo sich die Verstecke befanden, in denen die Kollegen ihre geklauten Sachen zwischenlagerten. Da mein Dienstbeginn durch die gleitende Arbeitszeit nie genau feststand, tauchte ich des Öfteren Punktum zum Schichtwechsel im Betrieb auf. Die meisten Mitarbeiter waren schon für die Busfahrt nach Hause gerüstet und für mich war es ein Leichtes, die Taschen zu kontrollieren. Irgendetwas fand ich immer. Eine Kollegin hatte fünf Kilo Butter eingepackt, eine andere den Sonntagsbraten. Bananen und Orangen fand ich fast jedes Mal. Ich ließ die Leute ihr

Diebesgut wieder auspacken und lud sie für den nächsten Morgen zu einem Kadergespräch ein. „Ihr seid euch bewusst, dass ihr einen Fehler gemacht habt?", eröffnete ich das unangenehme Gespräch. „Aber Fehler kann man wieder gutmachen. Um den Verweis kommt ihr allerdings nicht herum." Betretenes Schweigen im Raum, manchmal ein hochrotes Gesicht meines Gegenübers, dann ein durchwegs hörbares Aufatmen, als ich ihnen in Aussicht stellte, dass dieser Verweis nach einem halben Jahr wieder aus der Akte gelöscht werde. „Aber nur, wenn ihr nichts mehr mitgehen lasst. Wer hier klaut, wird sofort gemeldet und fliegt raus, alles klar?" Offensichtlich war es das. Der Schuss vor den Bug hatte seine Wirkung nicht verfehlt. Die Kaderakte, also der Personalbogen, wurde schließlich bei jedem Arbeitswechsel an das jeweilige Hauptbüro und die Geld-Auszahlungsstelle weitergegeben. „Von der Wiege bis zur Bahre", sozusagen. Innerhalb eines Dreivierteljahres war die Küche auf „Null", kurze Zeit später konnte ich ein Plus von 10.000 Mark verbuchen. Als Belohnung schenkte mir mein Betriebsdirektor eine Reise nach Ungarn. Sicher war auch künftig nicht auszuschließen, dass hier und da noch kleine Mengen im Nirvana der Arbeitstaschen verschwanden, aber die waren zu verkraften.

Wer jetzt meint, dass es Butter zu DDR-Zeiten doch gegeben hat und man sie nicht klauen musste, der hat einerseits Recht. Andererseits: Wenn man sie klauen kann, braucht man sie nicht zu kaufen. So einfach war das! Entscheidend war nicht unbedingt das Klauen, sondern vielmehr die Denkweise und die daraus folgende Bedienmentalität vieler Zeitgenossen der DDR: „Ist doch sowieso alles Volkseigentum und gehört somit allen und keinem. Ich nehme mir davon einfach was ich brauche, merkt sowieso keiner. Und wenn doch, kann man es immer noch mit einer Fehllieferung erklären." Meist klauen Menschen, weil sie kein Geld haben. Dieser Grund schied bei den Angestellten in Köckern aus. Meine Mitarbeiter haben weit mehr als ihre Berufskollegen in anderen Gastbetrieben verdient. MITROPA zahlte ihren Angestellten neben höherem Grundlohn auch eine Umsatzbeteiligung, was erklärte, dass diese Jobs sehr begehrt waren.

Als Kellner in Bitterfeld verdiente ich 420 Mark Grundgehalt plus 3-4 Promille Provision pro tausend Mark vom eigenen Umsatz. In der Raststätte Köckern bekam ein Kellner bei guter Arbeit 1000 bis 1500 Mark ausbezahlt, vorausgesetzt er bewegte sich und machte Umsatz.

Trotzdem war die Fluktuation groß, vor allem wegen besagter Selbstbedienungsmentalität. Man kann sagen, dass die Mannschaft in Köckern alle drei Jahre vollständig wechselte, egal ob Tankstellen-Mitarbeiter, Restaurantpersonal oder die Polizisten, die die Zu- und Abfahrten der Raststätte kontrollierten. Letztere waren übrigens genauso dreist wie das Küchenpersonal, das sich regelmäßig den Sonntagsbraten klaute. Die Herrschaften in Grün stellten selbst gebastelte Billets für die Geschwindigkeitskontrollen aus und steckten das Geld in die eigene Tasche. Als es rauskam, wurden die Übeltäter in den Tagebau strafversetzt, als einfache Arbeiter. Unter den Tankstellen-Mitarbeitern kam es nicht selten vor, dass der eine oder andere das Westgeld aus der Kasse klaute. Die sind später ebenfalls abgelöst worden. Das Bedienungspersonal der Raststätte hatte den nicht unerheblichen Vorteil, oft ein paar Westmark als Trinkgeld zu bekommen. Das System war einfach und verständlich: Nach dem Abkassieren tippte der Kellner seinen Umsatz plus Trinkgeld in die Kasse ein. Das Trinkgeld bekam jeder wöchentlich wieder zurück. Da in den Raststätten an Transitstrecken die westdeutschen Gäste ihre Rechnung in D-Mark bezahlen mussten, wurde auch das in der Kasse registriert. Wenn die Rechnung nebst Trinkgeld in „harter Währung" bezahlt wurde, bekamen wir unser Trinkgeld ebenfalls in D-Mark ausgezahlt, was uns den weiteren Vorteil einbrachte, öfter im Intershop einkaufen gehen zu können. Wer also in Köckern gearbeitet hat, war wirklich gut dran.

Kapitel - 7 -

Die Arbeit in Köckern schätzte ich in den Anfangsjahren besonders, da sie nicht nur Aufstiegsmöglichkeiten bot, sondern vor allem einen Lohn, der es mir ermöglichte gut für meine, inzwischen gewachsene, Familie zu sorgen. Der berufliche Traum meiner Frau war Lehrerin für Kunsterziehung und deckte sich völlig mit den Berufswünschen ihrer Mutter für sie. Also begann sie kurz vor unserer Hochzeit mit dem Studium für Kunsterziehung und Deutsch. Die Schwangerschaft und auch unsere Tochter Denise, die ein Jahr nach unserer Hochzeit geboren wurde, stellten kein Hindernis für sie dar um weiter zu studieren, wie das bei DDR-Frauen so üblich war. Schon wenige Monate später war sie erneut schwanger. Für meine Schwiegermutter wirkte die freudige Nachricht wie ein Faustschlag mitten ins Gesicht, vermutlich sah sie die Karriere ihrer Tochter in Scherben, bevor diese begonnen hatte. Verständlicher Weise drängte sie Nicole zur Abtreibung um ihr Studium beenden zu können. Meine Frau war hin- und hergerissen zwischen der Rolle als gehorsame strebsame Tochter und der als erwachsene Frau und Mutter. So viel Einmischung meiner Schwiegermutter in unser Leben ging mir zu weit und als sie nicht aufhörte, Nicole zu bedrängen, habe ich sie einfach aus unserer Küche geworfen. „Hier bestimme immer noch ich, nicht du!“, zeigte ich nachdrücklich ihre Grenzen auf. „Wenn du das nicht wahrhaben willst, sind wir geschiedene Leute.“ Zum Glück ist es nie so weit gekommen. Nichts lag mir ferner als den Traum meiner Frau zu zerstören, eher suchte ich nach einer Lösung, wie sie auch mit zwei Kindern weiter studieren konnte, aber ich machte mir ernsthafte Sorgen, wie sie den Stress um Hausbau, Familie und Studium bewältigen sollte. Also beriefen wir einen kleinen Familienrat ein. Dass wir das Kind behalten wollten, stand fest und so entschloss sich meine junge Gattin, ihrer noch so jungen Familie zuliebe, das Studium aufzugeben. An dieser Entscheidung hatte ihre Mutter lange zu kauen, hat aber irgendwann doch kapiert, dass man ein Kind nicht gegen ein Studium aufwiegen kann.

Die Geburt unserer zweiten Tochter Myrjam machte 1978 zu einem guten Jahr voller Glück. Ein kleiner Wermutstropfen trübte jedoch die Freude dieses Jahres: Der frühe Tod meiner Schwester. Brigitte verstarb mit nur 38 Jahren in Berlin-West an Krebs. Am meisten litt natürlich meine Mutter an dieser Tragödie. Ausgerechnet jenes Kind, mit dem sie am wenigsten Zeit verbringen konnte, musste diese schöne Welt so früh verlassen. Andererseits waren ihre beiden Enkeltöchter in dieser schweren Phase auch eine gute Ablenkung von ihrer Trauer.

Auch wenn Nicole nicht studiert hat, so ist sie doch nicht ohne Ausbildung geblieben. Sie hatte ja das Abitur gemacht und so standen ihr verschiedene Wege offen. Als Myrjam zwei Jahre alt war, konnte sie in den Kindergarten in Wolfen gebracht werden. Die untere Altersgrenze für den Kindergartenbesuch waren zwar drei Jahre, aber wieder einmal haben sich unsere Beziehungen ausgezahlt. Schwiegermutter arbeitete in Wolfen im Sozialwesen und so konnten wir unsere Tochter schon mit zwei ein Viertel Jahren in den Kindergarten bringen, was meiner Frau die Freiheit gab, sich um eine neue Berufsausbildung zu kümmern. In der Filmfabrik in Wolfen hat sie einen Facharbeiterabschluss als Normiererin erworben, danach noch die Meisterschule besucht und ist Meister für Bild- und Tonaufzeichnung geworden und anschließend, weil es sozusagen in einem Aufwasch ging, gleich noch den Beruf als Industriekaufmann, heute Industriekauffrau, erlernt. Sie drückte so bis 1984 noch die Schulbank. Eine Leistung, die ihr so schnell keine andere Frau nachmacht, in der heutigen Zeit schon gar nicht, und noch weniger mit zwei Kindern.

1978 wurde meiner Mutter die Invalidenrente zuerkannt, was sicher mit ein Grund war, dass sie endlich Zeit und Muße fand, ihre Schwester Gertrud in Dinslaken zu besuchen. Der fortan regelmäßige Kontakt zu ihrer Schwester und die Geburt ihres zweiten Enkelkindes halfen ihr über die schwere Zeit nach Brigittes Tod hinweg. Sie war nicht nur eine herzensgute Mutter, sondern auch eine liebevolle Oma für unsere Töchter.

Ein Jahr später war unser Haus in Mühlbeck endlich fertig und die kleine Familie Meyer rundum zufrieden. Das Glück, das uns umgab, schien grenzenlos. Wir freuten uns auf das neue Jahr, das wir mit einer Feier bei Nicoles Eltern in Muldenstein begrüßen wollten. Dass sich genau in jener Nacht eine weit tragischere, aber mindestens ebenso lebensweisende Geschichte, wie jene von meiner Jugendliebe, die meinen Glauben noch mehr stärkte, ereignen würde, hätte ich an diesem unspektakulären Arbeitstag nicht vermutet.

Meine liebe Frau war schon den ganzen Tag mit den Kindern bei ihren Eltern um Vorbereitungen zu treffen und wollte mich nach der Arbeit mit dem Auto vom Bahnhof Bitterfeld abholen, da der Busverkehr außerhalb Bitterfelds feiertagsbedingt eingeschränkt war. Der Zug war pünktlich und ich frohen Mutes und so machte ich mir keine Gedanken über die Verspätung meiner besseren Hälfte. Es verging eine Stunde, dann noch eine halbe und irgendwann hatte sich der Bahnhof längst geleert als ich noch immer wartete. Meine Wut im Bauch hatte ein Ausmaß angenommen, das mich schnellen Schrittes nach Hause trug, und zwar nach Mühlbeck und nicht nach Muldenstein, wo der Rest meiner Familie sein sollte. Die Straßen waren frei und trocken, die Luft ungewöhnlich mild für diese letzte Nacht des Jahres und so, leicht vor mich hin fluchend und schimpfend, kam ich bald in unserer behaglichen Stube an. Ich hatte es mir gerade gemütlich gemacht und war dabei mir einen Neujahrsschnaps mit dem Gedanken an einen zweiten einzuschenken, als mein Bruder Manfred leise und fast schon vorsichtig ins Wohnzimmer kam. Er sah anders aus als sonst. Besorgen und Entsetzen schienen sich mit einem Hauch von Hilflosigkeit in seinem Gesicht zu spiegeln. Mit der gleichen Vorsicht, die ich an ihm beim Betreten des Raumes wahrgenommen hatte, sagte er: „Reg dich nicht auf! Nicole hatte einen Unfall in Friedersdorf, man hat ihr die Vorfahrt genommen und daraufhin gab es einen Zusammenstoß." Als mein Neujahrsschnaps jäh auf dem Parkett aufschlug, fügte Manfred schnell hinzu: „Ist nicht so schlimm. Sie liegt mit Schürfwunden und Prellungen im Krankenhaus in Bitterfeld." Die Fahrt ins Krankenhaus zog sich endlos und Bitterfeld kam mir noch nie so weit entfernt vor, wie an jenem Abend.

Wie ein Häufchen Elend lag sie in ihrem Krankenhausbett unter der steril wirkenden Bettdecke und ihre Hand zu halten war das Beste an dieser Neujahrsnacht. Nicole konnte sich genau an den Unfallhergang erinnern und erzählte munter drauf los, das Meiste wusste ich schon von meinem Bruder. Trotzdem staunte ich nicht schlecht, was ich da erfuhr. Nach dem Aufprall sprang sie gleich aus dem Auto und wollte den am Boden liegenden Verletzten helfen. Der Wille, loszulaufen, war da, aber es ging nicht. „Lasst mich los, ihr Flachzangen!", soll sie geschrien haben, was ich mir bei meiner Frau gut vorstellen konnte. Was sie jedoch nicht wusste: Sie hatte einen Lichtmasten umgefahren und sich nach dem Aussteigen aus dem Auto in den Kabeln verfangen. Nun das Wunder: Jenes Kabel, das sich um ihren Hals gewickelt hatte, war der Nullleiter!

Was sie ebenfalls nicht wusste: Beim Abriss des alten Bauernhauses fand ich zwei alte Bibeln von 1567. Eine davon war eine Bilderbibel und ich wollte das schöne Stück unbedingt für die Nachwelt erhalten. Just an jenem Neujahrsmorgen, bevor ich mit der Bahn zur Arbeit fuhr, legte ich die Bibel in den Kofferraum unseres Autos, um sie an meinem freien Tag, gleich nach dem Feiertag, zu einem Restaurator zu bringen. Der Herrgott muss wohl gedacht haben: „Den Meyer musst du mal für seine gute Tat belohnen!“ Dieses Ereignis vertiefte mein Verständnis und mein Vertrauen in den Allmächtigen und so erstaunte es mich nicht, dass Nicole erstaunlich rasch genas. Nicole gehörte keiner Religionsgemeinschaft an, aber die Begebenheit mit den Bibeln ließ sie nicht mehr los und zeigte ihr den Weg zum Glauben. Ein halbes Jahr später kam sie auf mich zu und erklärte feierlich: „Du, Gerhard! Ich möchte mich taufen lassen.“ Dabei ahnten wir beide nicht, dass diese wundersame Geschichte nicht die letzte dieser Art in unserem gemeinsamen Leben sein wird.

Alles in Allem haben wir eine sehr, sehr glückliche Zeit in Mühlbeck verlebt. Unsere Kinder besuchten dieselbe Schule, in die auch in gegangen bin. Das einerseits Unvermeidbare, andererseits Witzige daran war, dass ich die meisten meiner ehemaligen Schulkameraden in den Elternversammlungen wieder getroffen habe. Sogar die eine oder andere Lehrperson von früher lief uns noch über den Weg, unser Klassenlehrer Herr Oehm leider nicht mehr. Nun gehörte unsere kleine Zwergschule unseren Kindern. Wir haben sie renoviert, die Klassenzimmer geweißt, tapeziert und Gardinen vor die Fenster gehängt, wie eine große Familie. Wo gibt es das heute noch, dass sich die Eltern für die Schule ihrer Kinder engagieren? Die Schule war für uns und unsere Kinder wie ein zweites Zuhause, praktisch ein kleiner Garten Eden. Im Gegensatz zu heute zählte die Schule zum behüteten Umfeld. Klar, haben sich die Jungs auf dem Schulhof auch mal geprügelt, aber das ist nie so ausgeartet, wie es heute von den Schulen berichtet wird.

Auch wenn ich mit der Bahn zur Arbeit fahren konnte, leistete ich mir und vor allem meiner Familie den Luxus eines eignen Autos. Ich wäre nicht „der schnelle Meyer", hätte ich mich mit einem Trabi zufrieden gegeben. Wir besaßen einen VW Golf Diesel, einen 78er, den ich mir nach einem heute schwer zu verstehenden System gekauft hatte.

Jeder weiß, dass es zu DDR-Zeiten einigermaßen schwierig war, dann ein Auto zu kaufen, wenn man eines brauchte. Zehn Jahre Anmeldezeit oder länger standen vor dem Traum in Pappe (Trabi) oder Metall (Wartburg). Dennoch gab es auch in der DDR einen florierenden Automarkt, allerdings nur an zwei Orten: In Leipzig und in Berlin. Auto verkaufen, Auto kaufen, alles ging, wenn man wusste wie. Den konsumge- und verwöhnten Westdeutschen mag schon Teil eins des Systems an die Grenzen seines Verständnisses bringen: Bei diesen Autokäufen flossen keine Geldbeträge oder nur „kleinere West-Geld-Beträge". Man verrechnete die Preise der alten Autos gegen die neuen und konnte in den Kaufpreis auch eine zehn Jahre alte Autoanmeldung einbringen.

Nehmen wir mal an, jemand wollte seinen Trabant auf dem Automarkt verkaufen. Also wurde zunächst hochgerechnet, um eine Verrechnungsgröße zu bestimmen: Ein Trabi kostete regulär zirka 15.000 DDR Mark und auf dem Schwarzmarkt das Doppelte. Der Trabi-Verkäufer hatte also eine Verrechnungsgröße von 30.000 Mark. Konnte er noch eine neue Autoanmeldung mit anbieten, dann kamen nochmal 10.000 Mark dazu. Um einen Wartburg 4-Takter zu kaufen, der regulär 38.000 Mark kostete, brauchte man aber 80.000 DDR Mark, da ja auf dem Automarkt alle Autos um den doppelten Preis verkauft wurden. Hatte man 1.000 West DM, konnte man nochmal 10.000 DDR Mark verrechnen. Dieser Logik zu folgen ist, zugegebener Maßen, nicht leicht, sie war schon zu DDR-Zeiten sehr undurchsichtig, aber skurrile Realität.

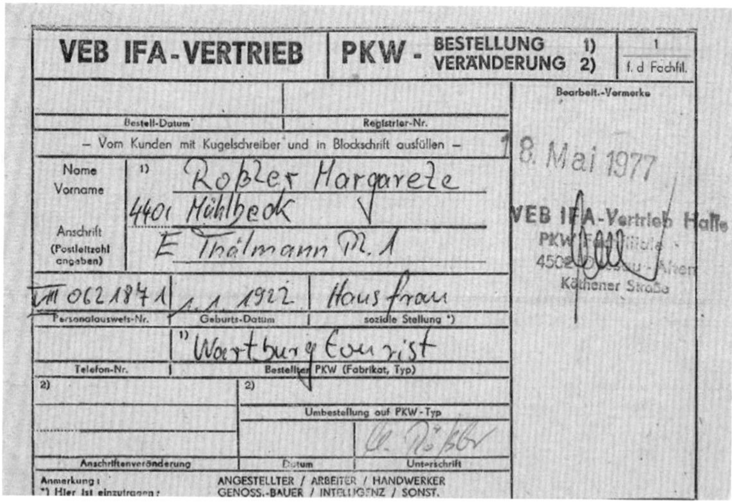
VEB IFA-VERTRIEB | PKW - BESTELLUNG 1) VERÄNDERUNG 2) | 1 f. d Fachfil.

Bestell-Datum | Registrier-Nr. | Bearbeit.-Vermerke

– Vom Kunden mit Kugelschreiber und in Blockschrift ausfüllen –

Name Vorname 1) Roßler Margarete

Anschrift (Postleitzahl angeben) 4401 Mühlbeck E. Thälmann Pl. 1

VIII 0621871 | 1.1.1922 | Hausfrau

Personalausweis-Nr. | Geburts-Datum | soziale Stellung *)

Telefon-Nr. | 1) Wartburg Tourist Bestellter PKW (Fabrikat, Typ)

2) Anschriftenveränderung | 2) Umbestellung auf PKW-Typ | Datum | Unterschrift M. Rößler

Anmerkung: *) Hier ist einzutragen: ANGESTELLTER / ARBEITER / HANDWERKER GENOSS.-BAUER / INTELLIGENZ / SONST.

18. Mai 1977

VEB IFA-Vertrieb Halle PKW Fachfiliale 4502 Köthener Straße

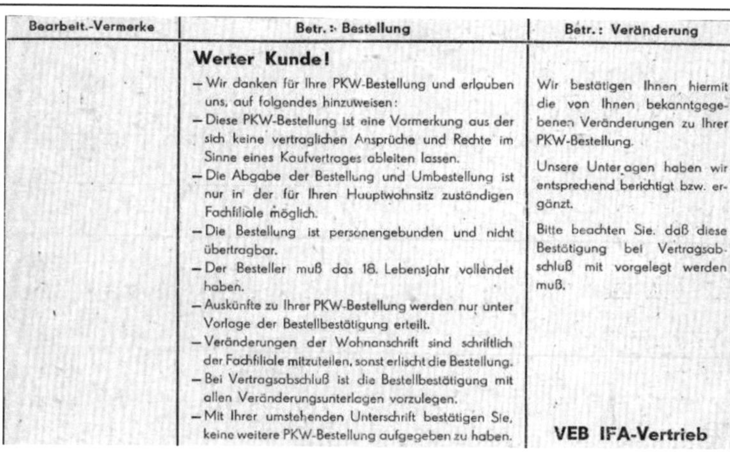

Bearbeit.-Vermerke	Betr.: Bestellung	Betr.: Veränderung
	Werter Kunde! – Wir danken für Ihre PKW-Bestellung und erlauben uns, auf folgendes hinzuweisen: – Diese PKW-Bestellung ist eine Vormerkung aus der sich keine vertraglichen Ansprüche und Rechte im Sinne eines Kaufvertrages ableiten lassen. – Die Abgabe der Bestellung und Umbestellung ist nur in der für Ihren Hauptwohnsitz zuständigen Fachfiliale möglich. – Die Bestellung ist personengebunden und nicht übertragbar. – Der Besteller muß das 18. Lebensjahr vollendet haben. – Auskünfte zu Ihrer PKW-Bestellung werden nur unter Vorlage der Bestellbestätigung erteilt. – Veränderungen der Wohnanschrift sind schriftlich der Fachfiliale mitzuteilen, sonst erlischt die Bestellung. – Bei Vertragsabschluß ist die Bestellbestätigung mit allen Veränderungsunterlagen vorzulegen. – Mit Ihrer umstehenden Unterschrift bestätigen Sie, keine weitere PKW-Bestellung aufgegeben zu haben.	Wir bestätigen Ihnen hiermit die von Ihnen bekanntgegebenen Veränderungen zu Ihrer PKW-Bestellung. Unsere Unterlagen haben wir entsprechend berichtigt bzw. ergänzt. Bitte beachten Sie, daß diese Bestätigung bei Vertragsabschluß mit vorgelegt werden muß. **VEB IFA-Vertrieb**

Mutters Auto-Anmeldung

Doch kommen wir zurück zu meinem VW Golf. Um den VW Golf zu kaufen, hatte ich meinen Wartburg Tourist (4-Takt) auf den Automarkt gebracht. Regulärer Preis, wie schon gesagt, 38.000 Mark, demzufolge Verrechnungsgröße 80.000 Mark, zuzüglich eines kleinen „Obolus in West“ und schon konnte ich mir meinen VW Golf kaufen, der mich letztendlich etwa 90.000 Mark in Verrechnung gekostet hat. Das war Marktwirtschaft á la DDR.

Den VW Golf gab es übrigens in der DDR ganz legal zu kaufen, natürlich nur in Berlin. 1978 sind zum Beispiel 25.000 Golf offiziell vom IFA-Vertrieb importiert worden. 1982 und 83 kaufte die DDR-Wirtschaft 10.000 Volvos. Diese Autos wurden an die Bevölkerung verkauft, aber nur in Berlin und nur, wenn man eine zehn Jahre alte Autoanmeldung mitgeben konnte. Jahre später setzte ich das Verrechnungsgeld dieses VW Golfs zusammen mit einer kleinen Starthilfe von Schwiegeroma für einen Grundkauf in Neuenhagen bei Berlin ein und begab mich wieder unter die Trabantfahrer. Eigentlich war das der Trabant meiner Oma. Sie hatte, wie fast jeder DDR-Bürger vom Säugling bis zum Greis eine Autoanmeldung mit fälligem Lieferzeitpunkt. Sie kaufte dann einen Trabi, den ich mir von ihr ausleihen konnte bis ich wieder genug Geld hatte um mir ein eigenes Auto zu kaufen.

Meine Arbeit in Köckern war nicht mehr so unproblematisch wie anfangs, auch wenn in finanzieller Hinsicht noch deutlich Vorteile erkennbar waren. Kurz vor der Wende wurden die sogenannten Forum-Schecks eingeführt, mit denen die DDR-Bürger bezahlten. Auch hier bekamen wir unser Trinkgeld in Forum-Schecks wieder zurück. Dieses Papiergeld war nicht viel wert, wir konnten nur im Intershop damit einkaufen. Wenn man sich allerdings mit den Verkäuferinnen dort gut verstand, konnte man schon mal einen Forum-Scheck hingeben und Westgeld dafür erhalten. Im Auslandsurlaub, der sich für uns auf die sozialistischen Nachbarländer beschränkte, war Westgeld Gold wert.

Über meiner Arbeit als leitender Angestellter hingegen hingen dunkle Wolken, die mir mehr und mehr Kopfzerbrechen verursachten. Um die Stasi-Berichterstattung hatte ich mich zunächst erfolgreich drücken können, aber ab 1984 wurde der Druck immer größer. Die Stasi-Leute ließen nicht locker, wollten genau wissen, was sich bei uns abspielte. Zu der Zeit hatten wir eine Menge „Gastarbeiter“ aus dem ehemaligen Jugoslawien und Österreich im Ort, weil unter anderem auch die Tankstelle neu gebaut wurde. Wie das so ist, saßen die Monteure fast jede Nacht bis morgens um drei in unserer Gaststätte und haben gesoffen und nebenbei die Frauen angebaggert. Einige Kolleginnen, besonders die Küchenhilfen, ließen sich meist nicht lange bitten. Wir beschäftigten sehr viele, vorwiegend weibliche, Hilfsarbeiter, Tellerwäscher und Küchenhilfen, unsere „Kartoffelschäler" eben. Für die Jungs aus dem Ausland war es ein Leichtes, diese Frauen und Mädchen, die nicht gerade mit Intelligenz glänzten, zu einem spontanen Schäferstündchen zu überreden. Für eine Tafel Schokolade sind so manche allemal mit raus ins Zelt gegangen. Bei 90 Frauen in drei Schichten war es nicht immer leicht, den Überblick zu behalten.

Klar, dass sich solche Dinge herumgesprochen haben und die Stasi Wind davon bekam. Die Aufforderungen, über den Lebenswandel besagter Kolleginnen einen Bericht zu schreiben, häuften sich. Als Schichtleiter hatte ich diese lästige Pflicht wohl oder übel zu erfüllen. Einer dieser zahlreichen Berichte dürfte den Stasi-Leuten trotz gewünschter Informationen missfallen haben: „Erna hat von 9:00 bis 9:30 Kaffeetassen abgewaschen, von 21:00 bis 22:00 war Erna mit einer männlichen Person und zwei Tafeln Schokolade im Kornfeld, wo beide sexuelle Handlungen durchführten." Dem anschließenden großen Krach zufolge, kamen sich die Stasi-Beamten veralbert vor und ich, wie konnte es anders sein, erhielt eine Einladung nach Halle. Diesmal saß ich nicht nur meinem vorgesetzten Betriebsdirektor gegenüber, sondern auch drei Mann von der Stasi, dem Parteisekretär und einigen Kollegen der Kaderabteilung und sollte erklären, was ich da berichtet hatte. „Ich habe wahrheitsgetreu das geschrieben, was Erna an diesem Tag gemacht hat.", erklärte ich. „Schön und gut, aber das hätten Sie doch politisch auswerten müssen.", entgegnete mein Gegenüber und meinte damit wohl, dass ich Ernas „Fehltritt" in einer Betriebsversammlung thematisieren hätte sollen. „Wieso eigentlich?", antwortete ich sachlich fragend, „Erna hat weder einen Ausreiseantrag gestellt, noch wollte sie bei denen in Österreich in die Partei gehen. Die wollte bloß gebumst werden." Peinliche Stille erfüllte den Raum, die ich als Ruhe vor dem großen Donnerwetter deutete. Doch niemand schrie herum oder beschimpfte mich. Ich konnte wieder nach Hause fahren. Vielleicht hatten sie gemerkt, dass bei mir keine Auskünfte über meine Mitarbeiter zu holen waren und die realistische Vermutung nahe legte, dass ich mich auch in Zukunft nicht kooperativer zeigen würde.

Damit war der Anfang vom Ende meiner Karriere in Köckern besiegelt. Die Stasi hatte mich im Visier, was für mich permanente

Beschattung zur Folge hatte. Der Versuch, mich zu demontieren war zu subtil, um übersehen werden zu können. Wenn ich zum Beispiel für unseren Betriebsfahrer aushilfsweise die Touren übernahm, wurde ich von den Spähern bis vor die Haustür verfolgt, also regelrecht observiert. Diese Stasi-Typen, mit ihren gleichen Hemden und Anoraks, witterte ich mit der Zeit auf zehn Kilometer und mit jedem, der mir unter die Augen kam, wuchs die Antipathie. Ständig musste ich aufpassen wie ein Luchs, dass mir ja kein Fehler unterlief. Meine Vorgesetzten warteten nur auf eine Gelegenheit um mir ans Zeug flicken zu können. Dieser Druck war kaum auszuhalten und bewog mich letztendlich zu dem weitreichenden Entschluss, mich meiner Frau und meiner Schwiegermutter anzuvertrauen: „Unter diesen Bedingungen kann ich nicht mehr weiterarbeiten. Entweder sperren die mich irgendwann ein oder ich gehe vor die Hunde!“

Kapitel - 8 -

Nach dem Gespräch mit meiner Frau habe ich nicht lange gewartet und in Köckern gekündigt, ohne einen blassen Schimmer, wie ich künftig mein Geld verdienen sollte. Alles was ich hatte, war die Gewissheit, dass ich nicht zu Hause sitzen und auf eine neue Arbeit warten würde und das Vertrauen in mein Talent und meinen Willen, mein Leben selbst in die Hand zu nehmen. Bei genauer Betrachtung war mir um die Zukunft nicht bange. Ganz im Gegenteil, eröffneten sich neue Perspektiven und der Gedanke, selbstständig zu werden wuchs förmlich stündlich. Berlin mit seinen vielen Möglichkeiten für einen wie mich, kam mir in den Sinn und um meinem Ruf gerecht zu werden, fuhr ich am nächsten Tag gleich hin. Mit meinem imposanten Auto kurvte ich durch die Stadt und hielt Ausschau nach einem geeigneten Gaststättenobjekt. Doch so groß Berlin - natürlich Ost-Berlin, die Hauptstadt der DDR - auch sein mochte, etwas Passendes für mich war nicht zu finden. Erst in Neuenhagen, einer 15.000 Einwohner zählenden Kleinstadt, oder genau gesagt Dorfgemeinde, an der Grenze zur Hauptstadt, fiel mir eine verwahrloste, ziemlich runtergekommene Kneipe auf. Das Haus, in dem die Gaststätte untergebracht war, befand sich in Privatbesitz, das Betriebsobjekt wurde aber von der HO, der staatlichen Handelsorganisation schon seit längerem nicht mehr bewirtschaftet. Die Fäkalien liefen neben den kaputten Rohrleitungen vom ersten Stock bis in den Keller hinunter. Die Mieter des Hauses waren ebenso verlottert wie ihre Bleibe und ich verstand nur zu gut, dass die HO dieses runtergewirtschaftete und zerschlissene Objekt lieber heute als morgen loswerden wollte. Im Gespräch mit Vertretern der staatlichen Organisation stellte sich heraus, dass diese auf keinen Fall für die Wiedererrichtung aufkommen wollten und den Besitzern das Geld für diesen umfangreichen Umbau fehlte. Gut für mich, denn um 15.000 Mark bekam ich ein renovierungsbedürftiges aber relativ großes Haus auf einem 2.000 Quadratmeter großen Grundstück. Damit war das „Bräustübel" in unserer Hand und das neue Leben konnte beginnen.

Dachte ich wenigstens, denn so einfach war es allerdings bei Weitem nicht. Als ich meiner Frau stolz mein günstig erworbenes Anwesen präsentierte, schrie sie mir ohne jegliche versuchte Diplomatie ins Gesicht: „Dieses Dreckloch werde ich niemals betreten!" Ich, irgendwo tief im

Inneren diese Reaktion fast erwartet, beschwichtigte sie umgehend: „Schatzi, das ist kein Problem. Dann gehe ich eben zunächst allein nach Neuenhagen und baue alles auf. Ich schenke dir das Grundstück in Mühlbeck und du bleibst dort. Nach einem Jahr gucken wir, wer mehr im Portemonnaie hat. Du, als Meisterin für Bild- und Tonaufzeichnungen in Wolfen oder ich mit meiner Kneipe hier." Da hat sie geknurrt wie ein Wolf. In meinem Eigensinn bin ich natürlich trotzdem gegangen. Die Gedanken meiner Frau, die lange nicht daran glaubte, dass aus dieser Ruine etwas Brauchbares wird, standen ihr buchstäblich auf die Stirn geschrieben: „Irgendwann wird der Idiot sowieso daran scheitern und zurückkommen." Vielleicht nicht ganz zu Unrecht, denn die Instandsetzung erforderte weit mehr Geld als wir besaßen.

Bräustüberl Neuenhagen, die „Ruine"

Meine Überzeugung und der Reiz, Nicoles Irrtum aufzuzeigen verliehen mir den Mut, meine Schwieger-Großeltern anzupumpen. Erst mal Opa, zu dem ich ein herzlicheres Verhältnis hatte als zu seiner Frau. „Ich brauche 30.000 Mark.", sagte ich. So knapp wie meine Frage fiel dessen Antwort aus: „Kein Problem. Frag die Oma nach dem Geld." Bei Opa hatte ich scheinbar einen noch größeren Stein im Brett als vermutet. Die Oma um den Finger zu wickeln erschien mir anfangs schwieriger, aber als ich ihr von meinem, später hoffentlich unserem, Vorhaben berichtete, lächelte sie mich verständnisvoll an. Ich hatte wohl die Erinnerung an ihr eigenes Schicksal geweckt, als sie mit ihrem Mann Ende der Zwanziger-Jahre Opfer der Weltwirtschaftskrise wurde. Sie mussten Kassel verlassen, weil es keine Arbeit gab und waren drei Jahre auf Wanderschaft um sich ein neues Leben aufbauen zu können. Vielleicht sah sie in diesem Moment, dass die Familie ihrer Enkelin in einer ähnlichen Krise steckte. Ich hatte noch nicht ganz zu Ende gesprochen, als sie sagte: „Weißt du, Gerhard, wir sind damals auch umgezogen und mussten ganz neu anfangen. Ich weiß, wie es ist, wenn man dringend Hilfe braucht. Komm, Junge, hier hast du die 30.000 Mark.“ Natürlich war dieses Geld nur ein Darlehen. So weit ist die Nächstenliebe dann doch nicht gegangen. Allerdings ließen sie mir genügend Zeit für die Rückzahlung und verlangten keine Zinsen.

Mit Beginn des Abenteuers „Bräustübel“ führten wir eine Wochenendbeziehung. Wochentags schuftete ich im „Dreckloch“, wie es meine Frau noch lange nannte und an den Wochenenden fand ich mich wieder in Mühlbeck ein. Ihr mit meiner Abwesenheit eine zusätzliche Belastung aufzubürden war ganz und gar nicht das, was ich wollte, aber ich hatte mich ganz einfach auf die Hilfe meiner Mutter und Schwiegermutter verlassen. Wie Mütter nun mal sind, als Omis Göttinnen, lassen sie ihre Kinder nicht im Stich. Ohne die Sicherheit im Kopf, dass die beiden Omas meiner Frau unter die Arme greifen würden, wäre das Projekt Neuenhagen auf wackeligen Beinen gestanden, vielleicht sogar gekippt. Aber meine Rechnung ging auf, man kann sagen, dass meine Mutter in der Neuhagener Anfangszeit Denise und Myrjam mit groß gezogen hat.

Seit meinem ersten Hausbau in Mühlbeck waren mittlerweile neun Jahre vergangen, aber an den Praktiken hatte sich absolut nichts geändert. Beziehungen waren schon immer das halbe Leben und auch 1984 der halbe Hausbau. Bevor dieses bekannte Spiel beginnen konnte, galt es jedoch, noch eine Schlacht ganz anderer Natur zu gewinnen: den Kampf um die Gewerbegenehmigung. 70.000 Mark wollte ich in den Umbau des Hauses mit Gaststätte investieren. Als Optimist durch und durch erwartete ich die Gewerbeerlaubnis in derselben Geschwindigkeit wie die Kreditzusage, die ich bereits in der Tasche hatte. Aber wieder einmal hatte ich die Tücken des Staates nicht mit einkalkuliert. Die Herrschaften im Gewerbeamt in Strausberg bei Ost-Berlin wollten mir die

Genehmigung nicht ausstellen, weil mein Grundstück offiziell noch von der HO bewirtschaftet wurde. Diese Argumentation entbehrte wirklich jeder Logik, immerhin hatte ich das Grundstück doch privat gekauft, also war es doch meines, oder? Ich hätte ohne Einwände die Gaststätte als Angestellter geleitet, also hätte in diesem Fall auch die HO den 70.000 Mark Kredit für den Um- und Ausbau übernehmen müssen, was ja bekanntlich nicht im Interesse der Handelsgenossenschaft lag. Meine berufliche Zukunft schien am seidenen Faden zu hängen, respektive an der Willkür des Staatsapparates.

In meiner Not wandte ich mich an Ecki Fischer, einen Freund, der einen Imbiss in Neuenhagen leitete, wo wir uns auch kennen gelernt hatten. Ecki war in der kurzen Zeit ein guter Freund geworden, konnte mir aber in meiner verzwickten Situation nicht weiterhelfen. Dafür kannte er einen SED-Kreissekretär, der sich für mich einsetzen wollte. Sein Bemühen war nicht ganz selbstlos, denn ihm und seinen Genossen fehlte mit dem Wegfall des „Bräustübel" ein Lokal für Veranstaltungen. Also marschierte der Genosse, „Rudi, der Ortsgauleiter", wie ich ihn spaßhalber nannte, nach unserem ersten Gespräch schnurstracks zum Rat des Kreises und brachte mein Problem vor. Bis ich selbst einen Termin bei der HO und später bei der Handwerkskammer in Strausberg bekam, verging noch ein halbes Jahr, was natürlich an meinen Nerven zehrte. Als der langerwartete Termin endlich vor der Tür stand, war meine Geduld am Ende angekommen und ich konnte nicht mehr anders, als den zuständigen Herren ganz unverblümt meine Meinung zu geigen. Das war natürlich eine gefährliche Sache, denn immerhin wollte ich etwas von ihnen. Alles oder Nichts, sagte ich mir und setzte aufs Ganze: „Wisst ihr was? Ich mache in Neuenhagen gar nichts.", bluffte ich. „Das marode Grundstück könnt ihr behalten und es der HO schenken. Wenn ich nicht endlich die Gewerbeerlaubnis kriege, rühre ich hier keinen Finger mehr und alles bleibt wie es ist, eine Ruine. Dann erklärt mal schön euren Vereinen, warum sie nicht in das Haus können." Nach diesem Donnerwetter, das ich mit einer mutigen Kehrtwende in Richtung Tür beendete, kamen die Herren ins Grübeln. Vierzehn Tage später bestellten sie mich wieder nach Strausberg und erklärten feierlich, dass nun die Voraussetzung für eine Gewerbegenehmigung gegeben wären, da die HO auf die Bewirtschaftung des Grundstücks verzichtet hatte. Auch wenn ich innerlich den Kopf schüttelte über so viel Unlogik, so hielt ich doch ein Papier in Händen, das mich zu einem der wenigen privaten Besitzer einer Kneipe inklusive privater Gaststättenerlaubnis in der DDR machte. Man sollte es nicht glauben, aber in der DDR gab es zu jener Zeit nur sechs private Gastronomen! Ich war also wieder einmal einer der Ersten!

Nachdem die behördlichen Hürden endlich überwunden waren, habe ich mich mit ganzer Kraft in die Arbeit gekniet, um mein Projekt, eine eigene Kneipe, voranzutreiben. Dabei haben mir in alter Manier eine Menge Leute geholfen, ganz nach dem Motto: „Eine Hand wäscht die andere". Das war zu jeder Zeit so. Als die groben Umbauarbeiten erledigt waren, erfuhr ich von einer alten, nicht mehr ganz intakten Theke, die in einer HO-Gaststätte in Muldenstein auf den Verfall wartete. Ich habe sie mir geholt, auseinander genommen, die Kühlmaschine repariert und wieder zusammengebaut. Anschließend wurde das gute Stück mit Sprelacart, mit Kunstharz beschichteten Schichtstoffplatten, also guten alten DDR-Resopalplatten, verkleidet und gefliest und ich hatte um 700 Mark eine durchaus ansehnliche Theke. Dann ging es Schlag auf Schlag. Alles was ich brauchte fand sich irgendwie ein und zum Schluss war ich ganz zufrieden mit meiner Kneipe.

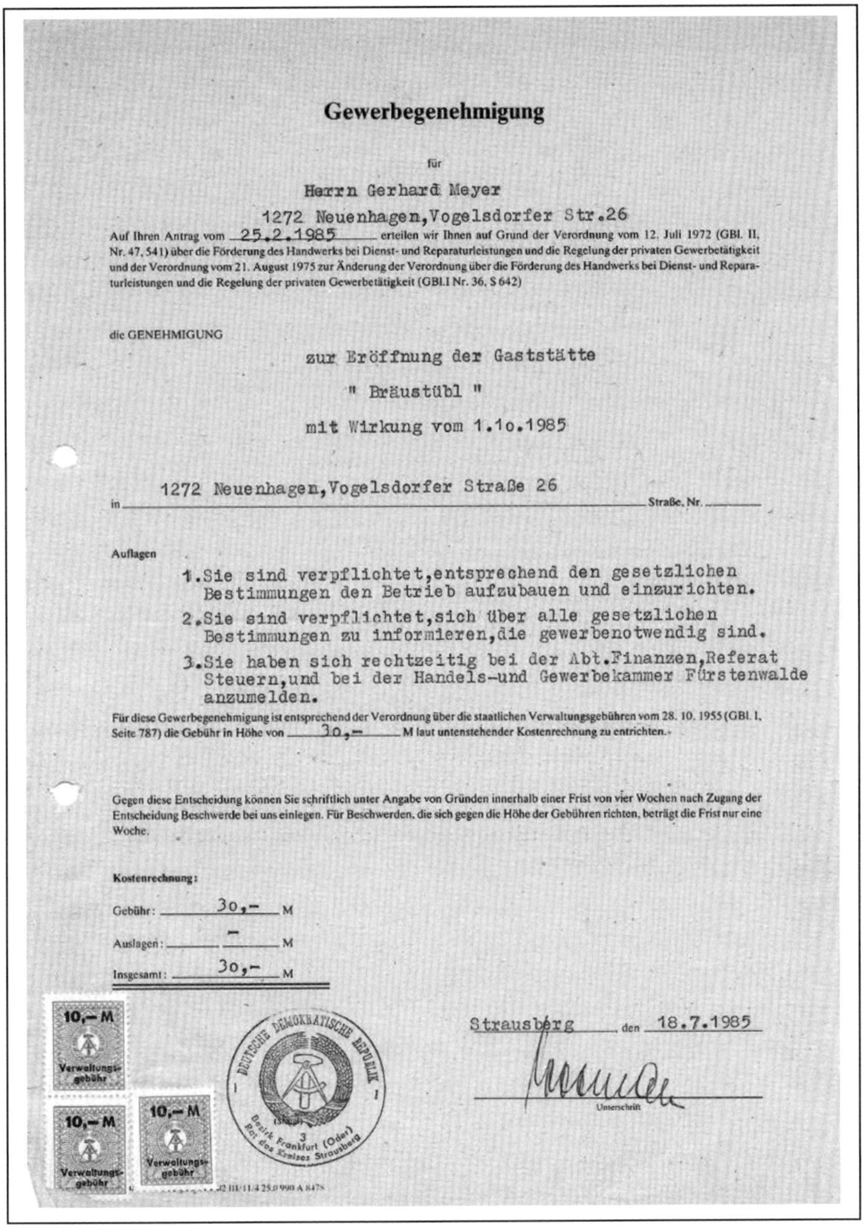

Gewerbegenehmigung

für

Herrn Gerhard Meyer

1272 Neuenhagen, Vogelsdorfer Str. 26

Auf Ihren Antrag vom 25.2.1985 erteilen wir Ihnen auf Grund der Verordnung vom 12. Juli 1972 (GBl. II, Nr. 47, 541) über die Förderung des Handwerks bei Dienst- und Reparaturleistungen und die Regelung der privaten Gewerbetätigkeit und der Verordnung vom 21. August 1975 zur Änderung der Verordnung über die Förderung des Handwerks bei Dienst- und Reparaturleistungen und die Regelung der privaten Gewerbetätigkeit (GBl.I Nr. 36, S 642)

die GENEHMIGUNG

zur Eröffnung der Gaststätte

" Bräustübl "

mit Wirkung vom 1.1o.1985

in 1272 Neuenhagen, Vogelsdorfer Straße 26 Straße, Nr.

Auflagen

1. Sie sind verpflichtet, entsprechend den gesetzlichen Bestimmungen den Betrieb aufzubauen und einzurichten.
2. Sie sind verpflichtet, sich über alle gesetzlichen Bestimmungen zu informieren, die gewerbenotwendig sind.
3. Sie haben sich rechtzeitig bei der Abt. Finanzen, Referat Steuern, und bei der Handels- und Gewerbekammer Fürstenwalde anzumelden.

Für diese Gewerbegenehmigung ist entsprechend der Verordnung über die staatlichen Verwaltungsgebühren vom 28. 10. 1955 (GBl. I, Seite 787) die Gebühr in Höhe von 30,– M laut untenstehender Kostenrechnung zu entrichten.

Gegen diese Entscheidung können Sie schriftlich unter Angabe von Gründen innerhalb einer Frist von vier Wochen nach Zugang der Entscheidung Beschwerde bei uns einlegen. Für Beschwerden, die sich gegen die Höhe der Gebühren richten, beträgt die Frist nur eine Woche.

Kostenrechnung:

Gebühr: 30,– M

Auslagen: – M

Insgesamt: 30,– M

Strausberg den 18.7.1985

Unterschrift

Eine von sechs privaten Gewerbegenehmigungen der DDR

Vordruck Gewerbegenehmigung

Im § 18 der Verordnung vom 12. Juli 1972 ist entsprechend der Verordnung vom 21. August 1975 bestimmt:

(1) Die Gewerbegenehmigung ist zu widerrufen, wenn die Voraussetzungen für ihre Erteilung nicht bestanden haben oder weggefallen sind. Ein Widerruf kann auch erfolgen, wenn Auflagen nicht erfüllt werden. Die Zuständigkeit für den Widerruf richtet sich nach § 16 Abs. 1 und 2.

(2) Die Gewerbegenehmigung erlischt
- a) mit Ablauf der festgelegten Befristung der Gewerbegenehmigung
- b) bei Aufgabe oder Verlegung des Gewerbebetriebes
- c) bei Nichtaufnahme der privaten Gewerbetätigkeit innerhalb von 3 Monaten nach Erteilung der Gewerbegenehmigung
- d) bei einer länger als einen Monat währenden Unterbrechung der privaten Gewerbetätigkeit, falls für die Unterbrechung keine Erlaubnis vorlag
- e) mit dem Tod des Inhabers der Gewerbegenehmigung.

(3) Im Falle des Abs. 2 Buchstabe e) sind der überlebende Ehegatte oder andere Erben berechtigt, für die Dauer von 6 Monaten die private Gewerbegenehmigung weiterzuführen.

4. Als Arbeitskräfte werden festgelegt:
Inhaber, mitarbeitende Ehefrau und 2 VbE
5. Als Sortiment wird daß entsprechend der Preis-Kategorie zu führende Sortiment festgelegt.
6. Der Antrag zur Einstufung in eine Preiskategorie ist 7 Wochen vor Eröffnung in 4-facher Ausfertigung beim Rat des Bezirkes über den Rat des Kreises Abt. HuV zu stellen.

Sogar die Mitarbeiter wurden vorab festgelegt.

Harte Arbeit hat aus der „Ruine“ eine ansehnliche und gut besuchte Kneipe gemacht

Mittlerweile hatte auch Nicole gemerkt, dass meine Idee keine Eintagsfliege war und beschloss, zu mir nach Neuenhagen zu kommen. Letztendlich war sie es, die sich regelrecht in unsere Gaststätte und den hübschen Ort verliebt hatte. Ich mochte dieses kleine grüne, kinderfreundliche Städtchen mit seinen entzückenden Laubenhäusern auch. Ein Glück, dass die vielen Gartenhäuser, die Neuenhagen einst geprägt hatten, nach dem Krieg zu Wohnungen umfunktioniert wurden. So lebten wir in einer hübschen Gartenstadt mit einer ziemlich leeren Stadtkasse, die zwar über 15 Kilometer asphaltierte Straßen verfügte, aber keine Kanalisation. Diese war auch nicht zwingend nötig, denn die Stadt liegt auf Ton und dieser wiederum auf Sand. Der Vorteil dabei war, dass die Klärgruben einfach abgesenkt wurden um häufigem Auspumpen entgegenzuwirken.

Unsere neue Wohnung über der Gaststätte haben Nicole und ich in Teamarbeit saniert. Eine Episode, die uns heute sehr erheitert, obwohl sie uns zur damaligen Zeit viele Nerven gekostet hat. Die groben Arbeiten hatten wir schon zum Großteil abgeschlossen, als wir mit dem Tapezieren begannen. Als erstes nahmen wir uns die Decken vor. Die Länge der ersten Decke, die ich maß, schlug mit achteinhalb Metern zu Buche. Dass das kein leichtes Unterfangen werden würde, war mir klar, aber mit Nicole an meiner Seite war ich zuversichtlich und stellte ein Gerüst auf. Schließlich waren wir ein eingespieltes Team, hatten die ganze Wohnung gemeinsam ausgebaut, nur wir beide, alles selber gemacht. Obwohl ich die Tapetenbahnen schön gefaltet hatte und auch kein Anfänger in dieser Arbeit war, blieb der erwartete Erfolg aus. Unsere Tapete wollte einfach nicht halten! Das heißt, mein Teil prangte stolz an der Decke, aber bei meiner lieben Frau fiel alles herunter. Auch wenn wir bei den ersten missglückten Versuchen den Ärger brav hinunterschluckten, gerieten wir doch nach einiger Zeit in Streit. „Du blöde Kuh“, schimpfte ich, „du bist zu blöde die Tapete festzuhalten. So dämlich kann sich kein Indianer anstellen!“ Zugegeben, es war nicht gerade die feine englische Art der Konversation, aber was sagt man nicht alles, wenn man wütend ist. Und das Ende vom Lied? Meine Frau drehte durch und warf mir die Tapete an den Kopf. Da stand ich ziemlich dumm als tapezierter Oberbauleiter auf meinem Gerüst. Mir blieb nichts übrig, als die Tapete wieder von der Decke zu ziehen, mich abzuregen, hinzusetzen und das Malheur objektiv zu betrachten. „Das wird nichts mehr!“, dachte ich und sagte zu Nicole: „Weißt du, was wir jetzt machen? Wir gehen rüber in den Laden, holen eine Pulle Schnaps und machen uns einen richtig steifen Grog. Du wirst sehen, dann geht die Sache von alleine.“ Ein letzter skeptischer Blick von meiner Frau, ein Versöhnungskuss und dann wurde der vage Plan umgesetzt. Und wie es der Teufel wollte: Danach blieben die Tapetenbahnen tatsächlich an der Decke hängen und der Haussegen war wieder gerade gerückt.

Aus dieser Zeit gäbe es noch einige lustige Geschichten zu erzählen, aber das würde den Rahmen dieses Buches sprengen. Was ich aber unbedingt noch erzählen muss, ist die kleine Geschichte vom „Bräustübel“. Mit dessen Ausbau hatte ich mich besonders beeilt, da im Ort schon alle ungeduldig fragten, wann endlich wieder geöffnet werde. Ich hatte auch Rudi, der mir mit dem Gewerbeschein geholfen hatte, versprochen, die Kneipe so schnell wie möglich wieder betriebsbereit zu machen, damit auch er und seine Genossen wieder ein Domizil für ihre

Veranstaltungen hatten. Von der SED und den Genossen habe ich noch nie viel gehalten, aber in diesem Fall hat mir einer zur rechten Zeit hilfreich unter die Arme gegriffen und daher fühlte ich mich verpflichtet, meinen Teil der Schuld zu begleichen. Auf die Lobhudeleien konnte ich allerdings gern verzichten.

Es lebte sich gut in Neuenhagen, bis auch wir Gastwirte Mitte der 80er Jahre den längst herrschenden, aber stets heruntergespielten Versorgungsnotstand der DDR zu spüren bekamen. Die Probleme begannen, als wir vom Großhandel in Strausberg kaum noch Waren geliefert bekamen. Gute Zigaretten waren Mangelware und kaum noch zu bekommen ohne die entsprechenden Verkäufer zu bestechen. Kein Mangel herrschte dafür an „rotem Verbrechergesindel", das mehr und mehr in Neuenhagen zu finden war, wie zum Beispiel eine gewisse Frau K. Als sie zur Vorsitzenden der Kleingartensparte gewählt wurde, bestellte sie bei mir zur Feier des Tages ein Riesen-Buffet. Ich wollte den Auftrag natürlich bestmöglich ausführen und bestellte dafür extra Fleisch im Neuenhagener Fleischkombinat. Schinkenfleisch, Rindfleisch, eben alles, was normaler Weise nicht mehr über die Ladentische der Fleischereien ging, zu einem entsprechend hohen Preis. Aus diesem Fleisch habe ich die Füllung für das Spanferkel gemischt, die Krönung des großartigen, allseits gelobten Buffets. Den Preis für das Buffet kalkulierte ich nach den Preisen, die ich dem Fleischkombinat gezahlt hatte. Das Kilo Schweineschinken kostete zwölf Mark, Rindfleisch vierzehn Mark. Mit meinem Gewinn lagen die Kilopreise dann etwa zwei Mark höher als der Einkaufspreis. Allerdings gab es in der DDR eine feste Hackfleischkalkulation, die besagte, dass Hackfleisch nur acht Mark achtzig kosten durfte, ganz gleich, welches Fleisch dafür verarbeitet wurde. Da mein verwendetes Fleisch besonders hochwertig war, nahm ich diese Regelung nicht Ernst und schickte Frau K. die Rechnung. Meine neunmalkluge Kundin sah sofort einen Weg zum Sparen und verlangte die Kalkulation für das Spanferkel und die Hackmasse. Ihr nächster Schritt war, mich an die staatliche Hackfleischkalkulation zu erinnern und mir zu erklären, dass meine Preise zu hoch wären. Anstatt mich zu bezahlen, zeigte sie mich bei der ABI, der Arbeiter- und Bauinspektion, einem staatlichen Kontrollorgan in Strausberg an, weil ich gegen die Kontrollvorschriften verstoßen hätte. Bei der Aussprache vor der ABI stellten die zuständigen Damen und Herren zwar fest, dass ich mich beim Spanferkel mit dem Kilopreis zu meinen Ungunsten verrechnet hatte, aber bei der Füllung blieb es bei den festgesetzten acht Mark achtzig, obwohl der tatsächliche Einkaufspreis wesentlich höher war. Mir blieb nichts übrig, als die Differenz auf meine Kappe zu nehmen. Der Gartenverein bekam das Geld, das er angeblich zu viel bezahlt hatte und mir blieb neben einer Menge Ärger ein sattes Minus aus diesem Auftrag. Was ich besonders ärgerlich an der Sache empfand, war der Umstand, dass ich bis dahin mit dem Gartenverein gut ausgekommen bin. Die Kleingärtner haben immer in meinem „Bräustübel" gefeiert und von mir eine ehrliche Abrechnung bekommen. Diese leidige Rechnungsgeschichte war der Anfang meines Ruins in Neuenhagen.

Anstatt den Ärger durch gute Geschäfte ad acta legen zu können folgten Kontrollen und Schikanen der Behörde. Als Gastronomen und speziell als private, mussten wir ständig mit Kontrollen der ABI rechnen, in meinem Fall fing es mit Kaffeekontrollen an. Um die Qualität des Kaffees zu überprüfen wurde dieser in Röhrchen aufgezogen und anschließend ins Labor gebracht, wo genau festgestellt werden konnte, welche Menge an Kaffeepulver der Wirt verwendet hatte. Diese Kontrollen bereiteten mir keine Probleme, die kannte ich schon von Köckern her. Als wieder einmal zwei Mitarbeiter der Gemeinde-ABI kamen, die sich nicht zu erkennen gaben, stellte ich ihnen, freundlich und nichts Schlimmes ahnend wie immer, das bestellte Kännchen Kaffee hin. Anstatt den Kaffee zu trinken, füllte einer der bis dahin unauffälligen Herren damit seine Milchflasche, verschloss sie mit einem Aludeckel und schrieb ein Protokoll dazu. „Unterschreiben Sie bitte hier.", wurde ich trocken aufgefordert, während der Staatsbedienstete mit seinem Füller auf die entsprechende Stelle zeigte. Ich schaute ihn an und entgegnete schulterzuckend: „Das kann ich nicht unterschreiben." „Warum nicht?" „Ganz einfach. Wie willst du mir mit deinem Pisspot eigentlich nachweisen, dass du die Probe so abgibst, wie du sie hier genommen hast? Die Flasche ist nicht verplombt, da ist nur Stanniolpapier drauf. Stell dir vor, morgen kriegst du raus, dass ich mit deiner Frau ein Verhältnis habe. Da kippst du dann Salzsäure in die Probe, oder was?" Um den verdutzten Gesichtern den Rest zu geben, bekräftigte ich nochmal: „Ich unterschreibe hier nichts!" Einer der beiden ABI-Mitarbeiter schaute mich ratlos fragend an, der andere schien eine Idee für das weitere Vorgehen zu haben, die ich nicht hören wollte. Also unterschrieb ich das Protokoll mit folgendem Wortlaut: „*Das Protokoll über die Kaffeeprobe konnte nicht unterschrieben werden, weil Flasche nur mit Stanniolpapier verschlossen war. Jeglicher Manipulation zu meinen Ungunsten wurde somit Vorschub geleistet.*" Damit war für mich der Fall erledigt. Offenbar auch für die ABI. Jedenfalls bekam ich nie Post dazu. Allerdings wurde von Tag zu Tag offensichtlicher, dass mich die Behörde auf dem Kieker hatte. Das „Bräustübel" wurde zunehmend öfter kontrolliert, so dass ich vor lauter Rapporten bei der ABI in Strausberg gar nicht mehr richtig zum Arbeiten kam. Ein Ende der Schikane war nicht in Sicht.

Um den stetig wachsenden Warenmangel im Großhandel zu umgehen und doch eine vernünftige Speisekarte anbieten zu können, blieb mir nichts übrig, als mit meiner Frau nach Berlin in die Kaufhallen, also den Supermarkt, zu fahren, um Schweinelenden einzukaufen. Die Berliner Bürger wurden auch noch zum Ende der DDR relativ gut versorgt. Uns Gastronomen war allerdings untersagt, im Bevölkerungsbedarf einzukaufen und dies wurde juristisch geahndet mit der Begründung, dass wir der Bevölkerung die Nahrungs- und Genussmittel entziehen würden. Wie aber sollte es ein Gastronom anders anstellen, wenn er zu Weihnachten oder zu Silvester Feierlichkeiten im Haus hatte und es keinen Sekt gab? Man kam nicht umhin, sich aus anderen Quellen zu bevorraten. Oft wurden wir erst an dem Tag, als wir den Wein oder Sekt brauchten, um sechs Uhr morgens vom Großhandel informiert, dass jetzt Spirituosen angekommen seien, die wir holen könnten. Also mussten wir, inmitten der letzten Vorbereitungen sofort losfahren, um zwanzig Kisten Sekt für die Silvesterfeier am Abend zu holen. Purer, aber leider oft unvermeidlicher Stress!

Auch wenn ich manchmal keinen anderen Weg sah, als Dinge, die ich für die Gaststätte brauchte, in der Kaufhalle einzukaufen, so habe ich doch alle Einnahmen und Ausgaben immer ordnungsgemäß ans Finanzamt nach Strausberg gemeldet. Aber auch die Beamten dort haben uns Selbstständigen das Leben schwer gemacht und haben fieberhaft aber vergeblich gesucht, um mir eine Steuersünde nachzuweisen. Die Folge war eine Tiefenprüfung mit dem Ergebnis, dass ich 10.000 Mark zu viel an Steuern gezahlt hatte. Als kleiner Gastwirt hätte ich das Geld dringend gebraucht, aber das Finanzamt nahm sich alle Zeit der Welt für die Rückzahlung. Irgendwann platzte mir der Kragen und ich fuhr nach

Strausberg. „Ich weiß genau, dass ihr mir mein Geld gar nicht zurückgeben wollt. Aber jedes Mal den weiten Weg zu fahren, um zu erbetteln, was mir eigentlich zusteht, habe ich noch mehr satt.“, sagte ich den Dienst nach Vorschrift verrichtenden Beamten mit leicht erhobener Stimme ins Gesicht um gleich darauf einzulenken um den Fall abzuschließen: „Ihr könntet die Akte schließen, wenn ihr mir wenigstens eintausend Mark ausbezahlt. Dann habt ihr euer Erfolgserlebnis und ich meins.“ Ohne auf eine Antwort zu warten drehte ich mich um und fuhr wieder nach Hause. Zwei Tage später bekam ich vom Finanzamt Strausberg 999,90 Mark überwiesen. Das war DDR live!

Die skurrilen Geschichten häuften sich und gipfelten schließlich in einem Anruf, den ich im Herbst 1987 von einem Unbekannten erhielt. Der Mann am anderen Ende der Leitung sprach mich mit meinem Vornamen an und sagte nur: „Gerhard, verkauf sofort deine Kneipe, sonst bist du dran!“ Das hat mir tagelang keine Ruhe gelassen und auch wenn ich mir einerseits keinen Reim darauf machen konnte, nahm ich den Anruf ernst und beschloss, das Grundstück samt Gaststätte zu verkaufen. Gute Idee, schwieriges Unterfangen, denn für den Verkauf hätte ich dem Gewerbeamt einen triftigen Grund liefern müssen. Also dachte ich nach und prompt kam mir die passende Idee.

Ich fuhr nach Berlin, ins Oskar-Zieten-Krankenhaus. Einem guten Freund, der dort als Oberarzt fungierte, sagte ich: „ Ich brauch dringend eine Krankschreibung für mindestens ein Dreivierteljahr. Schau mich doch mal genau an. Sehe ich nicht aus wie das Leiden Christi? Magendurchbruch, eine Niere arbeitet nicht und meine Leichenblässe zeigt deutlich, dass ich Blutkrebs habe. Da bleibt doch nicht mehr viel, was wir noch machen könnten. Du kannst gar nicht anders als mich krank zu schreiben.“ Mein guter Freund lächelte und da er die Umstände kannte, kam er meiner Bitte ohne Zögern nach. Damit hatte ich meinen Grund, alles zu verkaufen, denn so krank wie ich war, konnte ich schließlich unmöglich den Restaurantbetrieb der Kneipe aufrecht erhalten. Die Gemeinde war an der weiteren ordnungsgemäßen Betreibung des Gaststättenbetriebes des „Bräustübel“ interessiert und so erhielt ich bereits am nächsten Morgen die Genehmigung, mein Anwesen zu veräußern. Ein Käufer fand sich schnell. Ein Gastronom aus Berlin kaufte mir meine Kneipe um 150.000 DDR-Mark ab und obendrein bekam ich eine schöne Fünf-Zimmer Wohnung in Berlin. 164 Quadratmeter in der Hauptstadt! Ein guter Anfang für unser neues Leben in Berlin.

Mit dem Verkauf unserer Gaststätte fiel mir eine gewaltige Last von den Schultern. In Berlin lebte es sich gut und noch dazu besaßen wir genügend Geld um neue Kraft zu tanken und das Leben zu genießen. Von einem Tag auf den anderen hatte ich plötzlich wieder Zeit für meine Töchter, die ich intensiv gestaltete und mein Vater-Dasein genoss. Nach einem halben Jahr „Dolce far niente" fiel meiner Frau die Decke auf den Kopf und sie wollte wieder arbeiten. Schon nach kurzer Arbeitssuche fand sie eine Stelle in einem Steuerbüro, aber ich gammelte noch ein Vierteljahr herum und suchte in und um Berlin nach einer neuen Herausforderung. Außerdem besaßen wir nun eine Menge Geld, das ich gewinnbringend anlegen wollte.

Bei einer meiner Erkundungstouren in und um Berlin, kam ich nach Neuruppin, wo ich ein herrliches Grundstück fand: 4.000 Quadratmeter am See, Bootsanlegestelle inklusive. Ein nur leicht in die Jahre gekommenes Sommerhaus, oder vielmehr ein Seepavillon mit viel Glas, einem schön geschwungenen Holzdach und einer traumhaften Terrasse die sich zum See hin öffnete, wirkte wie die perfekte Dekoration für dieses fantastische Grundstück. Ich war überwältigt von diesem idyllischen Stück Erde, das ich noch dazu auf jeden Fall hätte kaufen können, weil der Verkäufer einen Narren an mir gefressen hatte. Der ältere Herr, dem das Grundstück gehörte, besaß, wie ich, einen Mercedes, den er ebenfalls zu DDR-Zeiten gekauft hatte. Daher war nicht ganz sicher, ob seine Zuneigung nur auf Sympathie beruhte oder auch die Andeutung in meiner Bewerbung mitspielte, dass ich, falls mein Geld nicht ausreichen sollte, einen Mercedes, noch dazu Achtzylinder mit 3,5-Liter-Maschine, in Zahlung geben könnte. Zum Vorgespräch für den Kauf der Immobilie, das wir in einer sehr angenehmen Atmosphäre führten, hatte ich meine Frau und meine Kinder mitgenommen.

Unsere Tochter Denise war eine Pferdenärrin und Neuruppin bot mit Sicherheit die besten Voraussetzungen um sich in diesem Metier auszutoben. Im Gegensatz zu Neuenhagen gefiel auch meiner Frau die Gegend anfangs sehr gut. Ihre Begeisterung hielt allerdings nur bis zum Ende ihres Spazierganges durch den Ort an, um nicht zu sagen, die anfängliche Verzückung war in völlige Ablehnung umgeschlagen. Es gab nur zehn Häuser, weder einen Supermarkt, noch sonst eine Einrichtung, die das Leben erleichtert oder verbessert hätte. Statt asphaltierten oder wenigstens gepflasterten Straßen führten Feldwege durch das verschlafene Dorf. Nicoles innerliche Aversion und Enttäuschung nahm ich in meiner Euphorie gar nicht wahr. Wir fuhren wieder nach Berlin zurück und ich wollte sogleich zur Post gehen, um die Auszahlung meines Geldes zu beantragen, damit wir das Grundstück kaufen konnten. Soweit kam es aber nicht! Ich hatte meinen Mantel noch nicht ganz angezogen, als Nicole zu schimpfen begann: „ Auf diese Kuhbläke kriegst du mich nicht!“, wetterte meine Frau, dass ich befürchtete, das große Ohrensausen zu bekommen, „Ich habe Neuenhagen mitgemacht, das war schon eine Überwindung. Aber Neuruppin, das ist der Gipfel. Den Zahn kannst du dir ziehen lassen! Da raus kriegst du mich nicht! Ich weiß nicht mal, wo ich dort mein Brot und meine Milch kaufen soll. Da gibt’s doch gar nichts! Wahrscheinlich muss ich erst Kühe melken, wenn ich Milch trinken will.“

Was macht man nicht alles aus Liebe zu seinem Schatz! Auch wenn ich mich über den plötzlichen Sinneswandel meiner Frau wunderte, so hatte ich absolut keine Lust auf Streit oder gar eine Ehekrise und hakte Neuruppin schweren Herzens als erledigt ab. Noch heute tut mir diese Entscheidung innerlich weh und bis dato konnte ich mir nicht verkneifen, wenn wir hin und wieder darüber sprechen, zu ätzen: „Weißt du was? Du hast mein Leben ruiniert!“ „Wieso?“, kommt dann die Standardantwort. „Na, ganz einfach: Ich habe meine Kneipe in Neuenhagen für 150.000 Mark verkauft, der Typ hat die Wirtschaft nach der Wende für 1,5 Millionen Mark verkauft. Die Bude in Neuruppin hätten wir für rund 300.000 Mark haben können. Das hätten wir schon aufgebracht, notfalls mit einem Kredit. Heute liegt der Verkehrswert des Neuruppiner Grundstücks bei sechs Millionen Euro! Überleg dir mal, wie es uns heute damit ginge. Das wäre wie ein riesiger Lottogewinn gewesen – ohne Lotto zu spielen, denn da gewinnt man sowieso nie.“ Na ja, Spaß beiseite; es sollte eben nicht sein. Es nützt nichts, im Nachhinein Entscheidungen zu bejammern, die man einmal getroffen hat. Das Leben geht weiter und wir konnten uns bisher nicht darüber beklagen, weder in Neuenhagen noch in Berlin. Wir haben nicht nur unser Leben irgendwie gelebt, sondern wir haben es sehr gut gelebt, besser als andere.

Zurück nach Berlin. Nach einem Dreivierteljahr fiel auch mir die sprichwörtliche Decke auf den Kopf. Ich wusste nicht, was ich noch machen sollte: Alle meine Kumpels, die ich mir vorgenommen hatte zu besuchen, hatte ich besucht und zu erzählen gab es auch kaum noch etwas. Kurzum: Ich sehnte mich wieder nach richtiger Arbeit. Allerdings griff der Verfall des Systems, den ich schon längst hatte kommen sehen, um sich und es zeigte sich an allen Ecken und Enden des Landes, wie es um die DDR-Wirtschaft stand. Meine Vermutungen, die ich schon 1986 meinen Freunden und Bekannten verkündete, schienen sich schon zwei Jahre später zu bestätigen. Als ich damals behauptete: „Ich gebe der DDR noch genau zwei Jahre. Dann bricht die ökonomische Basis zusammen, anschließend kollabiert das System, die Folge ist eine Staatspleite, was heißt, dass die DDR aufgelöst wird.“, meinte meine Schwiegermutter kopfschüttelnd: „Du spinnst! Du hast 'ne Macke!“ Ich ließ mich in meiner Meinung nicht beirren und lud sie in die Hauptstadt ein um ihr zu zeigen, dass Berlin schon nach dem Westen baut. Zu jener Zeit wollte niemand glauben, dass ich Recht behalten würde. Aber dazu später.

Zunächst suchte ich noch immer nach einem neuen Objekt um mich verwirklichen zu können. So kam ich zur Wohnbaugenossenschaft Berlin/Mitte. Die hatten eine Betriebskantine und mächtige Probleme mit deren Bewirtschaftung. Der Staat hatte festgelegt, dass die Pächter stets Genossenschaftler sein mussten, was jedoch hier genauso wie an vielen anderen Stellen nicht funktionierte. Dieser Umstand hätte wohl die meisten Menschen demotiviert und in Resignation versinken lassen. Bei mir, dem „schnellen Meyer“ hingegen wurde der Ehrgeiz angestachelt, wieder einmal etwas aufzubauen und Spuren zu hinterlassen. Also vereinbarte ich fürs Erste einen lockeren Smalltalk mit dem Direktor der Wohnbaugenossenschaft und sprach im Anschluss beim Gewerbeamt vor, um mich offiziell um die Kantine zu bewerben. Meine gefühlsmäßig ertasteten guten Chancen nutzte ich gleich um meine Bedingungen zu stellen: „Wenn ich die Kantine übernehme, dann nur privat. Ihr dürft nicht denken, dass hier Gewerkschaftsleitung, Parteileitung oder andere Betriebskasper zu mir kommen und mir ständig in die Suppe spucken können.“ Bei der guten Gelegenheit ließ ich auch meiner Vermutung freien Lauf: „Ihr habt ja hier deswegen keinen vernünftigen Pächter drin, weil ständig einer auf der Matte steht und sich einmischt: Macht hier die

Wurst und dort jene drauf." Nach diesem Gespräch dauerte es noch drei, für mich ziemlich lange, für die DDR hingegen sehr kurze Monate, bis ich ein Schreiben von der Wohnbaugenossenschaft Berlin-Mitte bekam, in dem sie mir zugestanden, die Kantine privat betreiben zu dürfen. Mit diesem Amtsbrief ging ich schnurstracks zum bereits bekannten Gewerbeamt und bekam ohne Probleme die Ausschankgenehmigung. Das war 1988.

Meine neue Kantine bewirtschaftete ich zusammen mit zwei ehemaligen Angestellten, die mich auch schon im „Bräustübel" in Neuenhagen begleitet hatten. Meine mit einer gehörigen Portion Selbstbewusstsein gepaarte Erfahrung ließ mein neues Projekt sehr erfolgreich florieren und so beantragte ich ein Jahr später meinen Urlaub mit der geschaffenen beruflichen und privaten Sicherheit im Hinterkopf. Weder ich noch ein anderes Familienmitglied dachte zu dieser Zeit daran, dass gerade dieser Urlaub unser Leben derart durcheinander wirbeln würde.

Das letzte Familienfoto der Meyers in der DDR

Kapitel - 9 -

Unser Urlaubsplan sah vor, im August für vier Wochen nach Bulgarien zu fahren. Um meinem Ruf gerecht zu werden, kaufte ich mir vor der Reise noch ein schnelles Auto auf dem Automarkt in Leipzig. Sie erinnern sich an das altbewährte System: Ein Auto gab man in Zahlung, die neue Autoanmeldung obendrauf. Ich legte noch einen schönen Regulator sowie eine Autokupplung aus dem Westen bei. Das Auto, das ich in diesem Fall verkaufte, war mein Mercedes, Achtzylinder, der auch schon als Lockmittel für das Grundstück in Neuruppin gedient hatte. Durch den Verkauf des Benz kam die traumhafte Verrechnungssumme von 200.000 Mark zustande, die mir einen drei Jahre alten, flotten Toyota Corolla GT, in schlichtem aber doch ins Auge stechenden weiß, einbrachte.

Meine stattliche Anschaffung steigerte die Vorfreude auf den Urlaub noch ein Quäntchen und bis zum großen Tag fuhr ich auch hin und wieder ganz stolz mit meinem tollen Schlitten zur Arbeit. Wenn ich auf dem Parkplatz einrollte, standen immer schon ein paar Kollegen und Angestellte da um mein Auto zu bewundern. Vor allem wollten sie wissen, welche Kanäle man anzapfen müsse um solch ein Gefährt zu ergattern. Wenn ich entgegnete: „Da musst du fleißig arbeiten, dann kriegst du auch eines.“, kam sich der eine oder andere natürlich veralbert vor, aber das war nun mal meine saloppe Art: Immer einen guten Spruch drauf, hinter dem sich letztendlich das Ergebnis von jeder Menge Lebenserfahrung, oder wenn man es so will, gelebter Lebensmaxime, verbirgt. Jedes Haus, das gebaut wird, braucht ein stabiles Fundament und schon der erste Grundstein zeigt, ob man Luftschlösser oder solide Behausungen baut. Ich für meinen Teil – so habe ich das von meinem Ziehvater, dem guten Wilhelm, gelernt – habe viel Sorgfalt darauf verwendet, meinen und letztendlich unseren Lebenszielen eine solide Basis zu geben. Der Erfolg stellt sich dann von allein, na ja, fast von allein ein.

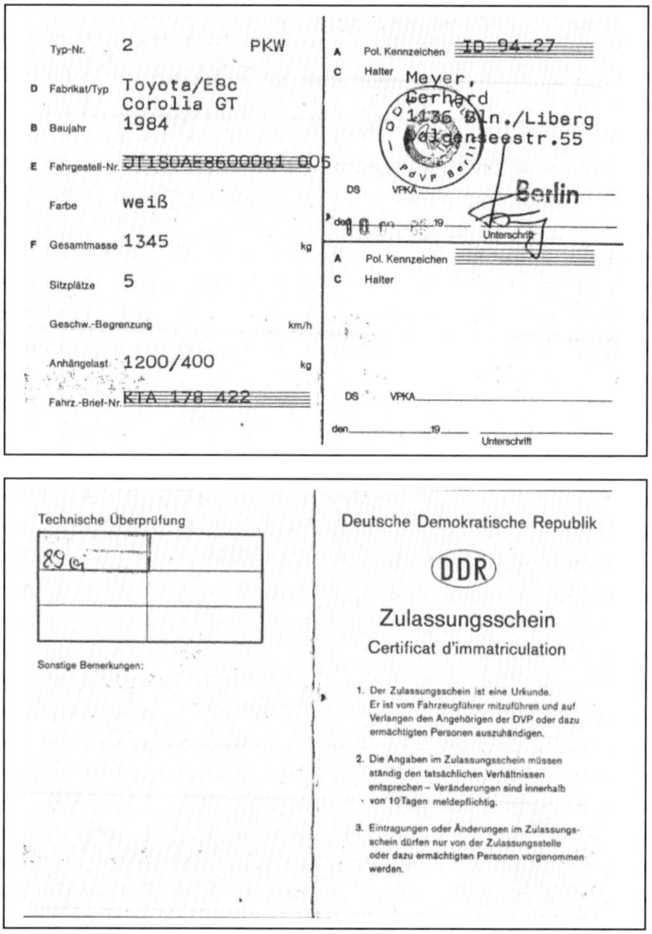

Typ-Nr. 2 PKW

D Fabrikat/Typ Toyota/E8c Corolla GT

B Baujahr 1984

E Fahrgestell-Nr. JT1S0AE8600081 005

Farbe weiß

F Gesamtmasse 1345 kg

Sitzplätze 5

Geschw.-Begrenzung km/h

Anhängelast 1200/400 kg

Fahrz.-Brief-Nr. KIA 178 422

A Pol. Kennzeichen ID 94-27

C Halter Meyer, Gerhard 1136 Bln./Liberg Weitlingstr.55

DS VPKA Berlin

den 19

Unterschrift

A Pol. Kennzeichen

C Halter

DS VPKA

den 19

Unterschrift

Technische Überprüfung

89

Sonstige Bemerkungen:

Deutsche Demokratische Republik

DDR

Zulassungsschein

Certificat d'immatriculation

1. Der Zulassungsschein ist eine Urkunde. Er ist vom Fahrzeugführer mitzuführen und auf Verlangen den Angehörigen der DVP oder dazu ermächtigten Personen auszuhändigen.

2. Die Angaben im Zulassungsschein müssen ständig den tatsächlichen Verhältnissen entsprechen – Veränderungen sind innerhalb von 10 Tagen meldepflichtig.

3. Eintragungen oder Änderungen im Zulassungsschein dürfen nur von der Zulassungsstelle oder dazu ermächtigten Personen vorgenommen werden.

Zulassungsschein unseres späteren „Fluchtautos“

Endlich war das Ende der zweiten Augustwoche gekommen, und somit der Tag unseres Urlaubsbeginns. Um ja keine Zeit zu verlieren, hatten wir unsere Sachen schon am Vorabend ins Auto geladen um gleich bei Tagesanbruch der Hitze der Großstadt entfliehen zu können. Immer der Sonne entgegen ging's mit unserem Flitzer ans Schwarze Meer, nach Varna. In dieser vertrauten Stadt, die ich von meinem Reiseabenteuer in der Jugend noch gut in Erinnerung hatte, waren wir bei Nikolai Kolev, einem alten Freund, zu Gast. Ein Fünf-Zimmer-Appartement in einer traumhaften Villa auf einem Weinberg bot uns einen wundervollen Blick auf die Landschaft. Unterkunft, Umgebung und ein sehr bemühter Gastgeber bescherten uns drei Urlaubswochen, in denen wir wie die Fürsten lebten. Dieses perfekte Gesamtpaket ließ einen lang gehegten Wunsch, oder vielmehr einen Lebenstraum meiner Frau und mir wieder aufflammen: Irgendwann im Leben einmal einen solchen kleinen Hotelbetrieb führen – das wäre es!

Als sich unser Urlaub, oder wenigstens der Teil bei meinem Freund, dem Ende zuneigte, schlug ich meiner Familie vor, auf dem Rückweg noch ein paar Tage am Balaton zu verbringen. Unser Visum galt schließlich noch sechs Tage, und die wollte ich nicht ungenutzt verstreichen lassen. Auch wenn Ungarn nicht gerade auf unserem Heimweg lag, so war die Fahrt dank neuester japanischer Technik doch ein Riesenspaß. In Rumänien hatten wir nicht vor uns länger aufzuhalten, und so sind wir bis auf einen Tankstopp durchgefahren. Dieser einzige Halt hatte es aber in sich und bescherte uns eine unvergessliche brenzlige Situation. Zu dieser Zeit gab es in Rumänien kaum Benzin, was zu regelrechten Prügeleien der Autofahrer um die paar Liter, die noch zu haben waren, führte. An der Tankstelle, die ich anfuhr, gab es zu meiner Freude keine weiteren Kunden und so nahm ich, in selbstverständlicher Manier den Zapfhahn von der schäbigen alten Zapfsäule. Just in dem Moment, als ich den Spund in die Tanköffnung steckte, kam der einheimische Tankwart, wild gestikulierend, auf mich zugeschossen. Lautstark zeterte er in seiner Muttersprache um mich zum Weiterfahren zu bewegen. Als ich nicht gleich darauf reagierte, brannten bei dem guten Mann wohl eine oder auch mehrere Sicherungen durch. Er riss mir den Zapfhahn aus der Hand und hielt ihn mir zusammen mit einem Feuerzeug ans Gesicht. Selbst wenn ich kein Wort Rumänisch verstand, so war diese Geste auch für mich unverständlich: „Wenn du nicht sofort verschwindest, zünde ich dich an!“ Anstatt in Angst und Schrecken zu verfallen und abzuhauen, zog ich reflexartig mein Messer aus der Hosentasche und hielt es ihm an die Kehle um die wortlose Unterhaltung mit: „Wenn du zündest, schneide ich dir die Kehle durch.“, weiterzuführen und hoffentlich zu beenden. Wir waren beide von der Situation völlig überfordert und bis aufs Äußerste aufgebracht. Der Tankwart ließ nach meinem Konter zwar von mir ab, Benzin habe ich aber trotzdem nicht bekommen.

Wenn ich heute darüber nachdenke, nehme ich den Rumänen in Schutz. Wie sollte der arme Mann reagieren? Der konnte doch nicht anders. Er durfte kein Benzin an uns Touristen heraus geben.

Uns blieb keine andere Möglichkeit, als mit großen Hoffnungen zum nächsten Ort zu fahren: Erstens mir fast leerem Tank dort anzukommen und zweitens dort Sprit zu bekommen. Mit den letzten Tropfen und viel Glück sind wir dann an der nächsten Tankstelle eingerollt und konnten sogar unseren Tank füllen. So schnell hatten wir wohl noch nie eine Tankstelle verlassen. Nur raus aus Rumänien und auf direktem und vor allem schnellstem Weg nach Ungarn! Dort konnten wir endlich eine aktuelle deutsche Tageszeitung kaufen. In Bulgarien wurden in den Hotels auch BILD-Zeitungen verkauft, allerdings waren die in der Regel schon drei bis vier Wochen alt. Der sozialistische Mief hielt sich in Bulgarien noch wesentlich hartnäckiger als in Ungarn.

Die Schlagzeile jenes frühen September-Tages ließ mich ungläubig den Kopf schütteln: *Botschaftsbesetzung mit 5.000 Mann an der Kirche Züklikö t.* „Hier lies mal", reichte ich die Zeitung meiner Frau. „Was ist denn da los?" Nicole konnte sich genauso wenig einen Reim darauf machen und so beschlossen wir, nach Budapest zu fahren und uns selbst von der Sachlage zu überzeugen. Aus dem Garten der Botschaft bot sich uns ein erbärmliches Bild: Unsere Landsleute, die in der Botschaft politisches Asyl beantragt hatten, hausten wie Kriegsflüchtlinge in 16-Mann-Zelten inmitten von Dreck und Morast, dem Überbleibsel des starken Regens des vergangenen Tages. Die hygienischen Bedingungen reichten bei Weitem nicht aus um den Flüchtlingsmassen ein annehmbares Asyl zu bieten. Aber den Leuten im Botschaftsgarten war das offensichtlich ziemlich egal. Sie hegten nur den einen Wunsch: So schnell wie möglich raus aus dem Gefängnis „DDR" und lieber heute als morgen in die Freiheit „BRD". Obwohl sich, irgendwo tief drinnen, der Zigeuner, der mir schon vor fast zwanzig Jahren nachgesagt wurde, meldete und mir den Reiz für ein solches Abenteuer vor Augen führte, war ich inzwischen Familienvater und sagte nüchtern zu meiner Frau: „Du, das ist nicht unser Ding. Lass uns lieber an den Balaton fahren, dort noch sechs erholsame Urlaubstage verbringen und dann nach Hause fahren. Wir können auch in Berlin warten, bis die ganze Scheiße zusammenbricht. Dafür müssen wir nicht hier bleiben."

Mitte der 80er Jahre hatte es in der DDR schon begonnen zu brodeln, Tendenz steigend, und der Unmut der Bevölkerung zeigte sich immer deutlicher. Wer sich die Mühe machte, hinter das System zu sehen, konnte erkennen, dass es nicht mehr lange bestehen würde. Diese Entwicklung hatte ich schon lange durchschaut, aber trotzdem vor unserer Bulgarienreise nie die Absicht auszureisen. Schließlich waren Nicole und ich gerade dabei, uns in Berlin eine neue Existenz aufzubauen. Meine Familie und mich in Gefahr zu bringen lag mir fern, an die Idee, an der Grenze abgeknallt zu werden und meine Familie mit draufgehen zu lassen, gar nicht zu denken. Der kurzzeitige Gedanke, mich in die zahlreichen Flüchtlinge in der Botschaft einzureihen, löste sich ebenso schnell wieder auf, wie das Wort „Republikflucht" sich in meinem Kopf breit machte. Diese Sache wäre mir dann doch zu heiß gewesen. Außerdem ging es uns materiell nicht schlecht.

Also führten wir unseren Urlaub wie geplant fort und fuhren an den Balaton. Spät in der Nacht sind wir angekommen und fanden sofort ein Zimmer im Hotel eines alten Freundes. Meine Erwartung, diesen auch dort anzutreffen, um mich mit ihm über die die politische Situation unterhalten zu können, wurde erfüllt. Gyula sprach gutes Deutsch und nun erfuhr ich endlich mehr zu den Hintergründen der Botschaftsbesetzung. Wir saßen die ganze Nacht beisammen und haben uns die Ohren heiß geredet. Plötzlich fragte Gyula: „Willst du nicht wieder nach Budapest fahren? Mensch, dann kannst du auch in den Westen ausreisen." Ich winkte ab: „Nee, lass mal, in die Botschaft kriegt mich keiner. Wir haben gesehen, was dort los ist. Das müssen wir uns nicht antun." Damit war das Thema erledigt, wenn auch nur für diesen Abend, den wir mit einigen Bieren und etwas Wein ausklingen ließen. Als ich mich schlafen legte, bäumte sich der sonst so friedliche Plattensee derart auf, dass er zwei Meter hohe Wellen über den See schleuderte, als ob der Herrgott mit uns schimpfen wollte. Die Ruhelosigkeit des Sees übertrug sich scheinbar auf mich und ließ mich in jener Nacht kein Auge zumachen. „Nicole, der Herr gibt uns ein Zeichen!", schoss es mir wieder und wieder durch den Kopf, aber ich wollte mit meiner unvermittelten Erkenntnis meine Frau nicht wecken.

Am nächsten Morgen klopfte Gyula an unsere Zimmertür und legte wortlos die Tageszeitung auf den Tisch. Auf der ersten Seite war in großen Lettern zu lesen, dass alle in der Budapester Botschaft gemeldeten

DDR-Flüchtlinge ausreisen dürfen. Wie und womit war aus der Schlagzeile nicht erkennbar, deshalb fragte ich meinen Freund ungläubig: „Was heißt ausreisen? Nehmen die uns das Auto und unsere Klamotten weg und schicken uns über die Grenze? Damit haben wir doch auch nichts gewonnen." Gyula wusste darauf auch keine Antwort, aber die bevorstehende Ausreisewelle blieb Thema des Tages. Am Abend erfuhren wir in den Fernseh-Nachrichten, dass der ungarische Außenminister, Gyula Horn, in Berlin mit Erich Honecker über die Flüchtlingssituation sprechen wollte, der Staatsratsvorsitzende der DDR ihn aber abblitzen ließ. So gab Horn, der „Gulasch-Kommunist", wie wir die Ungarn immer genannt haben, Honecker zu verstehen, dass er ihn „am Arsch lecken" könne. Er ist nach Budapest zurückgefahren und hat noch am gleichen Abend in eben jener Nachrichtensendung verkündet: „Alle DDR-Bürger, die sich in Ungarn aufhalten, dürfen ausreisen." Das war der Hammer! Nicole und ich waren so aufgeregt, dass wir in dieser Nacht gar nicht schlafen konnten. Wir haben mit unseren Kindern diskutiert, ob wir nun in den Westen fahren oder nicht. Während die Sache für unsere beiden Mädchen aufregend wie ein großes Abenteuer war, fiel Nicole und mir die Entscheidung nicht so leicht. Wir diskutierten, wogen Vor- und Nachteile auf und verwarfen den Plan, wenn wir an Familie, Eltern und Schwiegereltern dachten. Konnten wir ihnen unsere Entscheidung zumuten, oder waren wir einfach egoistisch? Ich war mir sicher, dass die DDR-Regierung die Grenzen früher oder später sowieso öffnen müsse, weil sie dem Druck der Bevölkerung nicht ewig standhalten konnte. Kurzentschlossen schaute ich meine Frau und unsere Mädels an und sagte: „Los kommt, wir machen die große Flatter." Diese Entscheidung, mit den Ungarn-Flüchtlingen auszureisen, war für meine Familie viel eher mit einem Wechsel des Wohnsitzes zu vergleichen, als mit einer Flucht. Fliehen mussten wir vor nichts und niemandem, aber uns allen war in diesem Moment klar, dass diese neue Perspektive die einzige Möglichkeit war, um unsere Träume endlich verwirklichen zu können und so zu leben, wie wir es uns vorstellten.

Nach einer langen Nacht mir wenig Schlaf fuhren wir am nächsten Morgen nach kurzer Verabschiedung um sieben Uhr los, von Siofok in Richtung Budapest. Die Aufregung in allen Gliedern, gab ich Gas und flitzte mit 200 Sachen über die Autobahn. Erstaunlicherweise blieb meine Frau völlig gelassen, obwohl ihr gewöhnlich bei einer solchen Geschwindigkeit immer schlecht wurde. „Kann es sein, dass deine Seelenruhe damit zu tun hat, dass du unbedingt in den Westen willst?“, zog ich sie auf. Nicole lachte nur. In Budapest angekommen, fuhren wir schnurstracks zur Botschaft. Wir staunten nicht schlecht, als wir niemanden vorfanden. Die Botschaft war, wie auch das Lager an der Kirche, geschlossen. Was war los? Waren wir etwa zu spät gekommen? Ein Beamter erklärte uns, dass wir zur Außenstelle der Botschaft fahren müssten. Besagte Außenstelle war schnell ausfindig gemacht und jetzt befanden wir uns wieder mitten im geschichtsträchtigen Gewühl. Wie in einer Art Gruppenzwang stellten wir uns mit der Menschenmenge an um uns registrieren zu lassen und im Gegenzug erhielt jeder von uns einen provisorischen westdeutschen Reisepass. Unsere DDR-Papiere konnten wir behalten. Als wir wieder an unserem Auto standen, schaute ich dieses Stück Papier in meiner Hand immer noch ungläubig an. Es war wie eine Geburt! Ja, wir besaßen jetzt eine neue Identität, waren innerhalb weniger Minuten „Wessis“, richtige Wessis, geworden.

Dieser historische Zeitpunkt ließ uns für einen Augenblick vergessen, dass noch ein paar Tage zuvor ost- und westdeutsche Touristen im sozialistischen Ausland unterschiedlich zuvorkommend behandelt wurden. Die harte Währung galt mehr als unsere Alu-Chips. Dabei waren, nicht nur meiner Meinung nach, die westdeutschen Touristen diejenigen, die sich keinen luxuriösen Urlaub in der westlichen Welt leisten konnten. Dennoch waren sogar die Strände in Bereiche für ostdeutsche und westdeutsche Touristen getrennt. Ich erinnere mich nur zu gut an einen unserer früheren Bulgarien-Urlaube am Schwarzen Meer. Wir hielten uns naturgemäß am „Ossi-Strand“ auf. Das Nachbarhotel, in dem westdeutsche Touristen untergebracht waren, besaß einen eigenen Strandabschnitt mit einer großen gelben Wasserrutsche, die etwa hundert Meter ins Schwarze Meer hineinreichte. Unsere Kinder wären auch gern von dieser Rutsche ins Meer gerutscht und verstanden nicht, warum sie das nicht durften. Wie Kinder nun mal sind, schlüpften sie in einem unbeobachteten Moment durch den Zaun und krabbelten auf das Objekt der Begierde. Denise erzählte mir später, dass sie ein kleiner Bengel weg geschubst hatte mit den Worten: „Du kannst hier nicht rutschen, du bist doch von da drüben. Du kommst doch aus der Zone.“ Da ließ sich unsere Große aber nicht die Butter vom Brot nehmen und antwortete: „Na und?“, trumpfte sie selbstbewusst auf, „Wir sind die Reichsten aus dem Osten. Deswegen sind *wir* hier. Und du bist der ärmste Knilch aus dem Westen. Deswegen bist *du* hier. Also mach Platz!“ Als sie uns das erzählte, haben wir uns gekrümmt vor Lachen. Offenbar hat Denise mitgehört, wie ich sagte: „Diese armen Schweine kommen nur nach Bulgarien, weil sie nichts haben. Und hier hauen sie auf die Kacke. Dann borgen sie sich bei uns noch den Personalausweis, damit sie zu Ostler-Preisen für vier Lew Wasserski fahren oder Fallschirm springen können.“ West-Touristen hatten nämlich für derartige Vergnügen zwanzig Lew zu zahlen!

Mit unserem Bundesdeutschen Reisepass, auch wenn er nur provisorisch war, ging die Reise wieder an den Plattensee. Wir hatten zusammen mit anderen ausreisewilligen DDR-Bürgern Betten in einem der diversen, kurzfristig eingerichteten Sammellager zugewiesen bekommen. Ein Kinder-Ferienlager in Zánka war von den Behörden für uns geräumt worden. Mit „uns“ meine ich rund 5.000 DDR-Bürger, die, wie wir, die Chance ergreifen wollten, mit allem, was sie an Hab und Gut dabei hatten, in die Bundesrepublik Deutschland auszureisen. In unserem Fall bedeutete Hab und Gut unser Feriengepäck, also vier Koffer, teils voll mit schmutziger Wäsche und unser Auto. Das war's! Aber das schreckte uns nicht, denn so ganz ohne Steine war ja auch unser bisheriger Weg nicht. Die Außenstelle der Botschaft gab uns eine Wegbeschreibung mit und so machten wir uns erneut auf die Reise, diesmal nach Zánka, etwa 200 Kilometer von Budapest entfernt.

Bevor wir aber in Richtung Ferienlager, oder eigentlich Sammellager, fuhren, entfernte ich vorsorglich unser DDR-Nummernschild (ID 94-27). In Ungarn hielten sich schließlich nicht nur Privatpersonen wie wir auf, sondern auch Stasi-Leute, um auszuspionieren, wer von dem Ausreiseangebot Gebrauch machte. Die ungarischen Behörden ließen uns gewähren und die Polizisten übersahen die kennzeichenlosen Autos großzügig.

20 Jahre später haben meine Frau und ich in Begleitung eines ARD-Fernsehteams das Ferienlager Zánka erneut besucht. Alles sah noch genauso aus wie damals! In der weitläufigen, halbrunden dreistöckigen Anlage war der uns zugewiesene Schlafsaal jener mit der Nummer 2305 im

Gebäude Nummer sechs. Ein Zehnbettzimmer mit einigen Schränken, um seine Sachen unterzubringen. Wir bekamen vier Betten nebeneinander zugeteilt, eines davon am Fenster, außerdem Hilfsbettwäsche und Schlafsäcke, die manche Genossen allen Ernstes direkt auf einem Flohmarkt in der Nähe des Lagers verscherbelten. Bereits im Anfangsstadium, noch vor dem Beginn des wirklich neuen Lebens, zeichnete sich die Trennung der Spreu vom Weizen deutlich ab. Der Blick aus dem Fenster bot ein Bild von unzähligen Trabis und Wartburgs, alle ohne Nummernschild.

Auch wenn unser Übergangs-Zuhause absolut nichts von unserem gewohnten Lebensstil bot, so waren wir doch bemüht, uns einzurichten. Für uns hieß das erst mal einen Teil unserer Wäsche zu waschen, die wir für unseren vierwöchigen Urlaub dabei und natürlich auch getragen hatten. Es gab zwar einen Waschraum mit Waschmaschine und Schleuder, aber wir entschieden uns, aufgrund des geringeren Andrangs, für Handwäsche. Vor den Häusern wurden Behelfsleinen zum Trocknen der Wäsche gespannt, was dem Kinderferienlager in kürzester Zeit den Anstrich eines Flüchtlingslagers gab. Keiner wusste, wie lange es dauern würde, bis er die Grenze in Richtung Westen endgültig passieren konnte, aber insgeheim rechnete jeder mit zumindest einigen Wochen Wartezeit. Dank des noch immer angenehm warmen Septembers und der, für die launischen Abende am Schwarzen Meer vorsorglich eingepackten, dicken Jacken, war diese Frist unproblematisch.

In unserem Schlafsaal waren mehrere Familien untergebracht. Hier ein Ost-Berliner, der gerade seinen Doktor gemacht hatte und die Dissertation auf dem Rücksitz seines Trabis liegen hatte, dort eine Familie mit Kindern im gleichen Alter wie unsere, und zur allgemeinen Freude gab es auch ein Ehepaar, das eine Kaffeemaschine dabei hatte. Unsere Mädels waren zehn und elf Jahre alt und schlossen schnell Freundschaft mit anderen Kindern. Der Liebling der Kinder war jedoch Tommi, ein lustiger Vogel, der sich sehr um die Kinder kümmerte. Die Kinder spielten mehr oder weniger die meiste Zeit im Garten und „Flucht von Ungarn nach Österreich" wurde bald das Lieblingsspiel. Die einen waren die Grenzsoldaten, die anderen spielten die Flüchtlinge: *„Halt, wer da?" „Wir sind Flüchtlinge und wollen nach Österreich." „Zeigen Sie mir Ihren Pass! Gut, Sie dürfen passieren." Oder eben auch nicht....* Die Kinder spielten diese Grenzflucht im Garten manchmal stundenlang um sich die Wartezeit zu verkürzen. Die Frauen fanden eine andere Beschäftigung für den Zeitvertreib: Sie nähten aus Kleidungsstücken in den Farben Schwarz, Rot und Gelb schon mal Bundesdeutsche Fahnen. Unsere haben wir immer noch.

In den Schlafsälen wurden manche Freundschaften geknüpft, aber manche Begebenheiten waren auch nicht ganz geheuer. So fiel uns zum Beispiel ein Mann auf, der, unter dem Vorwand, die Kinder unterrichten zu wollen, diese sehr ausfragte. „Wie heißt du? Wo warst du in der DDR zu Hause? Wie ist die genaue Adresse?“ Das roch nach einem Stasi-Spitzel und ließ uns augenblicklich wachsam werden, indem wir unsere Töchter anhielten, solche Fragen nicht zu beantworten.

Am 9. September 1989 ging ein Flüstern durch unser Flüchtlingslager; ein Konvoi schwarzer Limousinen war eingetroffen, darunter vier mit Bonner Kennzeichen. Wir wurden aufgefordert, uns um 18 Uhr auf dem Platz vor dem Ferienlager einzufinden. Das Programm mutete etwas skurril an, sah es doch ein ungarisches Buffet mit anschließendem Volkstanz um 18 Uhr vor. Um 19 Uhr war eine Ankündigung in der Sporthalle des Ferienlagers festgesetzt, in der verlautbart wurde, wie es mit uns weitergehen sollte. Weder der Volkstanz noch das Essen konnten unsere Aufregung dämpfen oder uns von ständig kreisenden Gedanken ablenken. Die Sporthalle reichte natürlich nicht für mehr als 5.000 Menschen aus und so saßen etwa 3.000 Schulter an Schulter auf der Spielfläche. Mit meiner Frau und unseren Töchtern fand ich einen Sitzplatz in den Rängen, als eine ungarische Rednerin, vermutlich eine ungarische Botschaftsangehörige, erschien. Das Flüstern, das bis dahin den Raum erfüllte, hörte schlagartig auf, jeder wartete gespannt, was sie zu sagen hätte. „Alle Bürger der DDR können mit ihren DDR-Papieren am 11. 9. 1989 ab Punkt Null Uhr über die österreichische Grenze nach Deutschland ausreisen.“ Mehr als 5.000 Zuhörern verschlug es mit einem Mal die Sprache. Man hätte eine Stecknadel fallen hören können. Und dann bebte die Halle regelrecht. Egal, ob man seinen Sitznachbarn kannte oder nicht, wir fielen uns lachend und weinend zugleich in die Arme.

Kapitel - 10 -

Ab dem Moment, als wir alle wussten, dass die Ausreise in knapp dreißig Stunden erfolgen würde, war an Schlaf nicht mehr zu denken. Das Ausreisefieber griff um sich und erwischte auch uns. Koffer packen, alles im Wagen verstauen und ein schnelles „Tschüss" zu den zahllosen, vor Freude strahlenden Menschen, die uns überall begegneten. Die Hektik und der Trubel, der sich breitmachte, war durchwegs positiv und zauberte jedem ein Lächeln ins Gesicht, ließ uns aber in unserem Zimmer Nummer 2305 leider auch vergessen, Namen oder Kontaktadressen auszutauschen. Auch wenn wir alle gemeinsam das Haus verließen, so verloren wir uns im Getümmel oder spätestens im langen Treck zur österreichisch-ungarischen Grenze aus den Augen. Die Freundschaften, die wir geschlossen hatten, verblassten zusammen mit dem Vorhaben, uns später wieder zu treffen mit dem einzigen Gedanken, der durch die Köpfe der vielen Menschen ging: An den Zeitpunkt „Null Uhr" und wie dieser Moment wohl sein würde. Als es Abend wurde, fuhren wir alle nach und nach los. Trabis, Wartburgs und wir in unserem weißen Toyota Sportcoupé. Das Ziel: der Schlagbaum am ungarischen Grenzübergang Sopron. Der Weg führte ein letztes Mal am Plattensee entlang, dann auf die Autobahn, 160 Kilometer in Richtung Dunkelheit und Ungewissheit. Natürlich trat ich in gewohnter Manier aufs Gaspedal, aber meinem Ruf als „schneller Meyer" wurde ich nicht gerecht, noch nicht. In Sopron wartete bereits ein Wartburg vor dem Schlagbaum, dass der Zeiger auf exakt Null Uhr vorrückte. Für uns war es das erste Mal, dass wir an einer Grenze zu einem westeuropäischen Land standen, für den Fahrer neben uns nicht. Während unserer Wartezeit erzählte mir der junge Mann, dass er schon drei ergebnislose Versuche hinter sich hatte, über die Grenze nach Österreich zu flüchten. Jedes Mal hatten ihn die Grenzsoldaten an der „Grünen Grenze" geschnappt. Aber diesmal sollte es auch für ihn klappen.

Als die Schranke hochging, staunte ich nicht schlecht, denn der Start des Wartburgs erinnerte eher an eine V2, eine Boden-Rakete, die so genannte Vergeltungswaffe der Deutschen im Krieg. Mit so einem getunten Kontrahenten hatte ich nicht gerechnet und trat aufs Gaspedal, so dass wir am österreichischen Schlagbaum wieder Seite an Seite standen.

Als sich diesmal der Schlagbaum hob, ließ ich den Wartburg-Fahrer einfach voraus preschen. Ich war nach zwei nahezu schlaflosen Nächten völlig übermüdet, aber gleichzeitig auch total aufgedreht. Mein Schädel brummte vor Schmerz und so schlug ich nicht den direkten Weg durch das Burgenland zum deutschen Grenzübergang ein, sondern machte Halt bei einem Rot-Kreuz-Zelt. Neben zwei Kopfwehtabletten erhielten wir auch Bananen als Proviant und Plüschtiere für die Kinder. Während meine Familie wieder ins Auto stieg, atmete ich tief durch und erinnerte mich an die Worte des ungarischen Außenministers Gyula Horn, bevor sich für uns der eiserne Vorhang öffnete: „Es hat keinen Sinn, Menschen einzusperren. Wir in Ungarn praktizieren das schon seit Jahrzehnten, den Menschen die Entscheidung selbst zu überlassen, ob sie in Urlaub oder zu ihren Verwandten ins westliche Ausland fahren wollen. Sie müssen dahin gehen, wo sie wollen. Das ist jedem seine eigene Entscheidung."

Auf unserer Transitreise durch Österreich sahen wir immer wieder mal Autos mit DDR-Kennzeichen am Straßenrand stehen, oftmals den DDR-Aufkleber so abgedeckt, dass nur mehr das „D" in der Mitte zu sehen war, Ausreisende wie wir, die eine Pause machten. Ehemalige DDR-Bürger mit deutschen, selbstgenähten Fahnen in der Hand oder am Auto befestigt und einem unübersehbaren Lächeln im Gesicht. Man gab sich zum Gruß Lichtzeichen, aber im Endeffekt fuhr jeder einfach für sich weiter. Meine Frau und unsere Töchter wurden zunehmend schläfrig – kein Wunder, nach dreißig sehr aufregenden Stunden, nach Mitternacht. Ich hingegen fühlte keine Müdigkeit, war noch immer in dem Rausch der Emotionen und Eindrücke. Mein Kopf war voll mit Fragen, wie: „Wie würde es sein in Westdeutschland? Was würde uns erwarten? Ob ich wohl schnell Arbeit finden würde?" Gerade das, schnell Arbeit zu finden, war mir das Wichtigste. So fuhr ich, irgendwie allein mit meinen Fragen, Sorgen und Gefühlen durch die stockdunkle Nacht. Eine meiner Töchter, ich weiß nicht mehr welche, wachte einmal auf, schaute aus dem Fenster und auf den Tacho und sagte, bevor sie wieder einschlief: „Papa, wenn du so weiterfährst, dann sind wir noch die ersten an der Grenze." Wie Recht sie doch hatte....

Wir waren nicht die ersten, die über Ungarn aus der DDR ausreisen durften, aber wir waren die ersten, die legal die bundesdeutsche Grenze erreichten und ihren Weg in eine neue Freiheit gehen konnten. Für uns war das ein ganz neues Gefühl und sich mit der neuen Situation auseinander zu setzen war mit unzähligen Emotionen behaftet. Diesen historischen Moment miterleben zu dürfen war schlichtweg göttlich und berauschend zugleich.

Familie Meyer mit ihrem schnellen Toyota Corolla GT

Um 3:06 Uhr kamen wir am Grenzübergang Passau an der österreichisch-deutschen Grenze an, doch nichts war wie erwartet. Stockfinstere Nacht, nichts regte sich. Ich konnte es schier nicht fassen! Warum war niemand da? Wussten die nicht, dass tausende DDR-Bürger unterwegs nach Deutschland waren? Die einzigen, die plötzlich wieder hellwach waren und mit mir staunten, waren meine drei Frauen im Wagen. Kopfschüttelnd und fassungslos stieg ich aus und klopfte an eines der etwa zehn bis fünfzehn Wachhäuschen: „Hallo! Nach 28 Jahren geht die Mauer auf und jetzt kommen wir her, und da schlaft ihr alle?" Ich verstand die Welt nicht mehr, ging zum Auto zurück und stieg wieder ein. In diesem Moment schien sich der Grenzposten in eine Bühne zu verwandeln. Scheinwerfer, Dutzende Reporter und Fernsehteams stürmten aus den verschiedenen Wachhäuschen und umringten unseren Wagen. Sie hatten erst in ein, zwei Stunden mit den ersten Ankömmlingen gerechnet. Bei nur drei Stunden Fahrtzeit mit meinem schnellen Toyota Corolla hatte ich die anderen Ausreisewilligen offenbar weit hinter mir gelassen.

Die TV-Teams bestürmten mich mit Fragen, wollten alles wissen. „Ja, wir haben uns spontan entschlossen, alles stehen und liegen zu lassen, weil – wenn der Mensch an der Grenze ankommt, wo es nicht mehr weitergeht, muss man halt alles stehen und liegen lassen." „Mal sehen, was sich ergibt. Meine Vorstellung ist, erst mal zu arbeiten." „Wir freuen uns über die Demokratie in Ungarn, das ist ein Riesenfortschritt für die Menschheit. Man müsste das im ganzen Ostblock nachmachen, damit endlich diese Diktaturen von Verbrechern aufhören!" „Es war der Funken der Freiheit, der uns getrieben hat, über die Grenze zu können, ohne Angst zu haben, niedergeschossen zu werden."

Eine Stunde ging das so, dann wollten wir endlich weiterfahren. Die Grenzbeamten gaben uns die Adresse für unsere nächste Station, die Nibelungenhalle in Passau. Dass ich auf der Fahrt dorthin, um vier Uhr morgens, nicht alleine war, erstaunte mich. Ein Audi schien mich regelrecht zu verfolgen. Hatte ich die Stasi nicht hinter mir gelassen? Bei einem Stopp an einer Tankstelle, der Audi immer noch hinter mir, klärte sich die Situation dann endlich auf. Der Fahrer entpuppte sich als Mitarbeiter des Passauer „Bürgerblick", dem es um möglichst viele exklusive Informationen ging. Ich denke, das war meine erste marktwirtschaftliche Handlung im Westen: „Wenn du mir 50 Mark für Sprit gibst, erzähle ich dir alles." Bei der Feier zum 20. Jahrestag der Grenzöffnung habe ich diesen sympathischen Reporter, Herrn Denk, der noch immer in Passau tätig ist, wieder gesehen und ihm symbolisch 50 Mark zurückgegeben.

Beim Erreichen der Nibelungenhalle fanden wir eine zwar offene, aber leere Halle vor. Das jahrmarktähnliche Fest, das die Stadt Passau zur Feier der Ankunft der DDR-Bürger organisierte, fand peinlicher Weise einen Tag zu früh statt! Als ich mit meiner Familie ankam, war kein Mensch mehr da. Als der Fehler bemerkt wurde, hat wahrscheinlich niemand mehr damit gerechnet, dass noch in dieser Nacht Flüchtlinge ankommen könnten. Nichts erinnerte noch daran, dass irgendwann irgendjemand auf uns wartete. So sind wir durch eine menschenleere Nibelungenhalle gelaufen und haben vergeblich jemanden gesucht, der uns eine Schlafstelle zuweisen konnte. Als dann der Hausmeister auftauchte, der keine Ahnung von Schlafstellenvergabe hatte, schaute ich meine Frau an und sagte: „Was soll's? Hier können wir eh nicht bleiben, ist ja kein Mensch da. Fahren wir eben weiter." Meine Frau war einverstanden, denn unser Ziel war ohnehin Bayern und Vilshofen lag schon mal zwanzig Kilometer in der richtigen Richtung.

Also machten wir uns auf den Weg in Richtung Vilshofen, wo wir, laut Auskunft des Grenzpostens, im sporadisch eingerichteten Zeltlager übernachten sollten. In Vilshofen schliefen die Leute aber schon. Niemand stand an der Straße, kein Mensch wartete auf uns. Der Platz an der Spitze ist eben oft von Einsamkeit begleitet. In unserem Fall war dies wohl vor allem durch die vorgerückte Stunde begründet, es war immerhin fünf Uhr morgens. Als kleinen Trost legte die Nacht einen zauberhaften Schleier über die Wiesen und Hügel und die hinreißende Silhouette der kleinen Stadt, die uns so still und friedlich empfangen hatte. Der Weg nach Bayern war noch nicht frei, und so legten wir uns in eines der vielen, noch unberührten Zelte und holten wenigstens einen kleinen Teil des versäumten Schlafs der letzten Tage und Nächte nach.

Wer von uns als erster in diesen kurzen narkoseähnlichen Schlaf fiel, ist nicht mehr festzustellen, aber schon nach zwei Stunden waren wir aufgrund der Aufregung, die uns immer noch beherrschte, hellwach und machten uns auf den Weg zum Frühstück. Es war mittlerweile Viertel nach sieben, die Sonne schickte ihre ersten Strahlen durch die Zeltstadt und unterstrich die allgemeine freudige Stimmung. Nun konnten wir auch das herzliche und lieb gemeinte Transparent mit der handgemalten Aufschrift: „BRDDR = alles deutsch – Herzlich Willkommen in Vilshofen" erkennen und waren allesamt sichtlich gerührt. Das Lager füllte sich nach und nach mit anderen Flüchtlingen, die durch die Nacht in die Freiheit gefahren waren. Die glücklichen und zufriedenen Gesichter der Menschen schienen alle Strapazen der vergangenen Tage wettzumachen. Nicole und ich liefen mit den Kindern durch das Zeltlager und schauten uns die nähere Umgebung an. Endlich konnten wir bei Tageslicht erkennen, was in der Nacht so schemenhaft angedeutet wurde. Ein hübsches kleines Städtchen umgeben von grünen, bewaldeten Hügeln zur einen

Seite und einem breiten ruhigen Fluss, auf dem zeitweise Schiffe dahinglitten, zur anderen. „Ein schönes Fleckchen Erde, in das wir da geraten sind.“, stellten wir einstimmig fest und umarmten uns.

Auch wurde endlich deutlich, wie sich die BRD und Vilshofen im Speziellen, logistisch auf den Ansturm aus der DDR vorbereitet hatte. Das *Bayerische Rote Kreuz* hielt rund 14.000 Schlafsäcke, 18.000 Feldbetten, 1.100 Klappstühle und 3.600 Kulturbeutel bereit. Außerdem gab es 60 Zelte für je bis zu zehn Personen und 40 Dixi-Klos. Wir erfuhren auch den wahren Grund, warum das „Tor zum Westen“ von Passau nach Vilshofen verschoben wurde. In der Dreiflüssestadt fehlte schlichtweg der Parkraum. So war die Nibelungenhalle nur als Notunterkunft bei Dauerregen vorbereitet worden.

Gegen neun Uhr sollten wir uns am Empfangszelt einfinden um unsere persönlichen Daten zugleich mit den erforderlichen, oder vielmehr vorhandenen Dokumenten abzugeben, die zur Registrierung unserer Person nötig waren um eine geordnete Eingliederung in die BRD zu ermöglichen. Als wir den Personalbogen in die Hand bekamen, habe ich verblüfft festgestellt, dass mein Anmeldeformular zur Registrierung die Nummer „Eins“ trug. Diese „Eins“, die Grundlage aller anderen Zahlen, die in der Numerologie auch oft als Zahl Gottes bezeichnet wird, die für den Ursprung des Lebens, den Neuanfang, die Unabhängigkeit und Führung steht, hat für mein weiteres Leben eine große Bedeutung gespielt. Mein Beiname „der schnelle Meyer“ wurde damit auf jeden Fall manifestiert und einzementiert.

Im Zeltlager fand sich dann am späteren Vormittag Herr Max Streibl, der damalige Ministerpräsident von Bayern, ein um ein paar rührende Worte an die wartenden Menschen zu richten. „Die Freiheit führt über Vilshofen.“, hab ich noch immer irgendwo im Kopf. Im Anschluss hatte ich die Ehre, mit Herrn Streibl ein Interview vor laufender Kamera für die BBC, den größten britischen Fernsehsender zu geben. Das erste Interview meines Lebens mit einem Ministerpräsidenten, und dann noch für einen ausländischen Fernsehsender machte mich verständlicher Weise sehr stolz und war in gewisser Weise eine Vorbereitung auf all die weiteren Interviews, die ich noch geben würde.

Wie bekannt ich in Deutschland als „der schnelle Meyer“ noch würde, war eigentlich absehbar, als ich in den Tagen nach der Ausreise aus sämtlichen Zeitungen lachte.

„Die Welt“ schrieb rund um mein Foto am Grenzübergang Passau, unsere Pässe in der Hand und erschöpft aber glücklich lächelnd: „Bei der Rallye zur großen Freiheit haben alle gewonnen.“ Der mutige Vergleich eines Moderators des Radiosenders „Antenne Bayern“ leitet die Geschichte unserer rasanten Fahrt in den Westen ein: „Was ist das für ein Montag? Boris Becker gewinnt die US-Open, und viele DDR-Bürger gewinnen die Ungarn-Open.“ „Sieger unter diesen Gewinnern ist ein blonder Lockenkopf: Der Ostberliner Gastwirt Gerhard Meyer“, berichtete die Zeitung weiter, „der in seinem recht kapitalistischen Toyota nach dem Öffnen der ungarischen Grenzen einen Tiefflug in die Freiheit unternommen hatte. Mit gut 200 Stundenkilometern musste er über Österreichs Autobahnen westwärts gebrettert sein.“ Auch ich werde natürlich zitiert: „Ich wollte nichts wie weg. Und das so schnell wie möglich. Hätten sie mich in Österreich erwischt, ich hätte die Strafe gerne gezahlt.“

Das nächste ganz große Tagblatt, das von unserem Schicksal berichtete und das mir in die Hände fiel, war die „Süddeutsche Zeitung“. Keine Schlagzeile, in der „der schnelle Meyer“ erwähnt wurde, aber dafür unter dem schlichten Titel „Das Streiflicht“ ein berührender Artikel über Freiheit, der den schönen Satz beinhaltete: „Freiheit ist in erster Linie eine Frage der Perspektive.“ „Die DDR zum Beispiel misst etwa 450 Kilometer in der Länge und 300 in der Breite – und damit fällt sie, im internationalen Vergleich gesehen, einfach zu kurz aus, vor allem für Herrn Gerhard Meyer aus Ostberlin und sein Toyota Sportcoupé, den Sieger der nächtlichen Drei-Länder-Rallye Ungarn-Österreich-Bundesrepublik. Denise, Myrjam, Nicole und Toyota – man sieht, Herrn Meyer hat in der DDR offenbar nichts anderes gefehlt, als der Auslauf für sein Sportcoupé.“ Amüsanter und treffender hätte man mich nicht beschreiben können und das Zitat des gesamtdeutschen Dichterfürsten Goethe am Schluss des Artikels traf die Stimmung von wohl allen Ausgereisten oder Geflüchteten, je nach Perspektive, wohl perfekt: „Solch ein Gewimmel möchte ich sehn/Auf freiem Grund mit freiem Volke stehn.“

„Mit Vollgas durch die Nacht – einem besseren Leben entgegen“ titelte die „Rheinische Post“, Düsseldorfs größte Zeitung, am Dienstag, dem 12. September 1989. Neben unserer Lebens- und Fluchtgeschichte, die wir ab sofort noch mindestens hundert Mal zu erzählen hatten, druckte der Reporter auch mein Zitat, das sich zwar nicht bewahrheiten sollte, aber in dem Moment das allgemein herrschende Gefühl perfekt beschrieb: „Nie wieder Berlin! Wir haben einen Mauerkoller."

„Kantinenwirt war der Erste am Schlagbaum" wusste auch das „Volksblatt/Volkszeitung" an jenem Dienstagmorgen und zeigte mich mit unseren Pässen in der Hand in Großaufnahme. Das zitierte Flugblatt des Bundesinnenministeriums mit den Worten: „Herzlich willkommen! Nach Tagen der Ungewissheit haben Sie Ihr Ziel erreicht", das den Übersiedlern an der Grenze von einem Polizeibeamten in die Hand gedrückt wurde, ließ den Moment der Grenzüberschreitung wieder ganz nahe rücken.
Einen Tag später berichtete die „Main Post", die Zeitung für Unterfranken: „Große Zuversicht und ein aufrichtiger Dank – Wie die Familie Meyer aus Ost-Berlin die ersten Stunden in der gesuchten Freiheit erlebte." Das Foto inmitten des Artikels über die schnellste Flüchtlingsfamilie zeigte diesmal nicht das altbewährte von mir allein, sondern Nicole, Denise und Myrjam mit mir im Hintergrund neben unserem schnellen weißen Toyota. Endlich wurde mal gesagt, oder vielmehr gedruckt, dass ich kein Raser sei und wohl wisse, das Tempolimit einzuhalten. Nur auf der Strecke zwischen Ungarn und der Bundesrepublik – das darf man mir nicht verdenken – „da zog uns der Drang nach Freiheit." Ich erzählte auch von unserem Hauptgrund für die Ausreise, unseren Töchtern, damit sie frei sein können in ihren Entscheidungen, selbst bestimmen können, was sie lesen wollen und auch die Fremdsprachen lernen können, die sie lernen wollen. Unsere Kinder waren auch glücklich über ihr neues Leben, denn „dem Hamster und Kater Bärchen geht es gut.", sagten sie dem Reporter nach einem Telefonat mit der Oma.

Auch wenn ich so gut wie jeden Artikel über uns in diversen Zeitungen, den ich ausgeschnitten oder anderweitig bekommen habe, noch immer als ein Stückchen Familiengeschichte gut verwahre, so fehlt doch zu manchem Bericht der Name der Zeitung.

„Mit 200 Sachen Richtung „Deutschland-West" gerast – Der Schnellst traf um 3:07 an der Grenze ein.", war in einer Tageszeitung am 12. September über meinem wohl damals schon berühmtesten Foto zu lesen.

Darunter stand: „Der Erste am Schlagbaum am Grenzübergang Suben bei Passau: Der Ost-Berliner Kantinenwirt Gerhard Meyer mit seiner Familie. Als „Vorhut einer Karawane von DDR-Autos, die sich kurz vor Mitternacht an Ungarns Grenze zum Westen aufmachte", werden wir in dem Artikel beschrieben. Auch die Tatsache, dass wir 1.000 Kilometer von Berlin-Ost nach Berlin-West gefahren sind, wird erwähnt und klarer Weise auch mein entsprechendes Fazit: „Das hätte man ja mit 20 Pfennig in der U-Bahn eigentlich leichter machen können."

„Der Flüchtlings-Treck erreicht Unterfranken", stand in einer anderen Zeitung, ohne mein Foto, aber dafür mit einem Bericht über den ersten Ankömmling an der Deutschen Grenze.

„Wir bleiben auf jeden Fall in Bayern – „Schneller Meyer" auch in Hammelburg Erster", lasen wir woanders. Hier wurde auch mal mein professioneller Medienumgang und meine Bereitwilligkeit, mich ablichten zu lassen, gewürdigt. Und natürlich der Tatbestand, dass wir überall die Ersten gewesen sind: Bei der Ausreise aus Ungarn, beim Passieren der Grenzübergänge, beim Eintreffen in Passau und beim Erreichen der Bezirksaufnahmestelle in Hammelburg.

Eine Woche nach Ankunft im Westen meldete sich die „Stiftung Haus der Geschichte der Bundesrepublik Deutschland" in Bonn, via Stadt Hammelburg an uns. An der Geschichte der BRD teilzuhaben war uns natürlich eine Ehre und so sind seither unsere alten Pässe dort zu besichtigen

Die Formalitäten waren erledigt und meine Familie und ich hatten das Land Bayern offiziell als neue Heimat auserkoren. Bayern war schon immer mein Traumland und die Beweggründe, mich hier niederzulassen, vielfältig. Zum einen, weil der FC Bayern von je her meine Lieblingsmannschaft in der Bundesliga war und zum anderen natürlich auch der Bayerische Wald, die Berge, die schöne Landschaft, die ich von Bildern her nur zu gut kannte, das Münchner Oktoberfest und die zahlreichen Brauereien mit ihren legendären Biergärten. Einer meiner langjährigen Träume war, in den Bayrischen Bergen Ski zu fahren. Auch wenn ich es nie richtig, also in einer Skischule, gelernt habe, so kann ich doch auf einige passable Versuche zu DDR-Zeiten in Oberhof verweisen, bei denen es viele Jahre blieb.

Erst im Jahr 2003 bin ich mit meinen Töchtern in den Skiurlaub gefahren. Dort hat mich beim Anblick der verschneiten Berge und gut präparierten Pisten das Skifahr-Fieber gepackt. Wir haben uns Skier und die dazugehörigen Schuhe ausgeliehen und uns auf die Piste, zu den Scharen von versierten Könnern, gewagt. Zunächst zweifelte ich daran, dass ich mich in solchen „Riesenschuhen" überhaupt bewegen kann. Während ich auf dem Idiotenhügel stand konnte ich mich überzeugen, dass die anderen Urlauber diese Herausforderung mit Bravour schafften. Manche bewegten sich sogar äußerst elegant darin. Ich stand einfach da und schaute mir an, wie die anderen Ski fuhren, wie sie sich auf die Seite legten und den Hügel hinunter schlängelten. Vier Minuten stand ich so da und die alte „Learning by doing" Methode erfasste mich schneller als vermutet. „Das kannst du auch.", dachte ich. „Musst es halt probieren!" Ganz ehrlich: Anfangs habe ich mich ein paar Mal hingelegt, meistens dann, wenn ich zu viel Fahrt bekam. Am folgenden Tag verabschiedete ich mich aber schon vom Idiotenhügel und wagte mich auf eine richtige Abfahrtspiste. Stolz bin ich von einem 1800er hinunter gewedelt, ganz passabel, wie mir meine Familie bestätigte. Und das 25 Jahre nach meinen ersten zaghaften Versuchen! So stolz ich auch auf meine Leistung war, noch stolzer machte mich die Tatsache, dass ich mir das überhaupt noch zugetraut habe. Für die Ski-Rennfahrer stellte ich sicher keine Konkurrenz dar, aber das war auch nicht gerade meine Absicht. Meine selbst auferlegte Regel besagte, dass ich eine Abfahrtspiste hinunter fahren wollte, aber nicht als Hasardeur sondern immer schön auf der sicheren und somit langsamen Seite mit dem Hauptziel, auf den Beinen zu bleiben. Die Tatsache, dass Knochen bei über 50-Jährigen leichter splittern als bei 20-Jährigen ließ mich vorsichtig sein und darauf achten, mich nicht zu übernehmen. Ich hatte zu dieser wie zu jeder Zeit noch viel vor im Leben und Knochenbrüche konnte ich gar nicht gebrauchen.

Doch zurück zu Bayern. Um ganz ehrlich zu sein, war der wichtigste Beweggrund, dieses Ziel anzusteuern, das Wetter. Die Bayern sind statistisch gesehen mit sechs Sommertagen im Jahr mehr gesegnet, als der Rest der Bundesrepublik. Und warum sollte man diesen Vorteil unbeachtet lassen? Für den Gastwirt bedeuten sechs Sommertage mehr, sechs zusätzliche Ausflugstage, sechs Tage mehr Umsatz, vorausgesetzt der

Sommer ist nicht verregnet. Spaß beiseite. Wir haben uns für Bayern entschieden wegen der angeführten Gründe und weil es für uns alle einfach gepasst hat. Wie unser Leben in Bayern aussehen sollte und wie meine Frau und ich uns beruflich integrieren wollten oder auch können würden, wussten wir noch nicht. Unser Kopf war ohnehin schon voll genug, ihn uns auch noch mit konkreten Zukunftsplänen zu zerbrechen ging einfach nicht. Ich wollte mich überraschen lassen und Nicole sah das genauso. Natürlich konnten wir uns gut vorstellen, wieder in der Gastronomie zu arbeiten, vielleicht ein kleines Hotel zu leiten. Diese Träume waren allerdings recht blauäugig, denn selbst wenn ich in der DDR ein erfolgreicher Gastwirt war, mit freier Marktwirtschaft war ich bis dahin noch nicht konfrontiert worden. Darüber musste ich zunächst jedoch nicht nachdenken, weil wir nicht direkt in die bundesrepublikanische Freiheit sausen konnten, sondern vorerst im Lager Hammelburg Zwischenstation einlegen mussten. Für unsere Kinder war es zu diesem Zeitpunkt einfach so, als würde der Urlaub weiter gehen. Dass sich die Welt veränderte, interessierte Zehn- und Elfjährige damals genauso wenig wie heute.

Wesentlich später sah ich in einer Fernsehaufzeichnung des ORF einen Bericht von Walter Reiss in „Burgenland Heute vom 11.9.1989", über jenen geschichtsträchtigen und unvergesslichen Tag. Neben der Euphorie tausender Menschen kam auch ein kleiner Wermutstropfen zum Vorschein. Im Handgemenge löste sich ein tödlicher Schuss eines ungarischen Soldaten ohne Schießbefehl und traf einen jungen Mann. So hat eben jede Medaille zwei Seiten. Die Menschen im Burgenland, der ersten Station im Westen für die Flüchtlinge schienen mit den Ausreisenden mitzufühlen und stellten handgeschriebene Tafeln auf, mit der Aufschrift: „Sie sind in Österreich. Keine Gefahr mehr! Wir helfen!" Eine Welle der Hilfsbereitschaft empfing die Fremden und gab den Menschen das Gefühl, das Richtige getan zu haben. In den von diversen Organisationen aufgestellten Erste-Hilfe-Zelten erhielten die Neuankömmlinge neben Verpflegung, Kleidung, Schuhen und Gebrauchsgegenständen bei Bedarf auch 700 Schilling für Sprit. Diese Freude der ausgereisten Menschen teilte der ADN, der „Allgemeine Deutsche Nachrichtendienst", also der staatliche Fernsehsender der DDR in keinster Weise. In gewohnt emotionslosem Gehabe wurde von einer

„Völkerrechtsverletzung seitens Ungarn mit Hilfe der BRD" berichtet und weiters erklärt, dass „unter dem Vorwand humanitärer Erwägungen organisierter Menschenhandel betrieben wird". Mit Bedauern wurde festgestellt, „dass sich die ungarischen Behörden verleiten ließen, diese vom Westen lange geplante Aktion zu unterstützen."

Film 01 ist nicht auf meiner Webseite zu sehen, aber auf der Gratis-DVD Nähere Infos unter www.derschnellemeyer.com/filme

Der Erste im Lager Hammelburg war – wie konnte es anders sein – ich, „der schnelle Meyer"! Und auch hier wurden die Flüchtlinge erst ein bis zwei Tage später erwartet. An jenem Tag ging daher in der zum Lager umfunktionierten General-Häusinger-Kaserne alles sehr ruhig vonstatten. Am Kasernentor Wache haltende Soldaten riefen bei unserem Eintreffen ihren Vorgesetzten, der uns freundlich in Empfang nahm. Das uns zugewiesene Vierbettzimmer war schlicht mit Stockbetten ausgestattet und die phantastische Aussicht von den oberen Betten reservierten sich natürlich sofort unsere Töchter. Am nächsten Morgen erfolgte die nächste herzliche Begrüßung, diesmal vom Lagerkommandanten. Anschließend wurden uns in der Schreibstube unsere Lagerausweise ausgehändigt, und auch hier ging die Nummer „Eins" klarer Weise wieder an mich. Meine Frau bekam erneut die Nummer „Zwei". Dieser Tag wurde für mich, sozusagen, zum offiziellen Geburtstag des Namens: „der schnelle Meyer". Zeitungsreporter aus ganz Deutschland gaben sich bei mir die Klinke in die Hand, ein Interview nach dem anderen musste ich geben, dazwischen viele Telefoninterviews. Ich glaube, dass ich an diesem Tag mehr telefoniert habe wie in meinem ganzen Leben und dass meine Brust von Interview zu Interview ein wenig schwoll.

Das Aufnahmelager Hammelburg war für 1.500 Personen ausgerichtet und schon tags darauf kamen die anderen Flüchtlinge aus Ungarn mit Bussen an. In dieser Woche war eine ganze Menge los, irgendwie glich die Kaserne einem Jahrmarkt. Das machte aber keinem von uns etwas aus, denn wir waren eine riesige Menge von Menschen, die allesamt in der Kaserne eine fantastische Unterkunft genossen, fast schon wie in einem riesigen Hotel. Von diesen Auffanglagern gab es mehrere, praktisch jeweils eines für jedes Bundesland. So konnte der Flüchtlingsstrom schon im Vorfeld etwas geordnet werden. Alle DDR-Flüchtlinge, die sich in Bayern niederlassen wollten, wurden vorerst in der General-Häusinger-Kaserne in Hammelburg einquartiert und so warteten nahezu 1.000 Menschen mit uns, um ins Bayernland ausschwärmen zu dürfen. Auch in diesem Lager knüpften wir, wie schon zuvor in Ungarn, viele Freundschaften. Diesmal tauschten wir allerdings gleich zu Anfang unsere Kontaktdaten aus und so sind wir zum Beispiel mit Familie Märtens heute noch in Verbindung. Denise und Myrjam schlossen so manche Freundschaft über die Kirchengemeinde der Stadt, der auch die Töchter der Märtens angehörten, aus denen sich langjährige Briefkontakte entwickelten.

Vom „Mauerkoller" in den „Lagerkoller" zu driften konnte ich nicht gebrauchen, und so nutzte ich die drei Wochen im Lager Hammelburg in erster Linie um mich beruflich zu orientieren. Die Arbeitsangebote an der großen Pinnwand, extra für uns Flüchtlinge, umfassten ein reiches Spektrum. Von handwerklichen Angeboten bis hin zu Vertreterjobs war alles zu finden, weckte jedoch mein Interesse nicht im Geringsten. Neben der Pinnwand nutzten verschiedene Firmen auch die Gelegenheit mittels persönlicher Vertreter um neue Mitarbeiter zu werben. In den meisten Fällen handelte es sich dabei um Versicherungsgesellschaften, die den Arbeitssuchenden mehrfach vorschlugen als Versicherungsberater wieder in die DDR zurückzugehen und Kunden zu werben. Meine unkomplizierte Art auf fremde Menschen zuzugehen hatte sich im Lager wohl herumgesprochen, denn auch mir wurde dieser Vorschlag immer wieder aufs Neue unterbreitet. So verlockend konnte kein Angebot sein, dass ich nicht dankend abgelehnt hätte. DDR, NEIN DANKE! Das war nicht mein Ding. Ich war es gewohnt, mich mein Leben lang selbst um alles zu kümmern, daher wollte ich mir auch selbst meine Arbeit suchen und aussuchen.

Die Lokalzeitung empfand ich als wesentlich hilfreicher bei der Arbeitssuche und so erfuhr ich von einer Gaststätte in Bad Kissingen, für die ein Pächter gesucht wurde. Mit meinem schnellen Toyota war es ein kleiner Ausflug zur ersten Begutachtung. Das Lokal selbst gefiel mir sehr gut. Einladend und ansprechend von außen und zudem in einer Gegend mit reichlich zahlendem Publikum gelegen. Auch die Ausstattung fand ich ganz passabel, aber ich denke, dass zur damaligen Zeit wohl jede

Gaststätte in den alten Bundesländern besser ausgestattet war als manche Luxuskneipe in der DDR. Der große Pferdefuß bei diesem Objekt lag aber in der an das Lokal angrenzenden Wohnung, die eindeutig zu klein für unsere Familie gewesen wäre.

Also fuhr ich schnurstracks zum nächsten Betriebsobjekt nach Haßfurt am Main, dessen Ausschreibung an der Pinnwand in unserem Lager prangte. Der Weg nach Unterfranken gestaltete sich beinahe so spannend wie die Durchfahrt durch die malerische Kreisstadt in Richtung Norden. An den mittelalterlich geprägten Gebäuden des Stadtzentrums war die 750 Jahre alte Geschichte dieses Kleinods zwischen zwei Naturparks an jeder Ecke präsent und beeindruckend. Auch als Nicht-Ortskundiger war es nicht schwer, das „Gasthaus Schneider" im Ortsteil Sylbach zu finden. Eine Steintreppe führte, in der Mitte einer ansprechend gestalteten Mauer zur Straße hin, durch einen gemütlichen Gastgarten zum Eingang des schlichten zweistöckigen Gebäudes. „Kein schlechtes Lokal", dachte ich mir. Was mich jedoch überzeugte, war die Wohnung mit fünf Zimmern, genau über der Kneipe. Das Objekt stand zum Verkauf und ich hatte im Vorfeld schon abgewogen, welche Variante für uns die günstigere sei, Kaufen oder Pachten. Ich wollte schließlich meiner Familie einen ähnlichen Lebensstandard bieten, wie wir ihn schon zu DDR-Zeiten gewohnt waren. Ein Kauf des Objekts wäre für uns mit erheblichen Einschränkungen verbunden gewesen. Der Besitzer der Gaststätte, dem auch die praktisch angrenzende Brauerei gehörte, schien Möglichkeit zwei auch schon ins Auge gefasst zu haben, denn auf meine Frage, ob ich das Lokal auch mieten könnte, meinte er ohne lange zu überlegen: „Ja, können Sie." „Was kannst du denn?", war die knappe Frage auf mein Gesuch, mich in der Brauerei anzustellen. „Ich kann alle LKW ohne Begrenzung fahren.", sagte ich und fügte noch schnell hinzu: „Es gibt nichts, was man nicht lernen könnte." Ich hatte nichts zu verlieren und wusste was ich konnte, und so schlug ich ihm selbstbewusst vor, mir einen Job zu geben, zu schauen wie ich mich anstelle und erst dann über eine Einstellung zu entscheiden.

Ein Bild, das um die Welt ging

Kapitel - 11 -

So bin ich, nach gerade mal drei Wochen im Westen, Kraftfahrer bei der Hiernickel-Brauerei in Haßfurt-Sylbach geworden und Pächter eines alteingesessenen Gasthauses.

Aber schon eine Woche vor der offiziellen Eröffnung am 28. Oktober stand die erste Zeitung vor der Tür:

Das „Haßfurter Tagblatt" berichtete mit der Schlagzeile: „Vom Bulgarien-Urlaub in den Westen – Die Familie Meyer kam aus der DDR nach Sylbach und übernimmt dort eine Gaststätte." Die Einleitung zu diesem Tatsachenbericht, der wie üblich die Geschichte unserer Flucht aus einem eigentlich funktionierenden Leben beleuchtete, war äußerst kreativ: „Meier" heißt eine Kino-Komödie über einen DDR-Tapezierer, mit der die Planwirtschaft auf die Schippe genommen wird. Gerhard Meyer heißt ein Mann, der dieser Planwirtschaft den Rücken gekehrt hat, der mit seiner Frau Nicole und den Töchtern Denise und Myrjam in der denkwürdigen Nacht des 11. September 1989 als Erster den Schlagbaum zwischen Österreich und der Bundesrepublik passierte. Ein Mann, der fest entschlossen ist, sich im Westen eine neue Existenz aufzubauen: als Gastwirt in Sylbach. Auch hier war er wieder der Erste – der erste Übersiedler, der im Landkreis Haßberge eine Gaststättengenehmigung beantragte." Im Zusammenhang, dass unsere Töchter in ihrer neuen Schule, dem Regiomontanus-Gymnasium in Haßfurt, keine Probleme wegen der unterschiedlichen Bildungssysteme hätten, entlockte mir der einfallsreiche Reporter den Satz: „Geschichte haben sie ohnehin von mir gelernt."

Nach der Eröffnung unserer neuen Gaststätte, dem ehemaligen Gasthaus Schneider, kamen so manche Fernsehsender und Zeitungen an um über den schnellen Erfolg des „schnellen Meyer" zu berichten.

Unser erster „bedeutender" Gast im Westen war das Fernsehen, genau gesagt die ARD. Unter dem Titel „Mit 200 Sachen in die Freiheit" berichtete Peter Hartmann in den Tagesthemen von unserer Flucht, unserer neuen Existenz, interviewte zufriedene Gäste, die ihren neuen Wirt als sympathisch und „einen, der sein Handwerk versteht“, bewerteten und zeigte sogar einige Freunde aus dem Auffanglager Hammelburg, die mit Geschenken ankamen und sich mit uns über unseren schnellen Erfolg freuten. Was denn den großen Unterschied ausmache, zwischen meiner neuen Kneipe und meiner zurückgelassenen Kantine in Ost-Berlin, wurde ich gefragt. „Na ja“, antwortete ich, „in Ost-Berlin waren unsere Gäste vorwiegend Politfunktionäre, hier in Haßfurt sind es durchwegs Landwirte.“ Mit dem Kommentar: „Wenn es so weitergeht, erwartet uns in einem Jahr die „Meyer'sche Gaststättenkette“, schloss die Sprecherin unseren ersten offiziellen Auftritt im West-Fernsehen augenzwinkernd.

Ansehen auf: www.derschnellemeyer.com/film02

„Schneller Meyer“ am Bierhahn – der erste DDR-Flüchtling vom großen Ungarn-Treck hat schon eine Existenz“ schrieb die „Saale Zeitung“ und machte skurriler Weise mittels Tatsachenbericht Werbung für unser Lokal. Auch den für mich unverständlichen „Versorgungsengpass“ in unserer neuen Heimat fügte der Reporter ein: Eine große, meterlange deutsche Fahne für den Gastraum. „Im Osten gibt es Fahnen überall.“, musste ich noch aufklären.

Zu dieser Geschichte mit der Fahne bekam ich tatsächlich kurz darauf eine Postkarte zugeschickt, auf der der Absender die tolle Bewältigung unseres Schicksals bewundert und Adressen von großen Fahnen-Fabriken auflistet, die mein Problem vielleicht lösen könnten.

Im „Anzeigenblatt für den Kreis Haßberge“ war zu lesen: „Auf Anhieb „Medien-Star“ – „Der schnelle Meyer“ jetzt Gastronom in Sylbach – Keine Umstellungsprobleme.“ Dass auch das „Anzeigenblatt“ unsere ganze Geschichte inklusive Flucht und Toyota berichtete, kam nicht wirklich überraschend, aber das Blatt wusste sogar, dass sich in den letzten Wochen vier Rundfunksender, das ARD-Fernsehen und Zeitungen von der „Süddeutschen“ bis zu Lokalblättern regelrecht um die „Meyers“ gestritten hatten. „So ein bisschen Show gehört dazu wie Essen und

Trinken.“, erklärte ich unsere gelassene Haltung zu dem unumgänglichen Umstand. „Die Gastwirtschaft wird nach und nach gemütlich eingerichtet, im Frühjahr schon will er einen Biergarten mit Holz und Blumen bauen und Nicole Meyer setzt auf viele Wanderer, für die sie einen Mittagstisch anbieten will.“, schrieb der Reporter und zitierte neben mir mit: „Marx ist doch Murks von A bis Z. Von wegen Sozialismus. Die soziale Absicherung ist in der Bundesrepublik doch viel besser als in der DDR.“, auch Nicole, ganz gerührt: „Ein Wanderer hat seinen Hund mit Blumen am Halsband vorgeschickt.“

Wie schon vor zwei Monaten stellte sich die „Rheinische Post“ erneut ein. „Mit Vollgas in ein neues Leben.“, lautete die Schlagzeile diesmal, unverkennbar ähnlich wie bei der ersten Berichterstattung. Die Latte der Reporter lag ziemlich hoch, denn in jeder Zeitung die gleiche Geschichte wiederkäuen erfordert rhetorische Höchstleistungen und so waren in diesem Artikel neben dem Bericht über unsere Gastwirtschaft mehrere meiner gern angewandten Sprüche zu finden. „Mensch Meyer, so ein provinzieller Start in die Pfründe des Kapitalismus?“, vernahm ich mit einem leicht sarkastischen Unterton, hielt aber locker dagegen: „Ich fall lieber klein auf die Schnauze, als groß auf die Fresse.“ Auch meine Wende-Philosophie brachte ich an den Mann: „Wer effektiv leben will, muss effektiv arbeiten. Wenn ich auf Sozialhilfe warte, dann kann ich auch im Osten bleiben.“

„Der schnelle Meyer“ ist Wirt im „Haus der Deutschen Einheit“ schrieb die „Kitzinger Zeitung“ über ein Bild von mir mit Nicole unter dem Einheitsbaum mit den Worten „Deutschland unser Vaterland“.

„Schneller Meyer“: Jetzt Wirt in „Deutscher Einheit“ – Der erste DDR-Übersiedler hat bereits ein Gasthaus gepachtet.“, wussten die „Nürnberger Nachrichten“ und druckten die „Story des Jahres“ neben Bildern von Nicole und mir inmitten unzähligen Zeitungsausschnitten über unsere schnelle Flucht, neben unserem weißen Toyota, der nun, mit neuem West-Kennzeichen, neben dem Treppenaufgang zum „Haus der Deutschen Einheit“ parkte und einer Ablichtung unserer neuen und alten Pässe.

Auch die „Mainfranken-Umschau“ hatte eine Seite für mich unter der Schlagzeile: „Der schnelle Meyer“ steht mit beiden Beinen im Arbeitsleben – Vom Medienstar zum Kneipenwirt in der fränkischen Provinz.“ Von Arbeit brauchte mir bekanntlich noch niemand etwas erzählen und vom Westen auch nicht. „Ich weiß ganz genau“, wurde ich zitiert, „dass hier nicht das gelobte Land ist, sondern das Leistungsland. Bei manchen jungen Landsleuten habe ich so meine Bedenken, denn die kennen ja kaum was anderes als „Gammelarbeit“. Nicht, weil sie grundsätzlich faul sind, sondern weil sie meist von Früh bis Mittag Brotzeit machen mussten. Wenn kein Material da ist, kann man auch nichts arbeiten.“ In weiser Vorhersage gab ich in diesem Artikel auch preis, dass ich „vielleicht mal ein Buch über die Erlebnisse vor und nach dem elften September, dem Tag der Fahrt in den Westen“ schreiben werde. Vielleicht auch auf Band sprechen und schreiben lassen…

Nicole und ich in unserem „Haus der Deutschen Einheit“ in Haßfurt

Die Bewirtschaftung der Gaststätte erfolgte in Teamarbeit. Während ich morgens als Bierführer für die Brauerei arbeitete, sicherte Nicole den Frühdienst ab und abends stand ich hinter dem Tresen. Situationsbedingt anfallende 16-Stunden Arbeitstage hatte ich einkalkuliert, denn neben der Arbeit in der Kneipe hatte sich meine Frau auch noch um unsere beiden Töchter und um den Haushalt zu kümmern.

Die ersten drei Monate waren eine harte und arbeitsreiche Zeit, aber danach begannen wir, uns in Haßfurt heimisch zu fühlen. Um richtig Fuß zu fassen, mussten wir allerdings mehr tun, als nur das Gaststättengeschäft zu beherrschen. Das „Gasthaus Schneider" war eine Dorfkneipe, wie man sie überall findet und ernährte uns, ohne uns große Sprünge zu gestatten. Zum Sparen gab die Gaststätte kaum eine Mark her und so war der Zweitverdienst als Bierkutscher einfach notwendig. Als notwendig stellte sich aber auch heraus, Land und Leute zu kennen, wenn man sie bedienen und noch dazu bekochen wollte. Ich hatte von der fränkischen Mentalität und Küche null Ahnung. Eines war jedoch sicher: Wenn ich mich mit der Gaststätte in der Gegend etablieren wollte, kam ich nicht umhin, mich und vor allem unsere Küche den regionalen kulinarischen Besonderheiten anzupassen.

Nach dieser, alles andere als leichten, dreimonatigen Einarbeitungszeit in unserem neuen Dorfgasthaus in Haßfurt setzte ich mich eines Abends, oder vielmehr nachts, als die Gäste gegangen waren, mit Nicole zusammen. Die Überraschung, dass ich mich in einem großen Supermarkt in Schweinfurt um die Stelle als Fleischer bewerben wolle, war gelungen. Der völlig perplexe Blick meiner Frau wandelte sich in zustimmendes Nicken, als ich ihr erklärte, dass ich an keiner besseren Stelle die lokalen Bräuche und Gewohnheiten kennenlernen könne. Beim Vorstellungsgespräch im Supermarkt (für mich war es damals noch eine „Kaufhalle") erklärte ich dem Personalchef, dass ich nur begrenzt für drei Monate eingestellt werden wolle und erzählte ihm gleich ganz offen von unserer Gaststätte. „Ich brauche diese Schule hier, um die regionale Küche und die Gepflogenheiten kennen zu lernen. Das gelingt hinter einer zwölf Meter langen Fleischtheke und im direkten Gespräch mit den Kunden am besten." Dem Personalchef hatte meine Idee der Integration offensichtlich gefallen und so wurde ich Fleischer im Supermarkt und bekam genau die Schule, die ich mir vorgestellt hatte, also eine Art

Lehre im Schnelldurchlauf. Ich brauche wohl niemandem zu erklären, dass das ein harter Job war, aber er hat sich bezahlt gemacht. Es dauerte nicht lange und ich konnte mitreden, wenn es um die fränkische Küche ging. Mit einem „Schlenkere“ und einem „Schäufele“ konnte ich bald genauso viel anfangen wie mit „Weißgepresstem“ und „Rotgepresstem“. Das Wichtigste war aber, dass ich mich mit den Franken unterhalten konnte, weil ich ihren Slang verstand. Es gehört zu meinen Lebensmaximen, sich Land und Leuten anzupassen ohne die Identität zu verlieren. Der angenehme Nebeneffekt dieser Grundeinstellung ist der, dass meine Familie und ich nie lange brauchten um den Beigeschmack des „Exoten“, was man ja auch war, wenn man aus dem Osten kam, gegen eine echte Anerkennung einzutauschen.

Allerdings habe ich früh gemerkt, wie sich die Euphorie über die Zusammenführung von Ost und West in eine skeptische Zurückhaltung des Westens wandelte. Schon als Brauereifahrer bin ich mit vielen Altbundesbürgern ins Gespräch gekommen. Anfangs wollten alle noch sehr viel über uns wissen. Später hörte ich aus den Gesprächen die Angst heraus, dass nun noch mehr Leute aus der ehemaligen DDR „rüber“ kommen und damit die heile Welt möglicherweise ein bisschen durcheinander bringen würden. Auch die liebsten Verwandten sieht man irgendwann lieber wieder abreisen. Damit möchte ich nicht sagen, dass drei Monate nach der Grenzöffnung die Freude über die Vereinigung schon wieder versiegt war. Nein, das nicht, aber die Willkommensrufe wurden zunehmend leiser und mit einer Prise Skepsis gewürzt.

Trotzdem, oder gerade deswegen benannten wir das „Gasthaus Schneider“ in das „Haus der Deutschen Einheit“ um.

Um das Ganze noch optisch zu untermauern, habe ich an die ehemals weiße Wand im Vereinszimmer einen metergroßen Baum malen lassen, den „Baum der deutschen Einheit“, dessen grüne Blätter auf einer Landkarte von Bonn bis Berlin reichten und der in meiner neuen fränkischen Heimat wurzelte. Links und rechts des Baumes stand in großen schwarzen Lettern: „Deutschland unser Vaterland“. An der hinteren Wand unserer Gaststube hatte ich zwei Flaggen gehisst. Die eine war die bundesdeutsche: Schwarz, Rot, Gold. Die andere war „meine“ bundesdeutsche Flagge: Aus einer DDR-Flagge hatte ich das Emblem herausgeschnitten. In das so entstandene Loch haben wir wiederum mit einem dicken roten

Wollfaden einen schwarz-rot-goldenen Flicken hinein genäht und anschließend beide Fahnen, die ursprüngliche und meine Version, mit einem Reißverschluss verbunden. Damit wollten wir demonstrieren, dass der eine Teil Deutschlands, also die ehemalige DDR, nun wieder geheilt ist. Außerdem ist nun zusammengeführt, was schon immer zusammen gehört hat. Über diesem neuen Symbol stand die Jahreszahl 2000 und darunter 1989. Den Stammgästen hat diese neue Fahne gefallen und zu einem interessanten Spiel inspiriert: Insbesondere, wenn einige von ihnen ein bisschen über den Durst getrunken hatten, spielten sie „Deutsche Einheit", zogen den Reißverschluss nach Belieben hoch und wieder herunter. Zum Glück kann man eine problematische Verbindung nicht mit einem Reißverschluss auf- und zuziehen, auch wenn sich das heutzutage mancher Zeitgenosse wünscht.

Mit vielen unserer damaligen Nachbarn in Haßfurt stehen wir auch heute noch in Verbindung. Zum Beispiel mit Familie Günder, aber auch Familie Wagner, die uns in unserer neuen Heimat schon besucht hat, sprechen wir gerne über die Zeit, als wir in Haßfurt ankamen und lebten. Zur besseren Integration pflegte ich das Vereinsleben beim Fußball und bei der Feuerwehr und baute mir mit Nicole und unseren Kindern, die das Gymnasium besuchten, in dieser heimeligen Stadt allmählich einen großen Freundeskreis auf. Nach einem Jahr erfolgreicher Bewirtschaftung unserer Gaststätte „Haus der Deutschen Einheit" zogen wir Bilanz und befanden wieder einmal einstimmig, dass unser Glück vollkommen sei.

Meine Mutter, die seit 1984 in Halle an der Saale lebte, sah in der Wende neben der endlich erlangten Freiheit hinzugehen, wo man wollte, noch einen weiteren Vorteil. Mit meiner Hilfe begab sie sich auf die Suche nach Andreas Gudat, ihrer großen Liebe und dem Vater ihrer beiden älteren Söhne, Lothar und mir. Was genau mit ihm geschah, haben wir nie herausgefunden. Allerdings bekamen wir ziemlich sichere Informationen, die belegen, dass er in einem Gulag in Novosibirsk in einem Steinkohle-Bergwerk schuften musste und dort auch mit zahlreichen weiteren Leidensgenossen umkam.

Die ganze Wahrheit über das Schicksal meines Vaters werde ich wohl nie erfahren, aber ich habe bis heute nicht aufgehört, nach ihm zu suchen.

Die „Wende“ war mittlerweile ein Jahr alt geworden und das war Anlass genug um ausgiebig zu feiern und natürlich über den zu berichten, der die BRD als erster DDR-Flüchtling erreicht hatte.

Am 11.4.1990 schrieb die „BUNTE“ in maßloßer Übertreibung: „Der Wirt – Teuer ist gut“ und erzählte, dass ich schon in der DDR Wirt war und nun in Sylbach ein gutgehendes Gasthaus, das „Gasthaus zur deutschen Einheit“, betreibe. „Bis zu 10.000 Mark Umsatz am Wochenende. Das Lokal brummt und der Wohlstand brummt auch: Vier-Zimmer-Wohnung, weißes Ledersofa, Farbfernseher, Videorecorder, dicke Teppiche. Alles neu, alles teuer.“

Am 9. Oktober 1990 prostete die „Bild“ mit uns auf ein Jahr Freiheit. „Prost bei den Meyers – Auf ein Jahr Freiheit“. Eine andere Schlagzeile war: „Mit Vollgas in die Freiheit – jetzt ist der Trabi Schrott“. „Das erste Flüchtlingsauto auf bayerischem Boden war kein Wartburg, sondern ein weißer Toyota Corolla GT mit Ost-Berliner Kennzeichen. Um 3:06 Uhr kam er am Autobahn-Grenzübergang Passau aus dem Nebel“, ging die Geschichte weiter.

Die indirekte Hilfe der „Bild“, eine Gaststätte in Berlin zu finden, war etwas zu früh, wäre aber ein halbes Jahr später hilfreich gewesen: „Der erste Flüchtling sucht eine Kneipe in Berlin“, titelte die „Bild“ im Herbst 1990, und das nur, weil ich beim Anblick des Wachturms zwischen Reichstag und Charité ein wenig ins Schwärmen geraten bin: „Daraus könnte man eine gemütliche Kneipe machen.“

Der 3. Oktober 1990 sollte ein Freudentag für Ost und West sein, in Gedenken an den Zusammenschluss vor einem Jahr. In unserem Glücksrausch, bedingt durch diesen schönen Umstand und unser privates Los, beschlossen meine Frau und ich spontan an diesen Feierlichkeiten teilzunehmen. Zusammen mit ein paar Kumpels aus der neuen Heimat und zwei Fünfliter-Flaschen höllisch gutem Selbstgebrannten, ganz legal von Leuten, die eine Konzession dafür besaßen, machten wir uns auf den Weg zur Einheitsfeier nach Berlin um „die Sau raus zu lassen.“ Brigitte und Walter, meine Schwiegereltern und unsere Töchter waren natürlich mit von der Partie und Myrjam hatte auch noch ihre Freundin Silvia aus Neuenhagen eingeladen, mit der sie noch heute eine genauso intensive Freundschaft pflegt, wie Nicole und ich mit deren Eltern. Berlin war ein einziger Festplatz, den der Bundespräsident mit einer festlichen Rede krönte: „Für unsere Aufgaben sind wir uns der Verantwortung vor Gott und den Menschen bewusst." Die feierlichen Worte Richard von Weizsäckers hingen noch in der Luft, während hunderttausende Menschen die Straße „Unter den Linden" entlangliefen. Man muss sich das einmal vorstellen: Menschen über Menschen, Schulter an Schulter. Wir ließen uns einfach mitreißen, eigentlich ging es gar nicht anders. Ob wir wollten oder nicht, wir wurden praktisch mit der Menschenmenge mit geschoben, getragen von diesem überwältigenden Gefühl von Glück und Freiheit. Jedem, der unseren Weg kreuzte, gab ich einen Schnaps aus oder drückte ihm einen Bembel, von denen ich für alle Fälle auch ein paar Dutzend eingesteckt hatte, in die Hand und stieß mit ihm auf den Freudentag an. Meine Frau und ein Kollege hatten den undankbaren Job, die zweite Flasche tragen zu müssen. In der Menge konnte ich Nicole gar nicht sehen, vernahm dafür aber ihr Gemotze umso deutlicher: „Hör endlich mit deiner Sauferei auf! Hier ist die nächste Pulle." Lachend nahm ich sie ihr ab um meine selbst auferlegte Aufgabe auch weiterhin gut zu erfüllen und lief mit der Masse weiter.

Auf einmal hörte ich Schreie und Kreischen und im selben Moment brach eine Riesen-Panik aus. Wie in einem dieser völlig unrealistischen Actionfilme sah ich meine Frau zwanzig Meter durch die Luft fliegen. Bevor ich ansatzweise verstand, was passiert war, musste ich auch zusehen wie meine Schwiegermutter aus der Menge geschleudert wurde. Urplötzlich war ich nüchtern und rannte mit der aufgebrachten Menschenmenge mit, die versuchte, sich einem betrunkenen Autofahrer in den Weg zu stellen, der das Unglück verursacht hatte. Meine Gefühle waren weder einzuordnen noch kontrollierbar und verleiteten mich, noch immer ohne Ahnung was genau passiert war, zu dem Gedanken, den Kerl umbringen zu wollen. Zur Ausführung dieser Idee kam es jedoch nicht, denn mitten im Gedanken, oder vielmehr gerade, als ich das Unglücksfahrzeug ein paar Meter tobend verfolgt hatte, spürte ich plötzlich einen harten Schlag gegen meinen Unterkörper, wurde auf die andere Straßenseite geschleudert, blieb auf dem kalten Asphalt liegen und verlor nach wenigen Sekunden das Bewusstsein. Ich lag „Unter den Linden", Ecke

Friedrichstraße und hörte, irgendwo in der Ferne, jemanden rufen: „Da vorne liegt auch noch einer, den musst du auch noch holen!" Dass er mich meinte, ahnte ich. Auch als mich ein paar kräftige Hände auf eine Trage hievten und die rot-weiße Montur der Sanitäter vor meinen halb geschlossenen Augen auftauchte und verschwand war ich noch nicht ganz sicher, ob ich träumte oder bei Bewusstsein war.

Die Kuriosität, dass meine Frau im selben Krankenwagen wie ich gelandet war, konnte ich in diesem Moment noch nicht erfassen. Erst als alles zur Ruhe kam und ich meine Umgebung wieder bewusst wahrnahm, sah ich aus der Liege über mir einen Arm herunterhängen. „Den Arm kennst du doch!", dachte ich, immer noch leicht benommen und gab mir Mühe, mich so zu räkeln, dass ich das Objekt über mir genauer begutachten konnte. Um ganz sicher zu gehen, nahm ich den herunterhängenden Arm und bewegte ihn so, dass ich Sicherheit über meine Vermutung erlangte. Was ich auch anstellte, sie rührte sich nicht. In diesem Moment kamen mir die schlimmsten Gedanken, die einem Menschen jemals durch den Kopf gehen können: „Sie ist tot!", sagte ich mir. „Tot!" Immerhin hatte ich sie durch die Luft fliegen und mit voller Wucht auf die Straße prallen gesehen. Anstatt in Panik zu verfallen, blieb ich jedoch Dank einem gehörigen Schockzustand, in dem ich mich wohl befand, völlig ruhig. Meine Kinder und meine Schwiegereltern zogen durch meine Gedanken und es machte mich traurig, dass sie verschwunden waren und mir niemand sagen konnte, wo sie geblieben waren. Ein leichtes Ruckeln deutete mir an, dass sich der Krankenwagen in Bewegung setzte. Das leise Zischen, das ich vernahm, konnte aber mit Sicherheit nicht vom Krankenwagen oder gar der Schlange, nach der es sich anhörte, kommen. Mit einem Schlag war ich mit den Gedanken wieder bei meiner Frau. Lebte sie noch? Sie musste einfach leben!

Die Fahrt endete im ehemaligen Militär- und Polizeikrankenhaus der DDR, in der Scharnhorststraße. Dort schoben weiß bekittelte Pfleger die regungslose Nicole auf einer Liege davon. Mich setzten die Sanitäter in einen Rollstuhl und brachten mich zu einer Ärztin, die mich abtastete und feststellte, dass ich keine Knochenbrüche erlitten hatte. Auch eine Gehirnerschütterung, Brechreiz oder andere klassischen Symptome eines Unfalls konnte sie nicht diagnostizieren. Nur ein paar Schürfwunden an Kopf und Händen, die schon mit Pflaster und Binden an Ort und

Stelle versorgt wurden, deuteten auf das Unglück hin. Nach den zahlreichen Bruderschafts-Schnäpsen „Unter den Linden“ hätte ich eigentlich sturzbetrunken sein müssen, aber der Schock hatte mich auf der Stelle ernüchtert. Vorsichtshalber bekam ich doch eine Beruhigungsspritze und wurde angewiesen, mich ins Bett zu legen. Nun erfuhr ich endlich den ganzen Unfallhergang: Ein Betrunkener fuhr aus einer Seitenstraße heraus, wollte sich mehr oder weniger heraus schleichen. Dass plötzlich hundert Menschen auf sein Auto eintrommeln, damit hatte er allerdings nicht gerechnet. Im Schock trat er dann aufs Gaspedal und raste in die Menschenmenge mit dem traurigen Ergebnis von vierzehn Verletzten.

Die Panik, die ich, wie wahrscheinlich auch die Menschen, die mich nach dem Unfall betreuten, vermisst hatte, ergriff mich dafür umso stärker, als die Beruhigungsspritze etwas nachgelassen hatte. Wo waren meine Kinder? Wo Silvia, die Freundin meiner Tochter Myrjam? Wo meine Schwiegereltern? Ich musste raus aus dem Krankenhaus und sie suchen. Also rief ich eine Krankenschwester und sagte ihr, dass ich auf eigenen Wunsch die Klinik verlassen wolle. „Ich muss mich um meine Kinder kümmern.“, erklärte ich mit unumstößlicher Gewissheit. Die Krankenschwester sah dies naturgemäß anders, aber ich ließ nicht locker und versuchte sie zu überzeugen: “Sie können mich ruhig raus lassen. Ich bin topfit und voll im Besitz meiner geistigen Kräfte und Feinmotorik.“ Die Schwester war von meiner Idee nicht mehr ganz abgeneigt und versprach, mit einem Arzt darüber zu sprechen.

Derweil zog ich mich an und ging raus auf den Flur. Mit Entsetzen musste ich feststellen, dass die Frau auf der Liege, die da unbeaufsichtigt rumstand, Nicole war. Ich ging näher an sie heran und flüsterte ihren Namen, aber sie antwortete nicht. „Machen Sie sich keine Sorgen. Ihre Frau hat es zwar schlimm erwischt, aber sie wird es schaffen.“, sagte die ältere, und somit hoffentlich erfahrene Krankenschwester, die an die Liege getreten war und meine Frau zudeckte. „Wir haben sie sediert und geröntgt. Der rechte Oberarm und das Becken sind zertrümmert, an sechs Wirbeln der Wirbelsäule sind die Wurmfortsätze weggerissen, aber die Wirbelsäule ist zum Glück nicht gebrochen. „Wahnsinn!“, dachte ich. „Da muss sie wohl zehn Schutzengel gehabt haben!“ Die Schwester war inzwischen wieder verschwunden. „Aber“, stammelte ich fassungslos, um dann dem vorbei eilenden Personal hinterher zu brüllen: „Warum kümmert sich denn keiner um meine Frau?“ Keiner beachtete mich.

So verließ ich das Krankenhaus. Später erzählte mir Nicole, dass sie mich im Unterbewusstsein auf dem Flur herumbrüllen gehört hatte.

Gegen vier Uhr morgens, als die einsetzende Dämmerung den neuen Tag ankündigte, verließ ich das Spital. Als Erstes lief ich auf die Straße „Unter den Linden" zurück um meine Kinder und meine Schwiegereltern zu suchen. Die Straße war noch immer von tausenden Menschen bevölkert, denn das Fest war nach dem schlimmen Unfall nicht abgebrochen worden. Ich hatte keine Ahnung, wie ich sie in diesem Gewühl finden sollte. Das einzige, das mir helfen konnte, war Zufall, gepaart mit einer Riesenportion Glück. Und Gott schien meine Bitte erhört zu haben. In der Nähe des Hotels „Unter den Linden" entdeckte ich ein Fernsehteam aus München, war aber nicht sicher, ob ich um Hilfe bitten sollte. Die Verzweiflung musste mir auf die Stirn geschrieben stehen, denn eine Korrespondentin des Fernsehteams wurde auf mich aufmerksam und sprach mich an: „Suchen Sie jemanden?" „Ja, ich suche meine Familie. Meine Kinder, meinen Schwiegervater und meine Schwiegermutter.", entgegnete ich. „Sind Sie etwa der, der...?" „Ja", sagte ich, „ich bin einer von denen, die überfahren worden sind. Gerhard Meyer." „Was für ein Zufall!", sagte die Reporterin sichtlich erfreut. „Ihre Familie ist in meinem Zimmer. Ich habe ihnen mein Zimmer zur Verfügung gestellt." So viel Glück bei allem Unglück konnte ich gar nicht fassen. An der Seite der jungen Frau ging ich zu besagtem Zimmer und fand dort auch tatsächlich den Rest meiner Familie. Wenigstens den Großteil. Walter, mein Schwiegervater, saß da und auch die Kinder. Ihnen war glücklicher Weise nichts passiert und auch Silvia war von dem Unfall verschont geblieben. Nur Brigitte, meine Schwiegermutter war nicht da, von ihr fehlte jede Spur. Schwiegervater hatte nur einen ihrer Schuhe gefunden. Ich erinnerte mich daran, wie ich vor meinem Unfall gesehen hatte, wie auch sie beiseite geschleudert worden war. Offenbar lag auch sie in einem Krankenhaus, nur in welchem war zu diesem Zeitpunkt nicht ausfindig zu machen. Es gab auch niemanden, den wir hätten fragen können und so blieb uns nichts übrig, als den nächsten Tag abzuwarten. Müdigkeit plagte mich und ein paar Stunden Schlaf hätten mir gut getan, aber die schrecklichen Bilder umherfliegender Menschen ließen mich nicht los und bescherten mir unruhige Stunden. Wenn ich kurz eingedöst war, schreckte ich plötzlich hoch, immer in der Angst, die grausame Realität noch einmal zu erleben.

Als der nächste Tag schon wieder in vollem Gang war, holten wir unser Auto und fuhren die Krankenhäuser ab. Im Krankenhaus „Friedrichshain“ fanden wir dann endlich Brigitte, meine Schwiegermutter. Sie hatte bei dem Aufprall einen Bruch des Schambeins erlitten und musste noch für vierzehn Tage im Spital bleiben. Nach ihrer Entlassung fuhr sie sofort nach Muldenstein zurück, wo ihr Mann schon sehnsüchtig auf sie wartete.

Auch wenn der Anlass diesmal trauriger Natur war, aber der Unfall bescherte uns erwartungsgemäß wieder Einiges an Publicity.

„Das traurige Schicksal der Flüchtlingsfamilie Meyer…“ schrieb die „Bild“ über ein Foto meiner schicksalsgebeutelten Frau im Krankenhaus und ließ den ganzen deutschsprachigen Raum an unserer bitteren Episode teilhaben.

Ich blieb nach dem Unfall noch eine Woche mit den Kindern in Berlin und besuchte meine Frau jeden Tag im Polizeikrankenhaus. Sie lag in einem Streckverband und hing mit dem Becken in einer Art Hängematte, um die Knochen zu schonen. Mir erschienen diese Maßnahmen unprofessionell. Die Hängematte war nicht richtig justiert und deutete auf ein Provisorium hin. Hinzu kam noch, dass sie neben diesem erbärmlichen Anblick, den sie bot, auch nicht normal sprechen konnte. Offensichtlich hatten die Ärzte Nicole eine hohe Dosis Schmerzmittel verabreicht. Ich verstand kaum etwas von dem, was sie vor sich hin brabbelte und phantasierte. Nur manchmal hörte ich heraus, dass sie sterben wolle. Dann streichelte ich über ihren Verband und sagte: „Beruhige dich! Es wird schon wieder!“ Diese Phase dauerte etwa zwei Tage, dann kam sie wieder zu sich und wir konnten uns einigermaßen unterhalten. Die Sorgen um ihre vollständige Genesung blieben dennoch.

Einerseits war ich froh, bei meiner Frau ansatzweise gesundheitliche Fortschritte zu sehen, andererseits war ich nicht sicher, ob in dieser Klinik alle therapeutischen Möglichkeiten ausgeschöpft wurden, um meiner schwer verletzten Gattin Heilung und Linderung zu bringen. Tägliche Physiotherapie war in meinen Augen zwar gut und wichtig, reichte aber nicht aus. Ich erinnere mich noch genau an einen Besuchstag, an dem mir ihre eigenartige Fußstellung auffiel. „Du, wenn ich dich mit deinen

Beinen so anschaue", sagte ich, „dann kann da was nicht stimmen. Normalerweise sind die Zehenspitzen doch nach vorne gerichtet. Bei dir zeigen sie kurioser Weise nach rechts und links vom Körper weg." Diese Beobachtung versetzte mich dermaßen in Alarmstimmung, dass ich mir gleich die nächstbeste Krankenschwester herholte und ihr meine Bedenken mitteilte. „Das wird sich schon alles geben.", versuchte sie mich zu beruhigen und fügte zur Erklärung noch etwas lakonisch an: „Ihre Frau muss jetzt regelmäßig zur Physiotherapie und dann wird sich die Fußstellung wieder normalisieren." Diese lapidar hingeworfene Antwort beruhigte mich allerdings nicht im Geringsten, denn mit weniger als einem Versprechen, dass meine Frau wieder richtig laufen können werde, gab ich mich nicht zufrieden. Ich wusste, dass ich in ihrem Sinne sprach und handelte, wenn ich behauptete, dass das für sie das Wichtigste war. Der Gedanke, dass sie zukünftig wie eine Watschelente durch die Gegend humpeln oder gar im Rollstuhl enden würde, machte mich, in Anbetracht ihrer hilflosen Situation für uns beide wütend. Meiner Meinung nach musste für meine bessere Hälfte mehr getan werden, als sie gegen die Schmerzen zu dopen und sie einmal täglich zur Physiotherapie zu fahren. Intuitiv fühlte ich, dass ich mich für Nicole um eine bessere Behandlung und Therapie bei Experten kümmern sollte.

Heute, im Nachhinein, weiß ich, dass das, was sich sogar mir als Laien als offensichtliches Behandlungschaos darbot, ein trauriges Erbe des allgemeinen politischen Umbruchs war. In den Krankenhäusern machte sich wegen der neuen Sozialgesetze und Organisationsstrukturen Unsicherheit unter den Ärzten und dem medizinischen Personal breit. Das Erbe der DDR-Sozialpolitik, der medizinische Überhang, musste abgebaut werden, denn so wie bisher war das Sozialwesen nicht bezahlbar. Jeder, der sich nicht auf irgendeine Weise fachlich von seinen Kollegen abhob oder eine Menge Patienten zu betreuen hatte, musste um seinen Arbeitsplatz fürchten. Dieser Umstand erklärt für mich am deutlichsten, dass sich deshalb vielleicht Ärzte um meine Frau gekümmert haben, die nicht unbedingt chirurgische Experten oder auf die Behandlung von Unfallopfern spezialisiert waren. Wie gesagt, so denke ich heute darüber.

Zur damaligen Zeit war mir natürlich das Wohl meiner Frau wichtiger als alles andere und in logischer Konsequenz begab ich mich auf eigene Faust auf die Suche nach einem geeigneten Krankenhaus im Westen Berlins. Nicht weit hinter der Mauer fand ich das Virchow Klinikum.

Zielstrebig fragte ich mich durch bis ich einen Chirurgen und einen Orthopäden gefunden hatte. Nachdem ich unsere Geschichte erzählt hatte, beschrieb ich den beiden Spezialisten den Zustand meiner Frau. Von den nach rechts und links abstehenden Füßen habe ich genauso erzählt wie von der Hängematte, in der die Ärmste lag. „Die Frau muss sofort überführt werden!“, war der knappe aber aussagekräftige Kommentar des Orthopäden. Erleichtert und in meiner Annahme bestätigt, klärte ich mit ihm die ersten wichtigen bürokratischen Formalitäten und fuhr dann sofort zurück in die Scharnhorststraße. Die diensthabende Schwester war zwar bald auf der Station gefunden, in meiner euphorischen Ungeduld kam es mir jedoch vor wie eine Ewigkeit. „Machen Sie die Papiere fertig. Ich will, dass meine Frau noch heute in das Virchow Klinikum überstellt wird. Das funktioniert hier nicht. Schauen Sie sich meine Frau doch an! Was ich hier sehe, trägt niemals zur Heilung bei.“, kam ich ohne Umschweife zur Sache. „Aber da wird der Oberarzt nicht zustimmen!“, wehrte die Stationsschwester pflichtbewusst ab und setzte zur besseren Verständlichkeit noch drauf: „Ihre Frau ist nicht transportfähig!“ Langsam wurde ich wütend. „Passen Sie auf“, sagte ich etwas lauter als zuvor, „das nehme ich auf meine Kappe.“ „Die Frau muss sofort überführt werden!“, lag mir noch eindrucksvoll im Ohr und die Worte des Professors des offensichtlich weitaus kompetenteren Virchow Klinikums verliehen mir die Sicherheit, mich auch mit dem erscheinenden Oberarzt und dessen Assistenzarzt anzulegen. Der Orthopäde hatte schließlich gesagt, dass meine Frau sehr wohl transportfähig und in zehn Minuten im anderen Krankenhaus wäre.

Offensichtlich hatte mein Auftritt die Mediziner beeindruckt oder wenigstens klar gemacht, dass mit mir nicht zu diskutieren war. Plötzlich war eine Verlegung möglich. Der Oberarzt ließ sich von mir quittieren, dass der Transport auf meine Verantwortung hin veranlasst worden ist, was ich natürlich gern und freiwillig unterschrieben habe. Dann ging es sehr schnell, wenigstens aus dem Krankenhaus hinaus. Der Fahrer des Krankenwagens kannte sich offensichtlich jenseits der ehemaligen Mauer nicht aus und kutschte durch ganz Westberlin, bis wir nach anderthalb Stunden endlich im richtigen Klinikum angekommen waren. Zu Fuß wäre diese Strecke in fünfzehn Minuten zu bewältigen.

Unmittelbar nach der Aufnahme wurde die neue Patientin untersucht und in die Röntgenabteilung gebracht. Schon am folgenden Tag sollte sie operiert werden. Alles verlief endlich so, wie ich es mir wünschte. Nun mussten die Brüche nur noch zusammenwachsen und Nicole ganz gesund werden. Nach der Operation sah meine Frau gewöhnungsbedürftig, um nicht zu sagen noch schlimmer aus als zuvor, denn aus ihrem Bauch und ihrem Becken ragten 24 Stäbe. Dem Anblick entsprechend habe ich sie nach der OP scherzhaft begrüßt: „Dein Körper sieht aus wie ein Baugerüst!" Die Chirurgen hatten aber gute Arbeit geleistet und ihre mehrfach gebrochenen Knochen mit Schrauben wieder zusammengesetzt.

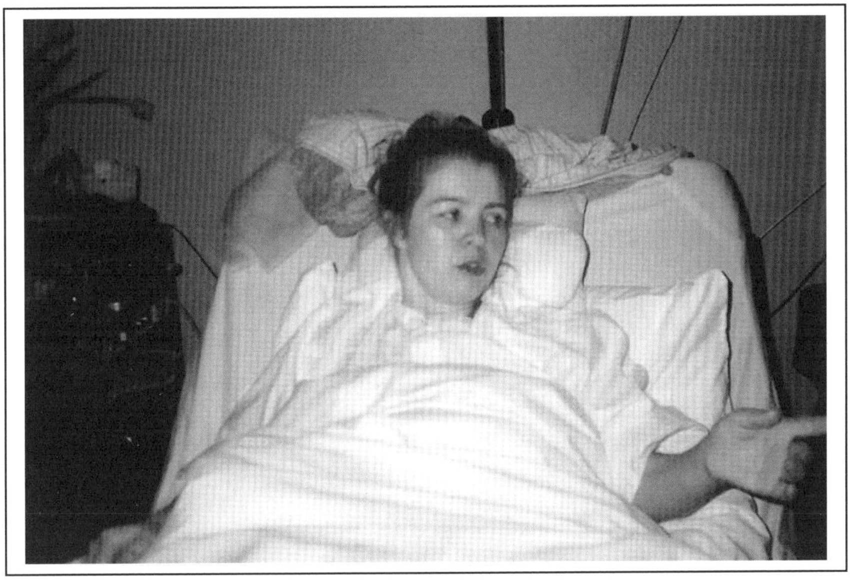

Nicole im Virchow Klinikum

Nicoles Genesung war das einzig Wichtige und ließ keinen Raum für Gedanken an finanzielle Dinge oder gar Schadenersatzzahlungen, die eventuell aus der Verurteilung des Betrunkenen resultierten. Erst eine Dame, die wegen eines gebrochenen Fußes im Klinikum lag, änderte meine Sichtweise in finanzieller Hinsicht. Wie es so ist, kommt man miteinander ins Gespräch und ich erzählte ihr von unserem Pech. „Haben Sie wenigstens einen guten Rechtsanwalt?", fragte sie. „Den werden Sie brauchen. Freiwillig gibt doch keiner etwas her." Ihr bekannter Rechtsanwalt, der seine Kanzlei am Ku'damm betrieb, stellte sich als gute Empfehlung heraus. Die beiden Rechtsvertreter Dr. W. und Dr. T. haben uns bis zum Ende des gesamten Rechtsstreits mit der Versicherung begleitet. Erst nach zehn Jahren konnte der Fall abgeschlossen und eine Entschädigungssumme bestimmt werden. Als es um die Einigung zur Höhe der Entschädigung ging, erklärten mir die Anwälte, dass 100.000 DM in Deutschland die Grenze seien und dass es weiter ein Novum wäre, wenn uns der Richter diesen Betrag zugestehen würde. In Amerika laufen derartige Verhandlungen ganz anders, vor allem in anderen finanziellen Dimensionen. Letztendlich wurde uns die stolze Summe von 100.000 DM zuerkannt und in mehreren Abschlägen ausbezahlt. Reich gemacht hat uns dieses Geld nicht, aber es deckte unsere enormen Kosten während dieser Zeit. Vieles an gesundheitlichen Leistungen musste ich vorfinanzieren und die Ku'damm Anwälte wollten auch ihr Honorar bezahlt bekommen. Übrig geblieben ist kein Groschen, aber aus dem Elend meiner Frau Kapital schlagen war ohnehin genauso wenig meine Absicht wie Geschäfte mit der Versicherung auf deren Kosten zu machen. Ich wollte eher eine symbolische Entschädigung und meine Auslagen zurück. Nach dem Vergleich war die Sache für mich ein für alle Mal abgeschlossen.

Während meine Frau im Krankenhaus lag, musste das „normale Leben" weitergehen. Immerhin hatte ich eine Gaststätte zu führen und unsere Kinder mussten zur Schule und brauchten ihren geregelten Tagesablauf. Nicole wusste ich in guten Händen und so bin ich wieder nach Haßfurt zurück gefahren. Silvia und Lothar Kittler, unsere guten Freunde, erklärten sich bereit, unsere Töchter während dieser schweren Zeit bei sich aufzunehmen. So normalisierte sich das Leben für Myrjam und Denise weitgehend obwohl ihnen ihre Mutter natürlich sehr gefehlt hat. Mir saß verständlicher Weise bald die Brauerei im Nacken und drängte darauf, das „Haus der Deutschen Einheit" wieder zu öffnen. Auch wenn ich Verständnis für dieses Anliegen hatte und diesem Wunsch gern nachgekommen wäre, ging das schlecht, weil ich ja meist drei Mal pro Woche zwischen Haßfurt und Berlin hin- und hergependelt bin um Nicole besuchen zu können. Auf eine Strecke kamen immerhin fast 600 Kilometer und so befand ich mich bald mehr auf der Straße als zu Hause. Meine Frau zu schonen war sicher mein oberstes Gebot, aber an einem Besuchstag beschloss ich dann doch, mit ihr über die veränderte Sachlage zu sprechen. „Das hat alles keinen Sinn mehr. Ich muss die Kneipe auflösen.“, sagte ich. „Wenn ich bei dir bin, freue ich mich über deine Genesung und wenn ich wieder nach Hause fahre, steuere ich das Chaos an. Ich bin ständig irgendwo auf der Straße. Irgendwann fahre ich noch gegen eine Wand. Das geht nicht. Wir müssen einen Schlussstrich ziehen und in Bayern alles auflösen, damit ich immer bei dir sein kann.“ Ich sah ein, dass Nicoles Herz bei dieser Entscheidung blutete, aber mangels Alternativen stimmte sie meinem Vorschlag zu. Als praktisch denkender Mensch, der mit Sentimentalitäten nicht viel am Hut hat, wurde es aber auch für mich ein schwerer Abschied von all den lieben Menschen, die uns in dieser Zeit begegnet und teuer geworden waren. Aber was kann man machen, wenn die Notwendigkeit bestimmt, die Zelte abzubrechen und nach Berlin zurück zu gehen? Priorität hatte in meinem Leben auch in diesem Fall meine Frau, und um bei ihr zu sein, blieb mir keine Wahl als in Bayern alles aufzugeben.

Dass ich in Berlin so schnell wie möglich wieder Arbeit finden musste und auch wollte, war klar, aber vorher war es noch wichtiger eine Wohnung für mich und meine Familie zu finden. Vor unserem Weggang wohnten wir in einer sehr luxuriös ausgestatteten großen Wohnung in der Dolgenseestraße 55 in Berlin. Selbst wenn ich so gut wie keine Hoffnung hatte, dass diese Wohnung noch leer stünde, machte ich, vor ich mich um eine andere Bleibe bemühte, einen Abstecher an unsere alte Adresse. In einem Anflug leichter Nostalgie, getragen von durchwegs schönen Erinnerungen, wollte ich einfach sehen, wie es dort jetzt war.

Zu DDR-Zeiten gab es in jedem Haus einen so genannten Hauswart. Das war ein „Ehrenamt“. Unser Hauswart arbeitete hauptberuflich als Hauptmann bei den Grenztruppen der NVA, der Nationalen Volks-Armee. Der wichtigste Teil seiner ehrenamtlichen Arbeit war, sich um das Hausbuch zu kümmern, das zu jedem Haus gehörte wie der Hauswart. Darin wurden beispielsweise die Namen der Mieter und deren Familienangehörigen notiert, um später nachvollziehen zu können, wer in diesem Haus schon gewohnt hat. Bei längeren Besuchen mussten sich auch Besucher mit Namen und Adresse im Hausbuch verewigen, besonders dann, wenn sie aus dem NSW, dem „Nicht Sozialistischen Wirtschaftsgebiet“ stammten. Als im September 1989 die Flüchtlinge aus der ungarischen Botschaft in Budapest über die österreichisch-ungarische

Grenze in den Westen ausreisen konnten, ist das Ereignis von allen Fernsehsendern dieser Erde aufgezeichnet worden. Meine Familie, die als erste bundesdeutschen Boden betreten hat, war in jener Nacht auf allen Kanälen in den Nachrichtensendungen zu sehen. Unser Hauswart hatte wohl auch vor dem Fernseher gesessen, vermutlich sah er sich dieses Ereignis mit der gesamten Hausgemeinschaft zusammen im Partykeller an. Da keiner unserer Nachbarn wusste, ja nicht mal ahnte, dass wir aus dem Urlaub nicht mehr heimkehren würden, waren sie wohl alle sehr erstaunt, als sie uns auf dem Bildschirm sahen. Von einem ehemaligen Nachbarn habe ich später erfahren, dass unser Hauswart, nachdem er sich von dem Schrecken erholt hatte, aufgestanden sei und gesagt habe: „Jetzt gehe ich dem Meyer seine Wohnung versiegeln." Und als ein Mann der Taten führte er seinen Plan auch umgehend aus.

Als ich in der Dolgenseestraße 55 ankam, war leicht erkennbar, dass die Wohnung noch frei war. Kurioser Weise besaß ich immer noch die Schlüssel dafür und hatte sie sogar bei mir. Ich konnte es selbst kaum glauben, aber der Schlüssel passte noch. Leise schloss ich die Tür auf und ließ meinen Blick durch unser altes Domizil schweifen. Dass auch noch andere Leute einen Schlüssel besaßen, war unschwer erkennbar, denn die teuren Kristallleuchter waren von der Decke gerissen, die wertvollen Teppiche fehlten und die Schränke waren von den Wänden abgezogen. Sicher hatte sich auch die Stasi in unserer Wohnung umgesehen, aber nach meiner Flucht interessierte mich das herzlich wenig. Auch wenn ich einiges an Geld und Zeit in unsere neue alte Wohnung investieren musste, so freute ich mich doch mindestens genauso wie der der Rest meiner Familie, dass wir unseren Neuanfang in Berlin in einer bekannten Umgebung und unserem gewohnten Lebensraum starten konnten.

Glücklich, dass unsere künftige Wohnung gesichert war, konnte ich mich nun wieder der Arbeitssuche zuwenden. Die Zeit zwischen den Besuchen bei Nicole im Krankenhaus nutzte ich, um alte Bekannte abzuklappern. Ich war überzeugt, dass sie mir sagen konnten, wo eine Gaststätte leer steht. Eine neue Kneipe aufzubauen erschien mir auf Grund meiner mittlerweile jahrelangen gastronomischen Erfahrung am vernünftigsten und sichersten. Mein Plan ging leider nicht ganz auf, denn es war schwerer als ich dachte, an irgendwelche Objekte heranzukommen. Alles befand sich im Umbruch, keiner traute sich, etwas zu verantworten. Auch nach der Wende funktionierten die alten Super-Seilschaften noch immer perfekt und die alten Chefs hatten wieder in ihren Sesseln Platz genommen. Der kleine Unterschied zu früher war der, dass sie sich jetzt „Geschäftsführer“ oder „Dezernent“ nannten. Die Türen hielten sie aber genauso verschlossen wie früher. Vielleicht hätten diese Umstände so Manchen zum Resignieren verleitet, ich erinnerte mich einfach daran, dass im Chinesischen das Schriftzeichen für „Krise“ dasselbe ist, wie jenes für „Chance" und beschloss kurzerhand, einen Transporter zu kaufen und in Berlin die Beusselstraße zu besuchen. Dort kaufte ich im Großmarkt Obst und Gemüse und verkaufte es auf den Märkten weiter. Wochenmärkte gab es an jeder Ecke und mit einem starken Willen und entsprechendem Fleiß war es problemlos möglich, mich und die Meinen mit dem Erlös zunächst über Wasser zu halten. Als Gemüsehändler um die Häuser zu ziehen funktionierte fantastisch, machte Super-Spaß und nebenbei lernte ich viele Märkte und noch mehr interessante Menschen kennen. Zudem war ich mein eigener Herr, was die Grundvoraussetzung für meine Arbeit darstellte.

„Mitte: Fahrer raste in Menschenmenge – acht Verletzte.“, berichtete die „BILD“ noch einmal über den Unfall vor knapp einem Jahr und den dazugehörigen Prozess. Das passende Foto lieferte diesmal nicht ich, sondern Nicole und ihre Mutter, die laut Bericht schwer verletzt wurden und nun als Nebenkläger auftraten. Die Aussage des Unfallfahrers ließ wohl jeden erneut verständnislos den Kopf schütteln: „Ich saß zuhause und sah TV und habe acht halbe Liter Bier und eine Flasche Korn getrunken, dann fuhr ich mit meinem Opel die Friedrichsstraße hoch. Ich geriet in die Feier. Sie schlugen auf meinen Kadett. Ich bekam Angst und fuhr los.“ Der Unglücksfahrer raste in die Menschenmenge, nahm den ersten Feiernden auf den Kühler, überfuhr mit aufheulendem Motor einen weiteren Mann, raste gegen ein Auto, dann Vollgas zurück. Am Ende lagen vier Männer und Frauen blutend, schwer verletzt auf der Straße. Der Verursacher fuhr nach Hause, legte sich schlafen und verkaufte am nächsten Morgen sein Auto – für 700 Mark. Während Nicoles Schutzengel rund um die Uhr zu arbeiten schien, hatte sich seiner offenbar verabschiedet. Nach 26 Jahren als Berufskraftfahrer bei der DDR-

Post war er durch den Vorfall arbeitslos, seine Frau lief ihm weg und nach zwei missglückten Selbstmordversuchen musste er mit dieser gewaltigen Schuld leben.

Auch die Schließung unserer Kneipe in Haßfurt fand Einlass in so manche Zeitung. In ganz leicht vorwurfsvollem Ton schrieb das „Haßberg Echo“: „Schneller Meyer“ mit schnellen Entscheidungen – Wirtschaft im Stadtteil Sylbach steht wieder leer.“

Kapitel - 12 -

Zu behaupten, dass mir meine Gaststätte nicht gefehlt hätte, wäre glatt gelogen. Sie hat mir sogar wahnsinnig gefehlt. Aber mit irgendeiner Arbeit musste ich schließlich unseren Lebensunterhalt verdienen. Auch wenn „Fliegender Gemüsehändler“ nicht mein Traumjob war, so gab mir diese Arbeit doch die Möglichkeit, mich in Berlin umzusehen und dabei nach einer geeigneten Gaststätte Ausschau zu halten. Glücklicherweise war das Jahr in Haßfurt für uns gut gelaufen. Am Ende konnte ich meinen gesamten Kredit in Höhe von 12.000 Mark zurückzahlen und meine neue Heimat schuldenfrei, sozusagen als „Freier Mann“ verlassen. Optimale Voraussetzungen für einen Neustart in dem Beruf, den ich mittlerweile kannte wie meine Westentasche.

Einmal stach mir eine kleine Gastwirtschaft in unserem alten Wohngebiet ins Auge und beinahe hätte es auch mit der Betreibung geklappt. Das Objekt stand leer und so habe ich mich bei der zuständigen Wohnbaugesellschaft darum bemüht. Die knöpfte mir 500 Mark ab, aber die Gaststätte habe ich trotzdem nicht bekommen. Ich vermute mal, dass sie für jemand anderen reserviert war. Nach dieser Pleite habe ich im Gewerbeamt unseres Wohnbezirks, in Berlin-Lichtenberg, vorgesprochen, ohne zu ahnen, wie umsonst dieser Besuch sein würde. „Da sitzen alles alte Stasi-Leute.“, warnte mich ein alter Kumpel. Das machte mich wütend. Die Stasi hatte schon vor der Wende überall ihre Leute und nach der Wende wieder. Wie gerne hätte ich dem Heini vom Gewerbeamt gesagt: „Du bist eine Stasi-Sau.“, aber ich hatte mich unter Kontrolle. Irgendwo musste ich mir doch Luft machen und beschloss, zum Bürgermeister zu gehen und mich dort zu beschweren. „Irgendeiner wird dir schon sagen, wo du deine Gaststätte pachten kannst.“, dachte ich und machte mich auf den Weg ins Lichtenberger Rathaus. Zunächst meldete ich mich im Vorzimmer an. Die Sekretärin schaute kurz hoch und bat mich, einen Moment zu warten, da der Bürgermeister zu einem Termin unterwegs war. Geduld war ohnehin nicht meine Stärke, und aufgebracht wie ich war, konnte ich mit diesem Vorschlag noch weniger anfangen. Also wurde ich zum Stellvertreter des Bürgermeisters, einem gewissen Dr. Krautzig, vorgelassen. Kaum Platz genommen, entlud ich eine Schimpfkanonade über den unschuldigen Beamten. Herr Dr.

Krautzig hörte sich alles mit einer stoischen Ruhe an und versuchte mich zu beruhigen: „Das ist alles kein Problem. Wir kriegen das alles in die Reihe. Ganz sicher finden wir eine Lösung. Ich schlage vor, Sie gehen jetzt einfach mal in unsere Kantine und trinken eine Tasse Kaffee. In einer halben Stunde kommen Sie wieder hoch, dann ist der Bürgermeister wieder da. Dem können Sie alles erklären.“ Die ruhige Art des Beamten und der Hoffnungsschimmer, den ich deutlich leuchten sah, brachten mich von der Palme.

Also ging ich in die Kantine und schaute mich während des Kaffeetrinkens ein wenig um. Was ich sah, ließ mich vermuten, dass in diesem Objekt die Wende noch nicht stattgefunden hatte. Schon zu DDR-Zeiten war die Kantine von den Stadtbediensteten als Speiseraum genutzt worden. Seither hatte sich nicht mal an der Einrichtung etwas geändert. Durch die Luke in der Wand zur Küche konnte ich zwei junge Frauen beobachten, die Bockwürste aufwärmten, Brötchen schmierten und Kaffee kochten. Das Mittagsgeschäft hatte noch nicht eingesetzt und so nutzte ich die günstige Gelegenheit um mit den beiden Angestellten ins Gespräch zu kommen. Bald erfuhr ich, dass schon ein Vertreter einer bekannten großen Fastfood-Kette Interesse gezeigt hatte, die Kantine in ein Schnellrestaurant umzuwandeln, aber letztendlich doch wieder abgesprungen war. Ich wurde immer neugieriger und ließ mir die Räumlichkeiten zeigen. Bei genauerem Betrachten und logischem Kombinieren stellte ich fest, dass ein Lagerraum, der vom Kantinenbereich mittels eines Vorhangs abgetrennt wurde, in besseren Zeiten der „Ratskeller“ war. Von außen war sogar noch das entsprechende Portal zu erkennen. Im Laufe des lockeren Schwätzchens mit den beiden Damen fragte ich mich am Ende meines Kaffees zu einem Mitarbeiter der allgemeinen Verwaltung durch. Meinen Termin beim Bürgermeister tauschte ich gegen ein Gespräch mit diesem und brachte mein Anliegen, mich um die Bewirtschaftung der Kantine bewerben zu wollen, ohne Umschweife vor. „Schreiben Sie die Bewerbung und melden Sie sich in vierzehn Tagen. Dann kann ich Ihnen Näheres sagen, denn es gibt noch zwei Mitbewerber.“

Auch als „schneller Meyer“ hatte ich mich in diesem Fall selbst übertroffen. Bereits am nächsten Morgen gab ich nicht nur die Bewerbung, sondern gleich noch ein ausgeklügelt erarbeitetes Betreiberkonzept inklusive Vorschlägen für die Umgestaltung der Kantine ab. Für die Mitarbeiter der Stadt musste es so aussehen, als läge mein Hauptinteresse im Betreiben der Kantine. Mein tatsächliches Hauptinteresse lag jedoch in der Neubelebung des „Ratskellers". Wie vereinbart sprach ich vierzehn Tage später wieder bei der Stadtverwaltung vor. Die Wende hatte an der lange gehegten Arbeitsmoral nichts geändert, und so war es wenig verwunderlich, dass noch keine Entscheidung getroffen war. Eine Woche später bekam ich dieselbe Auskunft. Was blieb mir also übrig, als zu pokern? Was schon einmal funktionierte, konnte doch ein weiteres Mal klappen. „Entscheiden Sie sich", sagte ich mit gespielter Lässigkeit, „sonst suche ich mir ein anderes Objekt." Nach zwei weiteren Wochen des Bangens erfuhr ich, dass ich den Zuschlag bekommen hatte.

Ich war überglücklich! Jetzt besaß ich endlich wieder einen Gaststättenbetrieb, den ich nach meinen Vorstellungen und nach meinem Konzept führen konnte. Für das Image sorgte schon der Name. Der „Ratskeller" einer Stadt suggeriert stets Seriosität und ein gehobenes Ambiente. Um Konflikten mit der Stadtverwaltung aus dem Weg zu gehen, wollte ich den Betrieb nicht „Ratskeller" nennen sondern „Kantinenbetrieb Ratskeller". Der Grund für diese Idee lag in einer ganz einfachen Milchmädchen-Rechnung. Vom Berliner Senat gab es eine Anordnung, in der festgelegt war, dass die Stadtbezirksverwaltungen für ihre städtischen Betriebe die Betriebskosten übernehmen müssen. Für den Pächter und Betreiber einer städtischen Kantine zahlte die Stadtverwaltung also Strom, Wasser und Abfall. Trotzdem war die Kantine der Öffentlichkeit zugängig, was bedeutete, dass auch Gäste, die nicht in der Verwaltung arbeiteten, dort essen konnten. Ohne den Zusatz „Kantinenbetrieb" wäre der „Ratskeller" eine öffentliche Gaststätte geworden und ich hätte alle Betriebskosten selbst tragen müssen. Diese Möglichkeit nicht zu nutzen wäre schlichtweg dumm gewesen, also eine Eigenschaft, die ganz und gar nicht zu mir passt.

Mein Glücksrausch wurde noch gesteigert, als meine Frau nach sechs Monaten endlich aus dem Krankenhaus entlassen wurde und sich zu Hause auskurieren konnte. Wir waren allesamt unendlich froh, dass sie nach dieser langen Zeit wieder bei uns war und vor allem, dass sie wieder laufen konnte. Heute hopst sie herum wie ein junges Reh, als wäre nie etwas gewesen! Ich bleibe dabei: Meine Frau muss zehn Schutzengel gehabt haben. Zum Glück… und nochmal: Gott sei es gedankt!

Nun fehlte nur noch eine Kleinigkeit um mein Glück vollkommen zu machen: Ein ausgefeilter Pachtvertrag! Das große Problem mit diesem Papier war jedoch, dass in der Verwaltung noch niemand einen solchen Vertrag ausgearbeitet hatte. Lichtenberg lag schließlich im Osten von Berlin. Auch ich hatte natürlich keine Ahnung, worauf es in einem Pachtvertrag für Kantinen ankam, aber ich wäre nicht „der schnelle Meyer", hätte ich nicht auch für dieses Problem nach kurzem Gebrauch meiner Denkzentrale eine passende Lösung parat gehabt. Ich besuchte einfach die Kantine der nachbarlichen Stadtbezirksverwaltung Kreuzberg. Im „Westen" mussten sie es doch wissen! Besagte Kantine war leicht zu finden und von der Holzbank an einem Fenstertisch des zweckmäßig aber schnörkellos eingerichteten Lokals beobachtete ich zunächst den Betrieb. Nach zwei oder drei Kaffee bat ich, den Chef zu sprechen, was auch ohne längere Bemühungen gelang. Lutz hieß er, den Nachnamen habe ich im Laufe der Ereignisse der letzten dreizehn turbulenten Jahre vergessen. „Ich will im Osten eine Kantine aufmachen.", trug ich ohne langes Drumherumgerede mein Anliegen vor und ergänzte: „Da drüben weiß allerdings keiner, wie so ein Pachtvertrag geschrieben wird, nicht einmal die Behörde. Lass mich mal in deinen Vertrag schauen." Lutz konnte sich ein leichtes Kopfschütteln und ungläubig wirkendes Lächeln nicht ganz verkneifen, nickte dann aber verständnisvoll und stand auf. Für ihn war es eine Ehrensache, sich einem Berufskollegen gegenüber kooperativ zu zeigen und so spendierte er mir ein Mittagessen, während er den Pachtvertrag ablichtete. Mit dem Papier fuhr ich zurück nach Lichtenberg und gab es dem zuständigen Mitarbeiter in der Verwaltung. Ein gewisser Herr Hase aus der Rechtsabteilung bearbeitete den Vertrag dann entsprechend unseren Wünschen. Ich legte Wert darauf, dass eine zehnjährige Laufzeit und eine öffentliche Nutzung festgeschrieben wurden. Nach relativ kurzer Zeit hielt ich einen Pachtvertrag nach meinen Vorstellungen in Händen und zahlte für meine neue Gaststätte letztendlich nur eine symbolische Pacht inklusive aller Nebenkosten.

Im Laufe der Verhandlungen um den Pachtvertrag habe ich diesen Herrn Hase etwas näher kennen gelernt. Ein interessanter Mann mit einer interessanten Vergangenheit. Schon zu früheren DDR-Zeiten hatte er im Bezirksamt Lichtenberg eine leitende Funktion inne und war, wie konnte es anders sein, auch Mitglied der SED, der Sozialistischen Einheits-Partei. Nach der Wiedervereinigung wurden schrittweise Personen mit SED-Vergangenheit aus den Ämtern entfernt. Mit Herrn Hasse entwickelte sich im Laufe der Zeit eine Art Freundschaft und eines Tages machte er seinen Zukunftsängsten etwas Luft. „Weißt du Gerhard, die werden mich eines Tages hinauswerfen.“, klagte er. Beim Blick in sein ungewohnt sorgengefaltetes Gesicht kam mir eine gute Idee. „Warum soll so ein guter Mann auf der Straße liegen?“, sagte ich mir und schlug ihm vor, bei mir einzusteigen. „Weißt du was, Bernd? Du kommst zu mir! Wir machen zusammen den „Ratskeller“ auf. Das dauert zwar mindestens noch ein halbes Jahr, aber ich könnte deine Hilfe gut gebrauchen. Kohle kann ich dir maximal tausend Mark geben und dafür musst du auch richtig mitarbeiten, sozusagen Mädchen für alles.“, bot ich schulterklopfend an. Hase schien ein großer Stein von der Brust zu fallen und er willigte freudig ein. Das Abenteuer, den alten Kantinenraum Stück für Stück in den „Ratskeller“ umzubauen, konnte beginnen. Um den Umbau zu finanzieren, kaufte ich wieder Gemüse im Großhandel und verkaufte es gewinnbringend auf den altbekannten Märkten. Ob dabei immer die Summe an Umsatzsteuer an den Staat abgeführt worden ist, die ihm zugestanden wäre, lässt sich heute nicht mehr feststellen. Aber ich vermute, dass die eine oder andere Abgabe auf der Strecke geblieben ist…

Die Bauzeichnungen für mein umfangreiches Vorhaben hat mir eine Studentin um 200 Mark gefertigt. Ein Architekt hätte mich wahrscheinlich das Zehnfache gekostet. Dank der ordentlich gezeichneten Pläne fand das Bauamt keinen Grund für Beanstandungen und ich hielt meine Baugenehmigung nach zwei Wochen in den Händen. Kurz nach der Wende lief vieles unkomplizierter als jetzt. Heutzutage wäre so eine Aktion mit viel Zeit und Papierkram verbunden. Mit ein Grund für den reibungslosen raschen Ablauf war vielleicht auch das eigene Interesse der Behörden, dass die Kantine fertig wird.

Einmal mehr in meinem Leben war ich der Herr über eine Baustelle, aus der nur schwer vorstellbar eine ansehnliche Gaststätte würde. Aber der Gedanke, dass der ganze dreigeschossige, im Eingangsbereich sogar viergeschossige Bau mit Ziergiebel und Türmchen in gerade mal zwei Jahren fertiggestellt wurde, beflügelte meinen Arbeitseifer nicht unerheblich. Ich sah schon das imposante neugotische Eingangsportal als neuen Eingang in meine eigene Gaststätte. Dieses Sammelsurium an Abstellkammern und sonstigen planlosen Räumen erinnerte mit seinen zahlreichen Stahltüren eher an einen Militärstützpunkt als an einen gastfreundlichen „Ratskeller". Meine Vermutung bestätigte sich, denn es stellte sich heraus, dass sich dort, wo später meine Köche hantierten, zu DDR-Zeiten die Waffenkammer der Zivilverteidigung befand. Eine der wuchtigen Stahltüren stammte noch aus dem Jahr 1898, der Zeit der Eröffnung des Rathauses, als sich auch die Stadtkasse von mehreren Stadtbezirken dort befand. Auch wenn mich der Gedanke an die damalige Sicherheit der Stadtkasse leicht beruhigte, so erleichterte dies nicht den Ausbau der nahezu drei Tonnen schweren Stahltür. Für uns wäre dieses Unterfangen schlichtweg unmöglich gewesen, aber ich hatte bald jemanden gefunden, der Stahltüren gebrauchen konnte und den Selbstausbau dafür gern in Kauf nahm. Die nächste Hürde stellten die vermauerten und mit Beton vergossenen Fenster unserer künftigen Küche dar. So schön der rote Backsteinbau mit seinen neugotischen Fenster- und Tür-Portalen auch war, Außenwände mit einer Stärke von über einem Meter stellten nun mal eine generelle Herausforderung dar. Wir waren uns schnell einig, dass wir die Öffnungen für die Küchenfenster nur mit einem Presslufthammer herausbrechen konnten. Allerdings hatten wir keinen. Deswegen einen Bautrupp zu bestellen, hätte mich zu viel Geld gekostet. Selbst wenn wir den Großteil der Arbeit mit unseren eigenen Händen erledigten, so kamen wir kurzfristig an unsere Grenzen. Zum Glück arbeitete mein Gehirn genauso schnell wie der Rest und so blieb die passende Lösung nicht lange aus.

Nicht weit von unserer umfangreichen Baustelle, in der Normannenstraße gegenüber, hatte das ehemalige Ministerium für Staatssicherheit begonnen, eine Telefonzentrale zu bauen. Das Ministerium gab es zwar offiziell nicht mehr, aber die Telekom hatte das Gebäude nach der Wiedervereinigung übernommen, und so waren die Bauarbeiten langfristig in vollem Gange. Ein Blick über die Baustellte entlockte mir ein siegessicheres Lächeln, denn der Bautrupp hatte neben einem Kompressor auch das Objekt der Begierde, einen Presslufthammer. Ich sah mein Problem schon gelöst, musste nur noch die Grundlage des Plans herstellen. Der Vorarbeiter war schnell ausfindig gemacht und eine lockere Unterhaltung als Start für mein Ziel ebenso schnell geschaffen. „Wenn ihr am Freitag in den Feierabend geht, könntet ihr mir doch den vollgetankten Kompressor hinstellen. Ich lasse euch dafür vier Kisten Bier in euren Container bringen. Ist das ein Deal?" Es war einer! Am darauffolgenden Wochenende stemmten Bernd und ich die Fensteröffnungen in die Wände.

Mit dem Presslufthammer Freundschaft zu schließen war unumgänglich, denn wir hatten außer den Fensteröffnungen auch noch einen Durchgang zum Restaurant zu schaffen. Im Klartext hieß das, einen Durchbruch von 2,80 Meter Breite und 2,50 Meter Höhe in eine ein Meter dicke Stahlbetonwand zu stemmen. Nach drei Wochenenden hinter dem Presslufthammer, in mühseligster Arbeit Stückchen für Stückchen aus der Wand gepickert, hatten wir auch dieses schwierige Unterfangen erfolgreich bewältigt. Dass dieser Knochenjob Spaß machte, hat nie jemand behauptet, aber ich hatte ein Ziel vor Augen und somit einen Grund für all die Mühen. Und Bernd Hase erwies sich als Glücksgriff und teilte die ganze Plackerei brüderlich mit mir. Mit einem zehn-Jahres-Pachtvertrag für die Betreibung der Kantine in der Tasche, war es nur logisch, sich in die Arbeit zu knien und alles so umzubauen, wie wir es wollten.

Als das Ende der Bauarbeiten in Sichtweite rückte, musste ich mich um eine Brauerei bemühen. An und für sich keine schwierige Aufgabe, aber ich wollte natürlich eine finden, die gutes Bier für gutes Geld abgab, was mich vor eine kleine Herausforderung stellte. Wie mittlerweile schon leicht erfolgsverwöhnt, sollte auch mein neues Projekt „Kantine" etwas Gewinn abwerfen. Somit waren die großen Brauereien nach einem kurzen Blick auf die Preiskalkulation mit einem Schlag aus dem Rennen. Ich erinnerte mich daran, dass ich in meiner Kneipe in Neuenhagen das Bier aus Friedrichshagen geliefert bekam. Beim Gedanken an die Friedrichshagener „Bürgerbräu Brauerei", einer ehemaligen Exportbrauerei der DDR, und dessen Direktor, kamen auch Erinnerungen an längst vergangene Ereignisse und Problemchen als selbstständiger Wirt im „Osten" in mir hoch.

Zu DDR-Zeiten war der Gerstensaft bekanntlich subventioniert und wir Kneipiers mussten im Voraus planen, welche Mengen konsumiert werden. Für eine Ausflugsgaststätte, wie es das „Bräustübel" in Neuenhagen war, gestaltete sich diese Planung schwierig. Wenn ich in einer

Woche mit 500 Litern Bier ausgekommen bin, so brauchte ich an schönen Wochenenden manchmal die dreifache Menge oder bei schlechtem Wetter eben viel weniger. Engpässe verziehen die Gäste damals wie heute schwer bis gar nicht, und so musste ich mir also wieder etwas einfallen lassen, um von der Brauerei ein paar Fässer extra zu ergattern. Hübsche Sekretärinnen bezirzen war in diesem Fall nicht angesagt, aber Freund Zufall gepaart mit etwas Glück schaltete sich, wie schon so oft in meinem Leben, ein. Die Bekanntschaft mit dem Produktionschef der Friedrichshagener Brauerei, die ich als guter Kunde pflegte, erwies sich als äußerst dienlich und so wurde ich mich mit meinem Anliegen gerne zum Direktor, einem gewissen Herrn Herbert Schmidt, weitergeleitet. Den Vorteil der Namensgleichheit mit meiner Frau, eine geborene Schmidt, zu nutzen, lag auf der Hand. Nicole, kooperativ wie fast immer, stellte es geschickt an, den Herrn in einen Smalltalk zu verwickeln und mit ihrem Ass im Ärmel, der Namensgleichheit, das Eis zu brechen. Und schwuppdiwupp bekam ich ab sofort jede Woche fünf Fässer Bier zusätzlich geliefert, ohne Rechnung, nur auf Quittung. Ob das Geld in irgendwelchen Kaffeekassen oder anderen Kanälen versickert ist, kümmerte mich nicht. Die Zusammenarbeit funktionierte und der Rest war sozusagen nicht mein Bier. Als unsere geschäftlichen Beziehungen beendet waren, nahm ich mir vor: „Sollte ich wieder eine Kneipe irgendwo in der Berliner Gegend aufmachen, gehe ich nur nach Friedrichshagen zu Herbert Schmidt und hole mir da mein Bier.“, nichtsahnend, wie schnell dieser Moment kommen könnte.

Anderthalb Jahre nach der Wende war es so weit. Ein gewöhnlicher Mensch hätte erst mal abgeklärt, oder wenigstens im Telefonbuch nachgesehen, ob es die Brauerei noch gab, denn schließlich hatte sich nach der Wende so einiges geändert. „Der schnelle Meyer“ hingegen setzte sich einfach ins Auto und fuhr nach Friedrichshagen. Tatsächlich existierte die Brauerei „Bürgerbräu“ noch und Herbert Schmidt saß nach wie vor im Chefsessel. Auf dieses unerwartete Wiedersehen stießen wir erst mal an, bevor ich auf das Geschäftliche zu sprechen kam. Wie in alten Zeiten wurden wir uns auch jetzt schnell handelseinig. Ich bekam für meinen „Ratskeller“ eine Theke, Tische und Stühle als Leihgabe und verpflichtete mich im Gegenzug, das Friedrichshagener Bier abzunehmen. Den „Vertrag“ besiegelten wir mit einem Handschlag, denn sein Wort und mein Wort, das war ein Ehrenwort. Passend zum Pachtvertrag bekam ich die Innenausstattung der Gaststätte auf zehn Jahre geliehen. Danach sollte das gesamte Mobiliar in mein Eigentum übergehen. Unsere Partnerschaft und der dazu passende Deal machten sich für uns beide bezahlt. Für mich, da ich die Einrichtung kostenlos zur Verfügung gestellt bekam, und für Herrn Schmidt, weil er mich kannte und wusste, dass ich mehr umsetzen würde, als so manch anderer guter Kunde. Tatsächlich verkaufte ich im Monat ungefähr 25 Hektoliter Bier und Herbert freute sich mindestens gleich wie ich über dieses gute Geschäft.

Auch das Fernsehen hatte mich noch nicht vergessen und pünktlich zum dritten Jahrestag der deutschen Wiedervereinigung klopfte SAT1 an meine Tür, oder vielmehr lud mich zu „Guten Morgen mit SAT1" als „Schnellster DDR-Flüchtling" ein. Die Rückblende an die Grenze zeigte mich mit meinem mittlerweile schon geflügelten Satz auf den Lippen: „Ich hab mich spontan entschlossen, alles stehen und liegen lassen, weil wenn der Mensch an einer Grenze ankommt, wo's nicht weitergeht, dann muss man halt alles liegen lassen." „Haben sich ihre Wünsche denn alle erfüllt, in den vergangenen Jahren?", fragte die Moderatorin, worauf ich stolz antworten konnte: „Meine Wünsche haben sich alle erfüllt." In der Folge erzählte ich von unserer neuen Existenz im Westen, dem „Haus der Deutschen Einheit" in Haßfurt, von Nicoles schwerem Unfall und unserem erneuten Umzug in unsere frühere Heimat, nach Berlin. „Kann man sagen, dass Sie der Gewinner der Vereinigung sind? Es gibt wahrscheinlich viele Menschen, die nur mit Neid darauf blicken und sagen: wenn der das schafft, wieso schaff ich das nicht?", wollte die Moderatorin wissen. „Ich bin nicht der Gewinner. Ich habe den Mut und die Ideen und die verwirkliche ich in meiner eigenen Welt.", erklärte ich wahrheitsgetreu. Auch die gefragten Erfolgstipps, für alle, die es auch schaffen möchten, gab ich gerne ab: „Nicht jammern, sondern ranklotzen. Wenn man das kann, dann kann man auch immer wieder etwas werden im Leben." Worin ich die Verständigungsschwierigkeiten zwischen Ost und West, also krass gesagt zwischen Ossis und Wessis sehe, wollte meine Gesprächspartnerin noch wissen. „Ich würde sagen, das ist normal. Das sind schließlich zwei verschieden Welten, die vierzig Jahre nebeneinander her gelebt haben. Man soll ja glücklich sein, denn stellen Sie sich vor, die Russen hätten am Main gestanden. Was würde der Wessi dann sagen zum Ossi. Dann wäre ja der Wessi der Ossi gewesen. Also kann man sagen, sollen sie glücklich sein und sich zusammenfinden irgendwann. Irgendwann kommt das automatisch." „Trotzdem gibt es viele Menschen, die ganz, ganz enttäuscht sind, die sagen: mir wurde viel mehr versprochen, es passiert überhaupt nichts. Und diese Menschen, und das sind nicht wenige, wünschen sich die guten alten Zeiten zurück. Haben Sie dafür Verständnis?", hakte die Moderatorin nach. „Nein, kein Verständnis.", gab ich aus tiefster Überzeugung zur Antwort. „Wissen Sie, wenn ich vielleicht jemandem imponieren will, verspreche ich auch alles. Und wenn der Kanzler Kohl versprochen hat: „Allen geht's besser", und dann plötzlich 80 Millionen nur mehr Hammer spielen wollen, wer will dann Amboss sein? Das funktioniert nicht. Man muss immer arbeiten und arbeiten und das Beste daraus machen. Wenn man zuhause als Arbeitsloser sitzt und sich nicht kümmert um Arbeit, dann ist das doch sein eigenes Risiko." Darauf kam natürlich die Frage nach dem Kontakt zu meinen früheren Freunden und ob es denen auch allen so gut gehe wie mir oder ob es einen Bruch gäbe. „Nein, es gibt keinen Bruch und ich habe viel Kontakt zu alten Freunden und Bekannten und man kann durchwegs sagen, dass es allen besser geht. Die arbeiten alle, und jene, die gerade keine Arbeit haben, suchen sich eine und so kommen alle mit ihrem Leben zurecht.

Film 03 ist nicht auf meiner Webseite zu sehen, aber auf der Gratis-DVD Nähere Infos unter www.derschnellemeyer.com/filme

Nach etwa zwei Jahren saßen wir wieder einmal im „Ratskeller" zusammen, als Herbert zu mir sagte: „Weißt du, Gerhard, deine Tische und Stühle sind schon hundertmal bezahlt. Und weil du uns so viel Bier abnimmst, sind wir bereit, dir eine Tankanlage einzubauen." Schmidt stellte sich vor, zwei 500 Liter Tanks in den Keller des „Ratskeller" einbauen zu lassen. Der Haken an der guten Idee war der Platz, den ich einfach nicht hatte. Den nerven- und kraftraubenden Umbau des Lokals noch im Kopf, war ich an einem neuen, nur für eine Tankanlage, zu jener Zeit nicht interessiert.

Hätte ich geahnt, dass die Zeiten für das „Bürgerbräu" ähnlich turbulent wurden, wie wenige Jahre zuvor für die DDR, hätte ich das lukrative Angebot der Brauerei sicher genutzt. Zunächst war die Berliner „Kindl-

Brauerei" an einer Zusammenlegung mit dem „Bürgerbräu" interessiert. Das klappte aber nicht. Daraufhin meldete eine Brauerei aus Bayern ihr Interesse an und in Folge fusionierten die beiden Biererzeuger. Das Traurige an der Geschichte war vor allem, dass Herr Schmidt ab sofort nur mehr ein einfacher Mitarbeiter der Geschäftsleitung war. Für Herbert tat mir das Leid, denn er hatte aus dem einst unbedeutenden Betrieb etwas gemacht, was keineswegs honoriert wurde. Durch die Zusammenlegung ergaben sich auch für mich Schwierigkeiten, weil die neue Chefin in ihrem unbändigen Arbeitseifer die bestehenden Verträge neu zu regeln gedachte. Was wusste diese knallharte Karrierefrau denn schon von Geschäftspartnern, die längst Freunde geworden waren oder gar von Verträgen per Handschlag und „Männerehrenwort"? Meine guten Bedingungen durch eine Betriebsumstrukturierung loszuwerden, wollte ich auf keinen Fall und so weigerte ich mich zunächst, meinen Vertrag zu ändern. „Mit Ihnen, Frau H. mache ich keine Verträge.", sagte ich der Geschäftsführerin ins leicht erstaunte Gesicht, „Ich kaufe mein Bier bei Ihnen, dass muss genügen. Wenn es Ihnen nicht passt, müssen Sie es sagen, dann kaufe ich nichts mehr." Sicher hat der Dame, die doch nun den Chefsessel bekleidete, nicht gepasst, dass ich nicht nach ihrer Pfeife getanzt habe, doch als einer ihrer besten Kunden erlaubte ich mir, sie ein wenig zu dirigieren. Aber so schnell gab Frau H. nicht auf. Akribisch suchte sie im Vertrag nach Schwachstellen, mit denen sie mich unter Druck setzen konnte und wurde auch fündig: *„Das Mobiliar als Leihgabe"*, lautete die entsprechende Passage. Dass ich bis dato keine Leihgebühren entrichtet hatte, stieß ihr wohl sehr auf, denn sie legte umgehend fest, dass ich ab sofort ein solches Entgelt zu zahlen hatte. Langsam wurde ich wütend. „Lesen Sie den Vertrag doch mal ordentlich durch, dann werden Sie einen Passus finden, in dem steht, dass mir die Einrichtung gehört, wenn ich das Bier ausschließlich von „Bürgerbräu" beziehe.", schnaubte ich. Dagegen konnte sie nichts sagen und wir einigten uns friedlich: Ich kaufte das Bier weiterhin bei „Bürgerbräu" und behielt die Theke sowie Tische und Stühle. Weiterhin gute Geschäftsbeziehungen mit der Brauerei zu pflegen, war mir wichtig und dadurch kam ich auch zu einem weiteren Betriebsobjekt.

Das „Bürgerbräu" in Friedrichshagen hatte den „Ratskeller" in Berlin-Pankow von der Bezirksbehörde gepachtet und setzte mich als Unterpächter ein. Einerseits war ich sehr stolz, dass auch der Pankower „Ratskeller“ unter meiner Regie lief, andererseits begannen mit der Übernahme dieser Gaststätte einige Probleme. Zwei Jahre lang investierte ich Schweiß und Geld in das Objekt, dessen Ausstattung sich in einem erbärmlichen Zustand befand: Die Küche war alt und schäbig und von gesetzlichen Vorschriften weit entfernt und auch die Klimaanlage entsprach schon längst nicht mehr den geforderten Standards. Als alles in gewohnter mühevoller Kleinarbeit renoviert war, entpuppte sich der „Ratskeller“ Pankow als eine fantastische Gaststätte, in der viele gut besuchte Feiern stattfanden.

Sehr geehrte

gestatten Sie mir, Sie aus Anlaß des
90. Jubiläums
der feierlichen Einweihung des
Pankower Rathauses
zu einer Traditions-Festtafel
am 22. April 1993 um 13 Uhr
in den Pankower Ratskeller
einzuladen.

Ihr Ratskellerwirt

Gerhard Meyer

Was für ein Glück, dass ich beim Umbau die Original-Menükarte fand…

Speisenfolge

der Festtafel anläßlich der feierlichen
Einweihung des neuen Pankower Rathauses
am 22. April 1903

Schwedisches Vorgericht

Klare Schildkrötensuppe
Ganz alter Sherry

Kalbsrücken mit Tomatensauce

Schlei blau mit frischer Butter
1895er Rüdesheimer Hinterhaus-Auslese

Römischer Punsch

Junge Hamburger Gans
Früchte, Salat
1893er Château de Sales Pomerol Originalabzug

Braunschweiger Stangenspargel
E. Mercier & Co., Epernay

Käseschüssel

Mocca

… So wurde meine Eröffnung zu menüidentischer Nostalgie.

Zwei gut gehende Lokale zu führen war schön, ein drittes hätte mich aber auch nicht gestört und so begann ich, schon während des Umbaus meiner neuen Herausforderung, mich nach einem weiteren Objekt umzusehen.

In der Normannenstraße, auf dem ehemaligen Stasigelände, neben dem Sitz der Gauck-Behörde, wurde ich fündig. Der neue Eigentümer des Geländes war die Bundesbahn. Heute heißt die ehemalige Gauck-Behörde Birthler-Behörde, aber zu jener Zeit war Frau Birthler noch nicht im Amt. Der Vorpächter hatte keine Pacht bezahlt und sich mit den gesamten Einnahmen in der Tasche „adlig gemacht", genau gesagt bei Nacht und Nebel aus dem Staub gemacht. Ich wunderte mich, denn der erste Blick auf die Kneipe zeigte mir, dass man damit gutes Geld verdienen konnte. Die Voraussetzung dafür war allerdings, dass man wusste, wie es anzustellen war. Von der Bevölkerung aus der Umgebung war kaum Umsatz zu erwarten, aber dafür hielten täglich vier bis fünf Busse mit Besuchern vor der Gauck-Behörde. Diese Besucher als Gäste zu gewinnen war der Schlüssel, der mir gute Umsätze und ein sorgenfreies Arbeiten bescheren würde. Also recherchierte ich zunächst, von wo aus die Besucherströme gesteuert wurden. Ich fand heraus, dass es sich bei den Reisenden um Besucher handelte, die von ihrem jeweiligen Wahlkreis-Bundestagsabgeordneten zu Besichtigungstouren nach Berlin eingeladen wurden. Die Abgeordneten führten sie herum und zeigten ihnen neben dem Bundestag und anderen Regierungseinrichtungen auch die Stasi-Gedenkstätte in Hohenschönhausen und weitere für die Öffentlichkeit zugelassene Bereiche. „Politik zum Anfassen" nannten die Politiker solche persönliche Imagearbeit, von der sie sich eine Wiederwahl für die folgende Legislaturperiode erhofften. Wahlwerbung ist eben alles und nach der Wahl ist vor der Wahl. In meinem Fall bedeutete dies einen nie, oder wenigstens sehr lange nicht aufhörenden Besucherstrom.

Meinen Ansprechpartner fand ich im Bundespresseamt. Bei unserem Treffen in seinem feudalen Büro erklärte ich ihm, dass ich mich an der Versorgung der Besuchergruppen beteiligen wollte. Die Reaktion des Beamten ließ keine Zweifel offen, dass ich mit meinem Anliegen offene Türen einrannte. Der Mitarbeiter schlug vor, die Besucher der Abgeordneten zur Versorgung in meine Gaststätte zu leiten, mit der kleinen Bedingung, dass der Busfahrer und der Reiseleiter das Essen umsonst bekommen müssten. „Sie wissen ja, überall muss gespart werden.", hängte er fast schon entschuldigend an. Als „schneller Meyer" habe ich ganz schnell nachgerechnet und mich gern bereiterklärt, ein entsprechendes Angebot einzureichen. Bald darauf trug ich einen Vertrag in der Tasche und konnte meine neue Kneipe eröffnen.

Sie bekam den stolzen Namen „zum Feldherrenhügel", weil ich fand, dass der Name gut zur Nachbarschaft der Regierungsgebäude passte. Auch in diesem Objekt ging meine anfangs überschlagsmäßig angestellte Rechnung auf und die Geschäfte liefen nach meinen Vorstellungen. In der Regel hatte ich täglich die Mitarbeiter eines Ärztehauses, der Bundesbahn, der Gauck-Behörde und mehrere Reisegesellschaften zu beköstigen. Das Geschäft lief wie ein Gewitter, auch wenn mal kein Bus anhielt. Innerhalb von zwei Stunden hatte ich generell meine Tagesumsätze erreicht. Während des Ausschanks fragten mich die auswärtigen Gäste öfter, was es mit dem „Feldherrenhügel" auf sich habe. Mit blühender Fantasie bin ich ja bekanntlich reichlich gesegnet und so hatte ich meinen Spaß dabei, mir immer wieder neue abenteuerliche Geschichten einfallen zu lassen. Mein Lohn dafür waren Gäste, die sich wohl fühlten.

Die beste Werbung für mein neues, nobel ausgestattetes Lokal, und noch dazu völlig umsonst, machte das Fernsehen. Was das für ein Gefühl sei, genau gegenüber der alten Stasi-Zentrale ein Restaurant zu betreiben und ob ich damit ein Problem hätte, fragte der Moderator. „Nein, heute ist es kein Problem mehr, 1990 wäre es vielleicht noch eins gewesen, da waren noch viele von den alten Offizieren da, aber heute sind es alles Bundesbahnangehörige, Mitarbeiter des Bezirksamtes Lichtenberg und des Ärztehauses.", klärte ich auf. Die Kamera zeigte derweil mein nagelneu renoviertes Restaurant mit seinen schneeweißen Wänden, den weiß-grauen Marmorsäulen, alles dekoriert mit hochwertigen künstlichen Efeuranken, deren Muster sich sogar auf den weißen Sitzauflagen der modernen Sessel wiederfand. Auch die Holztür im neugotischen Portal des „Ratskellers" wurde eingeblendet mit der Erklärung, dass ich drei Restaurants mein Eigen nenne, die ich alle selbst ausgebaut habe und täglich mindestens 14 Stunden arbeite. Einem kleinen Rückblick auf die Grenzüberschreitung, in dem mein legendärer Satz nicht zu hören war, folgte der Blick in meine wieder bezogene alte Wohnung und mein Statement zur allseits proklamierten DDR-Nostalgie: „Nach gerade mal fünf Jahren von DDR-Nostalgie zu sprechen, im gleichen

Atemzug wie die „goldenen Zwanziger Jahre“, ist schon etwas übertrieben und einfach unpassend in der Beziehung.“ „Ihr Wunsch für die Zukunft?“, fragte mein Interviewpartner, während ich in meinem Mercedes durch die Straßen Berlins fuhr. „Der wirtschaftliche Aufschwung, gesund bleiben und weitermachen.“, entgegnete ich und nahm noch das „Viel Glück!“ dankend an.

Ansehen auf: www.derschnellemeyer.com/film04

Zum fünften Mal jährte sich bereits die spektakuläre Nacht vom 10. auf den 11. September 1989 und zum feierlichen Anlass lud mich der SFB Berlin live in seine Sendung „Abendschau Express“ ein. Nach einem kurzen Rückblick auf altbekannte Bilder jener Nacht erzählte ich, wie schon so oft, von unserem Urlaub in Bulgarien und Ungarn, dem spontanen Entschluss auszureisen, von der schönen Zeit im Lager Hammelburg, die spannungsgeladenen Stunden vor der Ausreise und die rasante Fahrt durch Österreich, „vom Freiheitsgefühl berauscht“, wie meine Interviewpartnerin bemerkte. Auf die Frage nach dem Gefühl, auf westdeutschem Boden zu stehen, erinnerte ich mich an dieses, in meinen Gedanken noch immer präsente, erhabene Gefühl, endlich ohne Ausreiseantrag, in dem genau geprüft wurde wie lange man wohin und zu wem fährt, dort zu sein, wo ich längst hin wollte. „Urlaub in Bayern oder im Schwarzwald oder in Schleswig Holstein zu machen war praktisch unmöglich gewesen als ganz normaler DDR-Bürger und aus diesem Grunde fühlt man sich nun wesentlich besser.“, erklärte ich. „Was war der Hauptgrund für Sie, die DDR zu verlassen?“, wollte die Moderatorin wissen. Diese Antwort fiel mir am leichtesten: „Wirtschaftlich hatte ich in der DDR alles erreicht, wir waren schließlich beide fleißig, aber das System zwang uns förmlich dazu, die Waren für unsere Gaststätte auf dem Schwarzmarkt einzukaufen. Mir fehlte in der DDR einfach wirtschaftliche Freiheit und die habe ich im Westen gefunden. Unseren Weg seit der Ausreise aus der DDR, vom beruflichen Neustart in Haßfurt bis Berlin, inklusive dem Unfall meiner Frau, musste ich natürlich auch diesmal genau beschreiben bevor meine Gesprächspartnerin fragte, was ich noch vorhabe und ob ich der Kneipenkönig von Berlin werden möchte. „Drei sind genug. Vielleicht noch eine dazu, aber mehr sicher nicht. Ich will ja schließlich nicht dauernd unterwegs sein.“, antwortete ich lachend, nicht ahnend, dass ich bald mit größeren Schwierigkeiten zu kämpfen haben würde.

Film 05 ist nicht auf meiner Webseite zu sehen, aber auf der Gratis-DVD Nähere Infos unter www.derschnellemeyer.com/filme

Doch bevor ich mich ärgerte, gab ich noch ein Interview auf der Friedrichstraße für SFB Berlin live. Auch diese Moderatorin wollte wissen, was mich bewogen hatte, zu gehen. „In erster Linie wollte ich einfach endlich selbst entscheiden was ich verkaufe, wie ich verkaufe. Die Mangelwirtschaft war so schlimm, dass wir am Heiligabend oftmals nicht wussten, was wir am ersten Weihnachtsfeiertag in der Küche anbieten können, kein Schnaps, keine Zigaretten, alles musste man sich mehr oder weniger am Schwarzmarkt beschaffen.“ Es freute mich zwar für meine Interviewerin, dass sie, nach eigenen Aussagen, in DDR-Kneipen stets zu essen und zu trinken bekam, änderte aber nichts an der Tatsache, dass Versorgungsengpässe an der Tagesordnung waren, was ich auch gerne zum x-ten Mal all jenen, die zu jenen Zeiten nur hin und wieder zu Besuch in den Osten kamen, aufzeigte. Anschließend erzählte ich die Geschichte unseres Urlaubs und schnell gefasstem Entschluss, die große Flatter zu machen und unsere abenteuerliche Ausreise erneut. Bei diesem Interview wurde ich neben dem „schnellen Meyer“ auch als Gastronom vorgestellt, aber bei drei Betrieben auch völlig legitim.

Film 06 ist nicht auf meiner Webseite zu sehen, aber auf der Gratis-DVD Nähere Infos unter www.derschnellemeyer.com/filme

Wo das Fernsehen auftauchte, durften natürlich auch Zeitungen nicht fehlen, und, wie könnte es anders sein, auch die „BILD“ berichtete über „den schnellen Meyer“: „Herr Meyer – einer, der's geschafft hat – Vor fünf Jahren floh er über Ungarn.“ Mein legendäres Foto bei der Grenzüberschreitung in Passau mit den Worten: „Endlich in Freiheit“ durfte genau so wenig fehlen, wie ein aktuelles am Zapfhahn im „Ratskeller“ Berlin-Lichtenberg, unter dem stand: „Der Mann am Zapfhahn macht heute einen Millionen-Umsatz." Ganz kurz die Flucht-Story, die erste Kneipe in Franken und der Unfall zum ersten Jahrestag der Wiedervereinigung bevor mein Erfolg mit aktuell drei florierenden Lokalen beschrieben wird. Auf die Frage, wie ich den Osten heute sehe, antworte ich: „Manchmal kommt es mir im Osten so vor, als hätte die Wende nie stattgefunden. Bürokratie, alte Seilschaften."

Auch die „Süddeutsche Zeitung" gedachte im „Panorama" nicht nur fünf Jahren Wiedervereinigung, sondern auch mir und meiner Familie: „Rübergebrettert in die Weltgeschichte – Der Erste, der 1989 mit dem Auto in die BRD kam, war der Ostberliner Gerhard Meyer – er fuhr einen schnellen Westwagen." Meine zwei, in der DDR kaum brauchbaren Leidenschaften, Reisen und selbstständig sein, fanden in dem Bericht genauso Platz, wie meine erfolglose Bewerbung bei der Handelsmarine, zu der mich der „Schweinekommunistenkrake" nicht ließ, weil ich Westverwandte hatte. Die DDR war Geschichte, aber die Machenschaften lebten in den Köpfen derer, die sie erlebt hatten, weiter und ich wollte auch fünf Jahre nach der Wende jeden einstigen „Wessi" daran teilhaben lassen. Ich erzählte von meiner Karriere nach der Schlappe bei der Handelsmarine, meiner ersten Kneipe und dass man mit Handel und Wandel" im „Schlamperstaat" DDR immer weiter kam. „In der DDR hatte ich alles erreicht.", war vielleicht die verständlichste Erklärung, alles liegen zu lassen um im Westen neu anzufangen. Sogar den Titel meiner Biografie, irgendwann, verriet ich: „Mit Vollgas durchs Leben."

Die unnötigen Probleme mit dem Ratskeller Pankow, die leider auftauchten wie Haie im Badegebiet, kamen zum einem vom Verpächter und zum anderen von den sanitären Anlagen. Die Stadtbezirksverwaltung als Verpächter verlangte, wie zu guten alten DDR-Zeiten, eine unentgeltliche Frühstücksversorgung ihrer Mitarbeiter und machte mir nebenbei noch mit ihren Auflagen das Leben schwer. Vor allem schien es, dass fast jeder Beamte der Verwaltung etwas in Bezug auf den Pankower „Ratskeller" zu sagen hätte. Ich hatte mich mit der Bezirksbehörde nur „in der Wolle". Die desolaten sanitären Anlagen führten letztendlich dazu, dass das Objekt von der Hygiene geschlossen werden musste. Aus den offenen Abwasserkanälen bekamen wir unliebsame Besucher. Die

Ratten wurden zu einer unüberwindbaren Plage und der „Ratskeller Pankow" ging, wie wir zu sagen pflegen, den Bach hinunter.

Meine Investitionen waren mit einem Schlag futsch und um meinen Ärger zu manifestieren verklagte ich die Bezirksbehörde auf Schadenersatz. Die Stadtbezirksverwaltung versuchte im Gegenzug alle Schuld auf mich abzuwälzen, indem sie behauptete, ich hätte die Klimaanlage nicht ordnungsgemäß gewartet. Diese haltlosen Anschuldigen untermauerten die Beamten mit einem Gutachten jenseits der Objektivität, das sie für eine horrende Summe hatten erstellen lassen. Die Klimaanlage stammte noch aus DDR-Zeiten und wurde in dreißig Jahren runter gewirtschaftet, was die Behörde aber nicht davon abhielt, 800.000 Mark Schadenersatz für die desolate Anlage zu fordern. Ich konnte mir dieses unglaubliche Kuriosum nur mit einem riesigen Sprung in der Schüssel der Beamten des Rathauses erklären. Um der leidigen Angelegenheit noch die Krone aufzusetzen, stellte sich die Geschäftsführerin der „Bürgerbräu Brauerei" auf die Seite der Stadtverwaltung. Auch wenn sie keinen geschäftlichen Vorteil daraus zog, so sah sie wohl endlich eine gute Gelegenheit, sich an mir für die fehlgeschlagenen Vertragsverhandlungen zu rächen.

Mein Rechtsanwalt sah dem Verfahren gelassen entgegen. Er war der Meinung, dass wir das Recht auf unserer Seite hätten. Davon war ich, so wie wohl jeder logisch denkende Mensch, auch überzeugt, merkte aber mehr und mehr, dass mich die Stadtbezirksverwaltung in die Knie zwingen wollte. Immer noch einen Funken Hoffnung auf eine gütliche Regelung im Herzen, versuchte ich, mit den Leuten aus dem Bezirksamt zu sprechen. Als sich jegliche Bemühung als umsonst und sinnlos herausstellte, hakte ich die Sache für mich als erledigt ab und dachte schulterzuckend: „Na ja, dann können sie mir halt den Buckel runter rutschen." Meinem Rechtsanwalt gab ich den längst erwarteten Auftrag: „Wir reichen Klage gegen das Bezirksamt ein." Das wiederum wollte das Amt nicht so einfach hinnehmen, vielleicht hatte ihnen doch jemand erklärt, dass sie aus diesem Verfahren höchstwahrscheinlich nicht als Gewinner aussteigen würden. Was folgte, war eine Menge Schriftverkehr zwischen mir und dem Bezirksamt, der sich über zwei Jahre hinzog. Am Ende gab es keine Klage, das Stadtbezirksamt nahm seine Forderung zurück. Für mich endete das Abenteuer „Ratskeller Pankow" damit, dass ich das Betriebsobjekt verlor und 2.000 DM an meinen Rechtsanwalt zu zahlen hatte.

Das Betriebsklima zu Frau H. hatte sich zwar in den Dimensionen eines mittleren Gletschers abgekühlt, aber das Bier für den Lichtenberger „Ratskeller“ und den „Feldherrenhügel“ bezog ich weiterhin von der Brauerei „Bürgerbräu“. Meine Gäste waren den Gerstensaft gewohnt und die waren mir immer noch wichtiger als Streitigkeiten mit Lieferanten.

Die Geschäfte im „Feldherrenhügel" liefen ungefähr drei Jahre gut. Soweit ich mich erinnere, war es wohl 1996, als mein segensreicher Vertrag einem großen Sparprogramm zum Opfer fiel und plötzlich gekündigt wurde. Ohne einen Vertrag hätte ich darauf vertrauen müssen, dass mal ein Bus vor unserer Tür hielt. Das hätten genauso gut monatlich dreißig sein können als auch nur drei oder gar keiner. Mir wurde die Sache zu unsicher, denn der Vermieter verlangte schließlich weiterhin jeden Monat pünktlich seinen Mietzins. Also war ich, mangels Verträge und somit sicheren Umsätzen, gezwungen, den „Feldherrenhügel" aufzugeben.

Der nahezu einzige Trost in diesem schmerzlichen Verlust war der noch immer gut gehende „Ratskeller" in Lichtenberg, den ich parallel bewirtschaftete. Einen weiteren kleinen Lichtblick stellte ein Pub in der Frankfurter Allee dar, mit dem ich schon seit einiger Zeit liebäugelte.

Dank Fernsehen und Zeitung war ich stets in den Medien präsent, was den allgemeinen Umsatzrückgang vielleicht leicht dämpfte.

1996 berichtete der „Lichtenberger Blickpunkt" über den Ratskeller mit der Überschrift „Auf der Suche nach Nischen" und schaltete sogar eine Anzeige neben Fotos und Text. Gerade mal ein Jahr später, im Oktober 1997, war der „Ratskeller" der „BZ", der „Berliner Zeitung" unter dem Titel „Ich mache weiter" einen nahezu ganzseitigen Artikel mit Bild wert.

Den „Irish Pub Finnigen" hatte ich schon einige Zeit vor Schließung des „Feldherrenhügels" entdeckt. Das stilgerechte irische Lokal lag wunderbar im Herzen des Stadtbezirks, im Atrium eines florierenden Hotels inmitten von Geschäften. Dem Pub gegenüber befand sich der „Bauernlümmel", eine urig bayerische Kneipe, die von der Bevölkerung und den zahlreichen Gästen fantastisch angenommen wurde. Auch jene vom Bundespresseamt gesteuerten „Polittouristen", die ich einst im „Feldherrenhügel" bewirtete, konnte der Wirt gegenüber als seine Gäste verbuchen. Mein ins Auge gefasstes Irisches „Public House", also kurz Pub, hatte schon seit längerem geschlossen und ich fragte mich, angesichts der traumhaften Lage, warum. Aus der Szene erfuhr ich, dass der Vorpächter Pleite gemacht hatte.

In der Gastronomie läuft so etwas in der Regel nicht in einem Insolvenzverfahren ab. Ich möchte es mal auf eine einfache Formel bringen: Wenn ein Pächter seine Miete nicht mehr zahlen kann, kommt der Vermieter, nimmt ihm den Schlüssel ab, tauscht das Schloss aus und die Sache ist zunächst erledigt. Der Pächter zieht von dannen und den Rest erledigt der Rechtsanwalt. Wie gesagt, eine einfache Formel.

Im Falle des Pubs war es ungefähr so abgelaufen und dadurch waren seitens des Vermieters vorab einige Vermögensverhältnisse zu klären. Der eine oder andere private Gegenstand des alten Pächters befand sich noch in der Gaststätte, aber das kümmerte mich nicht. Für mich war wichtig, dass der Pub vollkommen eingerichtet war. Mein nächster Schritt war ein Termin beim Vermieter. Unser Gespräch dauerte nicht lange, dann war alles besiegelt. Ich stellte einen Antrag auf Pacht des Pubs, bekam meinen Vertrag und öffnete meine neue Gaststätte.

Das war mal eine ganz neue Herausforderung und ich war ganz stolz auf meine irische Kneipe, den „Irish Pub Finnigen“. Nach vier Wochen musste ich mir eingestehen, dass die Geschäfte beileibe nicht so liefen, wie gedacht. Irgendwo musste mir ein Fehler unterlaufen sein. Mit dem Manager des augenscheinlich gut besuchten Hotels über dem Pub hatte ich mich mittlerweile angefreundet und bekam so von ihm Gäste heruntergeschickt. So nett die Geste war, ein Auskommen hatte ich dadurch nicht. Also musste ich weiter nachdenken, und mir notfalls etwas Neues einfallen lassen. „Vielleicht liegt es an der Ausstattung?“, dachte ich. Der Pub war authentisch urig irisch eingerichtet, mit einfachen Stühlen und Tischen aus dunklem Holz. Schön, aber zu wenig um damit einen Gast von der Straße zu locken. Die Mehrzahl der Hotelgäste ging lieber über den Hof zum „Bauernlümmel“. Kein Wunder, dort luden schöne bequeme Rattan-Möbel und Polster zum Verweilen ein. Und zugegeben, für einen gemütlichen Abend bei Bier und Plauderei war solches Mobiliar besser geeignet als blanke Holzbänke. Also habe ich, in üblichem schnellem Entschluss, die originelle Einrichtung des Pubs gegen schöne Rattan-Polsterstühle getauscht. In diesen neuen Sitzmöbeln konnte man bequem einige Stunden sitzen, ohne dass der Hintern wehtat. Den überdachten attraktiven Platz im Atrium vor der noch immer irischen Kneipe habe ich mit Holzpaneelen wie einen Garten gestaltet und ringsum erfahrungsgemäß nahezu blitzartig wachsende Essigbäume in Kübeln aufgestellt.

Ein großer Vorteil, der mir erst bei genauer Betrachtung richtig bewusst wurde und den es schleunigst zu nutzen galt, war die gute Erreichbarkeit des Pubs für gehbehinderte Gäste und sogar Rollstuhlfahrer durch die ebenerdige Lage in der Einkaufspassage. Also setzte ich die Barrierefreiheit konsequent um, vor allem in den Toiletten, die ich, wie gewohnt, eigenhändig umbaute. Damit war ich den anderen Gastwirten einen Schritt voraus. Heute gehören Behindertentoiletten zum Standard, Mitte der Neunziger Jahre mussten die Gäste noch suchen, um eine zu finden. Als der Umbau beendet war, änderte ich auch den Namen um einen richtigen Neustart vollziehen zu können. Der „Irish Pub Finnigen“ wurde zum „Gasthaus zur grünen Insel“ und von meinen potentiellen Gästen wurde diese Idee gut aufgenommen. Sogar der Manager des Hotels konnte der Umstrukturierung etwas abgewinnen, was auch in mir wieder Zuversicht wachsen ließ.

Die „Brücke“ zum Hotel war gebaut und ich sah einer einnahmekräftigen Entwicklung entgegen. Von einem kleinen Profit durch die altbekannten Berlin-Touristen war ich auch nicht abgeneigt und so erinnerte ich mich an meine einst guten Kontakte zum Bundespresseamt. Ich bemühte mich, diese Verbindung wieder aufzutauen und eine erneute Partnerschaft zu aktivieren. Dieses Mal konnte ich mit einigen Vorteilen aufwarten, zu denen neben Barrierefreiheit die schöne und zentrale Lage innerhalb einer überdachten Einkaufspassage, in der immer „Sommer“ war, zählte. Wie viele Mitbewerber konnten schon sommers wie winters gleichbleibende Außentemperaturen im Grünen anbieten? Zur Sicherheit hatte ich meine „Grüne Insel“ fotografiert, damit sich der zuständige Beamte des Bundespresseamtes einen Eindruck verschaffen konnte. Ein Bild sagt eben oftmals mehr als tausend Worte und so bat mich der begeisterte Beamte um ein Angebot. Dieses unterbreitete ich mit Vergnügen und schwuppdiwupp landeten schon tags darauf die vom Bundespresseamt gesteuerten Besucherströme wieder in meinem Pub, oder vielmehr im „Gasthaus zur grünen Insel“.

Was soll ich erzählen? Die Geschäfte liefen auch hier wie ein Gewitter! Wir verdienten gut.

Ich zeigte dem „Bauernlümmel" was eine Harke ist. Nach dem einträglichen Mittagsgeschäft mit den Touristen-Bussen brauchten auch die Gäste aus dem Hotel über der Gaststätte jetzt nicht mehr über den Hof zu laufen um ihr Absacker-Bierchen zu trinken und kehrten bei mir ein. Verwunderlich war allerdings, dass die ausländischen Gäste ihren Weg in den Pub erst gefunden haben, als ich eine deutsche Kneipe daraus gemacht hatte.

Es ist nicht schwer, sich vorzustellen, dass der Betreiber des „Bauernlümmel" meine Geschäfte argwöhnisch beobachtete. Immerhin bescherte ihm mein Geschäftssinn schmerzliche Umsatzeinbußen. Dass er leicht angesäuert war, konnte ich gut nachvollziehen, aber wie wütend er wirklich war, erfuhr ich erst in einem Gespräch mit meinem Vermieter, mit dem ich auch befreundet war. „Gerhard, du bereitest mir große Probleme!", sagte dieser stirnrunzelnd. „Wieso? Ich bezahle meine Miete pünktlich und alles ist fantastisch. Wieso hast du Probleme?", stellte ich mich dumm. „Der giftige Knilch vom „Bauernlümmel" droht mir bei jeder Gelegenheit mit dem Rechtsanwalt und will mich vor Gericht zerren, weil nur er deutsche Küche anbieten darf.", erklärte er. Es gab wohl eine solche Vereinbarung und ich wollte die Vertragsauslegung nicht unnötig strapazieren. Also versprach ich meinem Vermieter und Freund ohne lange Überlegungen, die Sache in Ordnung zu bringen.

Auf deutsche Küche zu verzichten wäre wahrscheinlich in eine geschäftliche Katastrophe ausgeartet, aber ein kleiner Griff in die Trickkiste konnte das Problem auch elegant lösen. Meine Gaststätte lief zwar unter einem neuen Namen, offiziell, also auf dem Papier, war sie aber immer noch „der Pub". Also änderte ich meine Speisekarte dahingehend, dass ich meine deutschen Gerichte ins Englische übersetzte und die deutsche Bezeichnung in Klammern darunter schrieb. Schließlich musste ich auch jenen Gästen gerecht werden, die des Englischen nicht mächtig waren. So stand ab sofort zum Beispiel in der Karte „Aromatic Meat Loaf", übersetzt mit „Falscher Hase". Die Tatsache, dass auch die Iren Schwein-, Rind- und Hammelfleisch essen, vereinfachte die Sache ungemein. Meine Gäste waren vorwiegend sogenannte „Städte-Touristen", also Besucher, die nur für ein paar Tage in der Stadt bleiben um sich etwas anzusehen, ins Theater oder die Oper gehen, also kurzum die

Kulturstadt Berlin genießen wollen. Ins Hotel gingen sie nur zum Schlafen und bei mir ließen sie den Abend, oder vielmehr den anstrengenden Tag mit meist gedrängtem Programm, gemütlich ausklingen.

Die Reisegesellschaften hingegen kamen zum Mittagessen. Auch sie hatten fast immer ein straffes Programm zu absolvieren und waren daher immer in Eile. Innerhalb von einer Stunde schlangen sie ihr Fünf-Gänge-Menü hinunter und verschwanden so flugs wie sie gekommen waren. Für mich bedeutete das zwei umsatzstarke Zeiten: Mittags und abends. Das war eine herrliche Arbeit! Mein Gegenüber vom „Bauernlümmel" hat mich verflucht von Hacke bis Nacke.

Als im Sommer 1998, mitten in meine Vorbereitungen für das jährliche Derby des Hotel- und Gaststättenverbandes, die CDU-Bundestagskandidatin Angelika Barbez, im „Ratskeller" an mich herantrat, um ihre Wahlkampf-Aktion „Kohl mit Biss" umzusetzen, ahnte ich noch nicht, dass ich im Begriff war, ein Deja vu zu erleben. Vielleicht hätte ich mich an die Aktion der Vorsitzenden des Kleingartenvereins vor etwa zehn Jahren in Neuenhagen erinnern sollen, die damals, zur Feier ihrer gewonnenen Wahl ein Riesen-Buffet bei mir bestellte… Wie auch immer, ich nahm den Auftrag von Frau Barbez an und fabrizierte für sie in 20-stündiger Kleinstarbeit die längste Kohlroulade der Welt. Diese 30-Meter- Roulade wurde im Ring-Center an der Frankfurter Allee in Berlin präsentiert und gewürdigt und scheibchenweise um eine Mark pro Portion verkauft. Der Erlös ging an ein karitatives Projekt und lohnte somit zusammen mit dem Eintrag ins Guinness Buch der Rekorde und einem Artikel im „Kurier" vom 19.8.1998 mit extragroßem Foto, die langwierige Arbeit. Zu jener Zeit ging ich noch davon aus, dass die Rechnung von, am Wahlkampf-Budget gemessen, läppischen 646,- DM, die ohnehin nur ein kleiner Kostenbeitrag an den Gesamtkosten von rund 7000 DM ausmachten, wie üblich innerhalb einer gewissen Frist beglichen würde. Wer konnte ahnen, dass sich die CDU-Mitglieder, um nicht zu sagen der gesamte CDU-Kreisverband Lichtenberg derart in die Wolle kriegen würden, dass die Rechnung herumgeschoben wurde wie ein faules Ei, ohne dass sich jemand für deren Begleichung zuständig fühlte. Am Ende wurde ich schlichtweg zum Opfer persönlicher Aversionen innerhalb des Kreisverbandes und Angelika Barbez wurde auch nicht in den Bundestag gewählt. Für mich war klar, dass ich an der Einbringung meiner Forderung festhalten würde, ganz gleich, wie lange ich kämpfen müsste.

Ärger hin, Kohlroulade her, es gelang mir zum Glück immer wieder, derart unerfreuliche Begebenheiten auszublenden und mich auf wichtige Dinge zu konzentrieren. Am 20. September war es dann so weit: Das jährliche Sulky-Prominentenrennen unter dem Titel „Innungspokal der Bezirksmeister", wurde auf der Derby-Bahn in Berlin-Mariendorf ausgetragen. Das Fernsehen war natürlich auch vor Ort und zeigte mich in meinem hellblau-weißen Anzug mit passendem Helm, den silberne Streifen und ein ebensolches Emblem zierten, und am Ende mit stolz geschwellter Brust hinter „Duncan", dem Pferd eines Kollegen, das zwar nicht als Favorit galt, aber bis dato immerhin 37 Siege verbuchen konnte. Bald fuhren wir im Mittelfeld mit und rückten von Runde zu Runde dem Favoriten näher. Die Startnummer „Sieben" brachte uns Glück und „der schnelle Meyer" holte den 3. Platz. Als bester Bezirksinnungsmeister schenkte mir das Präsidium der Hotel- und Gaststätten-Innung Berlin und Umgebung die diesjährige Reise nach Peking im Januar 1999. Was ich dort Unglaubliches erlebte, lesen Sie später…

Film 07 ist nicht auf meiner Webseite zu sehen, aber auf der Gratis-DVD Nähere Infos unter www.derschnellemeyer.com/filme

Die Lokalzeitung berichtete gleich zwei Mal von diesem Event. Das erste Mal vom Training am 12.9.98, in dem auch unser Trainer und die weiteren Teilnehmer des Innungsrennens abgebildet waren und das zweite Mal am 26.9.1998 mit einem Foto von mir als stolzen Sieger mit den Vorstandsmitgliedern des Rennvereins.

Man sieht sich immer zwei Mal im Leben, heißt es, und manchmal geht es schneller, als man je vermutet hätte. In meinem Fall war es Angelika Barbez, „CDU-Kandidatin zur Bundestagsabgeordneten" und Auftraggeberin der längsten Kohlroulade der Welt, die in einem Fernsehinterview zum Jahrtag des Mauerfalls neben mir stand.

TV Berlin Spezial berichtete aus der Bernauerstraße, wo „die Spuren der Teilung bis heute deutlich sichtbar sind, da noch immer ein Teil der alten Mauer zu sehen ist“, wie der Moderator erklärte. „Aber die Spuren der Teilung sind natürlich auch noch in den Menschen drin.“, führte er weiter aus und wandte sich an mich und wollte wissen, ob es mir heute beim Anblick des Stückes Mauer in der Bernauerstraße eiskalt über den Rücken laufe oder welche Gefühle ich sonst dabei hätte. „Eiskalt läuft es mir nicht den Rücken hinunter, ich habe nur einen Wunsch: Man hat ja die Mauer abgerissen, die Kirche war gesprengt und jetzt hat man Steine aus der Kirche genommen und diese mit den Mauerresten zu einem Denkmal zusammengefügt. Der einzige Wunsch, der jetzt übrigbleibt, ist der, dass die Herzen zu Herzen finden, damit die Mauer aus den Köpfen verschwindet.“ Die Frage des Moderators, ob es denn gut sei, dass noch ein Teil der Mauer vorhanden ist, damit sichtbar bleibt, was damals die Teilung bedeutet hat, konnte ich nur bejahen. „Auf jeden Fall! Es ist sehr wichtig, dass es erhalten wird, damit man den nächsten Generationen zeigen kann, wie schlimm diese Mauer gewesen ist. Es wurden nicht nur Menschen getrennt, sondern Menschen wurden teilweise von einer Nacht zur anderen vom Tisch weg gezogen und das muss man den Menschen immer vor Augen halten und nicht vergessen. Das ist wichtig.“ „Es ist sicher auch ein Symbol, wo die Menschen ermahnt werden sollen, was einmal möglich war.“, ergänzte der Interviewer und auch hier konnte ich nur beipflichten: „Genauso ist es. Ich habe es nicht vergessen, wie man an der Grenze gestanden hat, am Brandenburger Tor: Zwei Schritte weiter und schon hast du dein Leben zur Disposition gegeben. Das muss man der Nachwelt erhalten, weil viele vergessen darüber hinaus, dass heute alles gut ist und weinen eventuell der Nostalgie der DDR nach. Sie sollen hierher kommen und die Mauer anschauen. Das war die Realität in der DDR.“ Dass ich viel riskiert hätte, als ich über Ungarn geflüchtet bin, konnte ich nicht so stehen lassen. „Ich habe nichts riskiert, weil ich mein Leben ganz einfach nicht zur Disposition stellen wollte. Deshalb habe ich die Situation beim Schopf gefasst und bin mit dem Auto praktisch ohne Gefahr und ohne Probleme mit meinen Kindern und meiner Frau über die Grenze gefahren. Das war ein Geschenk, das uns zuteilwurde.“ Als der Moderator Frau Barbez als „CDU-Bundestagsabgeordnete“ begrüßte, musste ich schmunzeln. Sie einigten sich dann auf „CDU-Politikerin, Bürgerrechtlerin und Mitinitiatorin eines Informationszentrums".

Film 08 ist nicht auf meiner Webseite zu sehen, aber auf der Gratis-DVD Nähere Infos unter www.derschnellemeyer.com/filme

Ein Jahr später begannen die großen Feierlichkeiten zu „10 Jahre Freiheit". Zu diesem Anlass lachten wir, wieder mal, aus Zeitungen und aus dem Fernsehen. Zuerst aus dem „Sonnabend" vom 11. September 1999, übertitelt mit: „Wir waren die Ersten – Was aus uns geworden ist". Diese Zeitung schmückte ausnahmsweise kein Foto von mir, dafür zwei von Nicole und Myrjam. Eines von 1989 und gleich daneben eins von 1999. Unser Aufnahmeschein fand auch noch Platz unter dem Text.

Auch die „B.Z.", die größte Zeitung Berlins, gedachte dem „schnellen Meyer" und zeigte am 11. September 1999 ein Foto vom Ausreisetag mit unserem schnellen Toyota und eines von mir mit unseren Pässen.

Wie schon vor zehn Jahren, so widmete auch der ORF, genau gesagt jenes Bundesland, das der Grenze zu Ungarn am nächsten ist, der Ausreise in die Freiheit für tausende DDR-Bürger, Sendezeit. „Burgenland heute" erinnerte am 10. September 1999 an die größte Fluchtbewegung an dieser Grenze seit dem Ungarnaufstand von 1956, an den trotzigen Protest des DDR-Fernsehens und an Erich Honecker, der von „Erpressung und Verrat" sprach. Wie schon vor zehn Jahren berichtete auch diesmal Walter Reiss. Eine kurze Rückblende mit historischen, noch immer bewegenden Bildern, in denen am Ende ich im schnellen Toyota und im Schein der Kamera noch einmal sagte: „Wir freuen uns über die Demokratie in Ungarn, man müsste im ganzen Ostblock dieses nachmachen, damit diese Diktatur von Verbrechern aufhört."

Im Anschluss ging ich live, mit den schon bekannten bundesdeutschen Hosenträgern und in lässiger Jeans mit passendem blauem Hemd, am Ort des Geschehens entlang. „Ich glaube, ich laufe hier auf heiligem Boden.", sagte ich lachend und fügte an: „In Dreierreihen wurde die Grenze von uns Flüchtlingen sozusagen überfallen und dann wurden wir nur weitergewinkt und man hat uns „Grüß Gott" gesagt. Das war für uns unvorstellbar, dass man an einer Grenze stehen und dann einfach fahren kann." Dies erklärte ein Sprecher der österreichischen Zollbeamten: „Wir haben versucht, das sehr zu vereinfachen und zum Schluss war es dann so, dass wir gesagt haben, „Wir lassen sie durch ohne wesentliche Kontrolle".

Eine Rot-Kreuz-Helferin erinnert sich noch daran, dass sie und ihre Kolleginnen und Kollegen von zahlreichen Menschen umarmt wurden, die Tränen der Freude, der Erleichterung aber auch der Angst vor der Zukunft weinten. „Mit Vollgas fährt „der schnelle Meyer", wie ihn später alle nennen, allen davon. Er bleibt die Spitze.", bringt mich der Sprecher wieder ins Bild: „Ich hatte mich in Österreich noch mindestens zwei oder drei Mal verfahren, glücklicherweise war an den Stellen grad keine Leitplanke in der Mitte und so sind wir gleich über die Straße gewechselt. Ich glaube, man hat uns das einfach alles verziehen, es waren schließlich auch keine Polizisten da. Eine meiner Töchter meinte: „Also Papa, wenn du jetzt weiter so fährst, sind wir die ersten in Westdeutschland.", und als wir in Passau angekommen sind, war mir klar, dass es keine zehn Jahre mehr dauert, bis die DDR nur mehr Geschichte ist." „Es sollte aber noch viel rascher kommen. Im November 1989 fällt die Berliner Mauer, nachdem bis dahin 50.000 Menschen der DDR den Rücken gekehrt hatten.", schloss Herr Reiss den Bericht

Film 09 ist nicht auf meiner Webseite zu sehen, aber auf der Gratis-DVD Nähere Infos unter www.derschnellemeyer.com/filme

Die „Mitteldeutsche Zeitung" titelte am 30. Oktober 1999: „Noch sehr viel Spaß mit einem letzten Traum – Gerhard Meyer reiste über Ungarn ein und schmiedet jetzt Pläne in Roßdorf" und erzählte eine ganze Seite lang unsere Geschichte. Auch auf diesem Foto trug ich meine bundesdeutschen Hosenträger, diesmal allerdings nicht so förmlich wie fürs Fernsehen, mit Hemd, sondern mit einem saloppen weißen T-Shirt. Darunter stand, damals wie heute völlig zutreffend: „Ich musste genauso kämpfen wie alle anderen. Aber für mich gilt: Zupacken."

„Einmal Bayern und zurück – Die „schnellen“ Meyers aus Lichtenberg waren die ersten DDR-Übersiedler an der ungarischen Grenze im September 1989“, stand in großen Lettern in einer ebensolchen Zeitung vom 16.11.1999. „Wahnsinn! Nur ein Wort. Endlich Freiheit hieß das. Endlich Demokratie. Endlich ein Wiedersehen. Zehn Jahre ist es her. Die ganze Welt schaut auf diese Stadt. Eine Revolution „von der Straße“ besiegelte das Ende der DDR....“, jubelt die Zeitung weiter. „Ein Umzug mit wenig Gepäck“, erinnert sich meine Frau inmitten unserer abgedruckten Lebensgeschichte.

Auch österreichische Zeitungen berichteten über „zehn Jahre Wiedervereinigung“. So wurde im „KURIER“ getitelt: „Und plötzlich ging's mit Vollgas in die Freiheit...“, und weiter geschrieben: „Vor Zehn Jahren! Die Öffnung der Mauer schien in unerreichbarer Ferne zu liegen. Da begannen die Menschen in der DDR ihre friedliche Revolution – und ein Mann namens Gorbatschow ließ die Freiheit zu.....“ Neben dem altbekannten Foto mit unseren Pässen zeigte der „KURIER“ auch noch eins mit Nicole und Myrjam im Lichtenberger „Ratskeller“ und erzählte detailgetreu die Geschichte der Familie Meyer. Myrjam erinnerte sich daran, dass sie im Regiomontanus-Gymnasium in Haßfurt nur anfangs Probleme in Englisch hatte, da sie in der DDR schon in die fünfte Klasse ging und ein halbes Jahr Russisch gelernt hatte. „Aber alle halfen mir, da habe ich schnell alles aufgeholt.“, erzählt sie mit einer offensichtlich geerbten Lockerheit. Sogar unsere Investitionssumme von rund 500.000 Mark und die Laufzeit des Pachtvertrages von 20 Jahren wurden angeführt. Ein anschließender Blick auf unsere Menükarte ließ die Reporterin lobend erwähnen: „50 Gerichte stehen auf der Speisekarte, von der hausgemachten Soljanka für 4,90 Mark bis zur Wildbretplatte mit Preiselbeeren, Rotkohl und Thüringer Klößen für 15,90 Mark.

Im selben Jahr, am 9. November 1999, wurde „Zehn Jahre Mauerfall“ gefeiert und da durfte „der schnelle Meyer“ natürlich schon gar nicht fehlen. Diesmal war die Gastgeberin die „SAT1 Morgen-show“, die mir eine Einladung zukommen ließ. So tief im Familienalbum hatte bisher noch kein Fernsehsender gewühlt. Nach einem Hochzeitsfoto von Nicole im weißen Kleid mit passendem, ultramodischen Florentinerhut und mir im schwarzen Anzug mit weißem Hemd und ebensolcher Fliege tauchte ein Familienfoto mit unseren Töchtern im Volksschulalter auf und dann noch unserer zeitgemäß tapezierten und weihnachtlich geschmückten Luxuswohnung anno dazumal. Dass die Welt in der DDR damals noch in Ordnung war, wie die Moderatorin bemerkte, konnte ich nicht wirklich unterschreiben, die Aussage, dass es uns gut ging, sehr wohl. Wie viel wir dafür leisteten, konnte sie nicht wissen. Sogar ein Foto der Terrasse unserer Kneipe in Neuenhagen, dem „Bräustübel" untermalte die „Meyer'sche Nostalgiereise." Aber noch mehr rührten mich in diesem Moment die Bilder von Soldaten, die mit Zangen Stacheldrahtzäune öffneten und später demontierten. Meine Untertitelung lautete diesmal nicht „der schnelle Meyer", sondern „Aussiedler Nr.1" und zeigte mich zu Hause mit bundesdeutschen Hosenträgern zum perfekt gebügelten weißen Hemd mit schwarzer Fliege. „Der Gedanke der Freiheit war schon immer dagewesen und das Liebäugeln mit dem Westen war durch das Fernsehen auch schon immer präsent. Aber sich in der DDR der Gefahr auszusetzen, vielleicht über drei Jahre durch den Knast zu laufen, also den Gefallen wollte ich den Idioten auch nicht tun. Als wir dann in Ungarn waren, erlebten wir dieses fantastische Gefühl: Das war's! Jetzt kommst du raus! So sind wir einfach ins Auto rein und losgepowert." Dann folgte, was kommen musste: ein Rückblick in jene Nacht und der allseits bekannte Satz: „Ich hab mich spontan entschlossen, alles stehen und liegen zu lassen, weil wenn der Mensch an einer Grenze ankommt, wo's nicht weitergeht, dann muss man halt alles liegen lassen.", war auch teilweise zu hören. „Wenn ich das heute sehe, nach zehn Jahren, empfinde ich genau dieselbe Euphorie wie damals.", sagte Nicole, ebenfalls untertitelt mit „Aussiedlerin Nr.1" und ergänzte: „Also wenn ich diese Bilder sehe, bin ich genau wieder in diese Zeit versetzt, kann ich mich genau wieder an diese Zeit erinnern. Ich höre und sehe die Menschen, wie sie schreien, wie sie glücklich sind, wie sie sich in die Arme fallen, wie sie weinen vor Glück und wie wir als Familie uns auch in die Arme gefallen sind und vor Glück geweint haben." Ob Myrjam, die während des Interviews neben mir saß, das auch noch so in Erinnerung hatte, weiß ich nicht, vermute es aber. Durch diese Sendung wurde auch Nicoles Arbeit, die neben der Mithilfe im Gastbetrieb auch die Buchhaltung umfasste, gewürdigt. Myrjams Untertitelung lautete nicht „Aussiedlerkind Nr.1", sondern schlicht „Wendekind". An die Zeit in der DDR erinnere sie sich kaum und habe auch keinen Bezug zur DDR, meinte sie, erinnerte sich aber lustiger Weise daran, dass sie mal ein kleines Halstuch getragen hatte und an FDJ- und Pionierlieder. „Ich fühl mich nicht als Ossi und nicht als Wessi. Ich bin halt ein Wendekind.“, sagte sie abschließend. „Das Leben ist überall ein Kampf. Ob das im Osten ist oder im Westen, oder im Süden oder im Norden. Überall musst du kämpfen im Leben!“, war mein Fazit zum Schluss.

Film 10 ist nicht auf meiner Webseite zu sehen, aber auf der Gratis-DVD Nähere Infos unter www.derschnellemeyer.com/filme

Gegen Ende des Jahres 1999 klopfte der Fernsehsender „In Berlin“ bei mir an und rollte eine alte leidige Geschichte auf. Das Einstiegsthema lautete „Kohl mit Biss“ und warf einen Blick auf jene gastronomische Realsatire, die mir seit mehr als einem Jahr eine offene Rechnung von 646 DM bescherte. Richtig – es ging um die legendäre „längste Kohlroulade der Welt“, die ich im Auftrag von Frau Angelika Barbez, seinerzeit CDU-Kandidatin für den Bezirk Lichtenberg, im dortigen Ratskeller fabrizierte. Frau Barbez wackere Erklärungen und Erläuterungen, dass sich maßgebliche CDU-Vorstandsmitglieder nicht mehr an ihre eigenen demokratisch gefassten Beschlüsse erinnern könnten, noch immer nicht in der Demokratie angekommen seien und versuchten, wie zu DDR-Zeiten alles auf andere abzuwälzen, änderten leider nichts am Sachverhalt, dass ich für meine allseits bewunderte und gelobte Arbeit bis dato leer ausgegangen war. „Ich gehe ganz einfach davon aus, dass das innerparteiliche Querelen sind, denn die hauen sich wie die Kesselflicker in ihrem Kreisvorstand und da bleibt das nicht aus, dass derjenige, der das Geld bekommt meist zwischen Baum und Borke sitzt.“, kommentierte ich die Angelegenheit mit einem Lächeln. Der Vorschlag der Moderatorin, das Geld ganz legal als Spende abzuschreiben, stieß bei mir auf taube Ohren. „Nein, das kriegen sie von mir nicht. Da spende ich es lieber an eine karitative Einrichtung. Die CDU kriegt von mir sicher keine Spende!“ So sahen die Angelegenheit auch die Mitglieder des Hotel- und Gaststättenverbandes, die mich ermutigten, eine Klage gegen die Partei einzureichen um zu meinem Recht und letztendlich meinem Geld zu kommen. Zu guter Letzt gab es dann doch ein Happy End: Kreisvorsitzende Hella Kasten, der die Kohlroulade am schwersten im Magen zu liegen schien, wollte den „Rouladenrummel“ vom Tisch haben, Auftraggeber hin oder her, und versprach vor laufender Kamera, die Rechnung aus eigener Tasche zu zahlen. „Nur Ex-Kandidatin Barbez überlegt noch, ob sie ihre damaligen Mitstreiter verklagen soll.“, meinte die Moderatorin und fügte noch an: Dem Wirt ist's egal, ihm schmecken seine Kohlrouladen jetzt wieder besser.“ Wie wahr!

Film 11 ist nicht auf meiner Webseite zu sehen, aber auf der Gratis-DVD Nähere Infos unter www.derschnellemeyer.com/filme

Die Berichterstattung dieser Story fand auch noch in der Berliner Zeitung vom 8./9. Januar 2000 eine ganze Seite Platz und eine weitere Zeitung widmete der Geschichte ebenfalls eine ausführliche Berichterstattung

Eigentlich hätte ich jahrelang so weiterarbeiten können, aber mein unruhiger Geist trieb mich dazu, Berlin aufzugeben. Das alte Jahrtausend hatte sich zur Ende geneigt und der Ruf der Heimat wurde lauter. Etwas tief in meinem Inneren sagte mir immer deutlicher, dass ich gar nicht nach Berlin gehörte. Mein geschäftlicher Erfolg der letzten Jahre brachte mir neben beruflicher Integration und Anerkennung sogar das Amt des „Bezirksmeisters des Hotel- und Gaststättenverbandes für den Bezirk Lichtenberg und Hohenschönhausen“ ein. Der Haken daran war nur, dass ich sehr wenig Freude an diesem Titel oder der Arbeit fand. Die Stadt war einfach zu groß und der Landjunge, der ich im Herzen geblieben war, wollte seiner Sehnsucht nach dem Lande folgen.
Nach all den Jahren, die wir in Berlin gelebt hatten, fehlten mir auf einmal die Wiesen, Felder, Wälder und grünen Hügel, die wir in der Stadt naturgemäß nicht hatten und nicht mal ausschnittweise sehen konnten. Unser Freundeskreis beschränkte sich auf die, die wir von früher kannten und von denen die meisten noch immer im ehemaligen Osten wohnten. Wir hatten genau zwei Freunde, mit denen wir uns alle vier Wochen mal auf einen Schwatz trafen, aber sonst gab es niemanden, der uns nahestand. Nach so vielen Jahren wusste ich nicht einmal, wer noch bei mir auf dem Flur wohnte. Bis auf einen „Guten Tag“, wenn man sich begegnete, hatte man sich nichts zu sagen.

Auch im „Ratskeller" Lichtenberg hatte sich so manches geändert. Bernd Hase war jahrelang meine rechte Hand und ich konnte stets auf seine Unterstützung zählen. Mich um die anderen Objekte kümmern zu können war auch sein Verdienst, weil ich ihm getrost die Geschäfte überlassen konnte. Auf Bernd konnte ich mich hundertprozentig verlassen und auch mal beruhigt in den Urlaub fahren. Mitte der Neunziger äußerte mein Kompagnon den Wunsch, sich selbst als Gastwirt zu versuchen. Bald darauf machte er sich selbstständig und übernahm den „Parkblick", eine kleine Kneipe gegenüber unserem Lichtenberger „Ratskeller". Ich freute mich für Bernd, dass alles so lief, wie er es sich vorstellte, war aber ehrlich gesagt auch ziemlich traurig. Aus Erfahrung wusste ich, dass es nichts bringt, Verlusten ewig nachzutrauern und so sah ich den Alleingang meines Freundes und Kompagnons als neue Herausforderung. Das Ende unseres guten Teams bedeutete aber nicht das Ende unserer Freundschaft. Die besteht bis heute und dann und wann besuchen wir uns sogar. Den „Ratskeller" habe ich mit meiner Frau wieder alleine geführt, und der Pub, sprich die „Grüne Insel", wurde ein Klotz am Bein.

An einem Abend Anfang des neuen Jahrtausends, wir saßen wohl gerade beim Abendbrot zusammen, sagte ich zu meiner Frau: „Weißt du was? Ich mache hier die Flatter! Hier hält mich nichts mehr. Ich bin jetzt über 50, was soll ich hier? Arbeiten kann ich überall, da kann ich auch wieder nach Mühlbeck zurückgehen. Ich finde garantiert etwas." Nicole schaute mich völlig entgeistert an und versuchte sanft an meinen Verstand zu appellieren, indem sie mir ins Gedächtnis rief, wie gut wir mittlerweile etabliert wären und mein Amt als „Bezirksmeister des Hotel- und Gaststättenverbandes" wäre doch auch etwas wert. Meine Frau wollte gerne in Berlin bleiben und war sichtlich stolz auf unseren beruflichen Erfolg. Letztendlich kannte sie mich aber gut genug um zu wissen, dass meine Entscheidung längst gefällt war.

Den Titel „Bezirksmeister des Hotel- und Gaststättenverbandes für Lichtenberg und Hohenschönhausen" würde ich mit hoher Wahrscheinlichkeit in unserem neuen Leben nicht vermissen, aber vielleicht die dazugehörigen Reisen. Der Verband organisierte jedes Jahr eine einwöchige Weltreise, um die Gastronomie der weiten Welt kennen zu lernen. Die vor kurzem absolvierte Reise nach China, die ich durch den

Gewinn des weiter oben erzählten „Sulky-Prominentenrennens“ in Berlin-Mariendorf vom Verband spendiert bekam, endete mit einer weiteren schrägen, fast schon unglaublichen Begebenheit aus der Reihe „Skurrile Geschichten meines Lebens“. Der Reiseverlauf, die Besichtigungsobjekte und die Unterbringung in China waren absolut top. Am Abend, zum Ausklang eines programmreichen Tages, zogen wir mit einer kleineren Gruppe in der näheren Umgebung unseres Hotels um die Häuser und kehrten in einer kleinen Gaststätte ein. Am Nachbartisch erspähte ich ein bekanntes Gesicht. Ich rieb mir die Augen und sah nochmal hin. Es war keine Sinnestäuschung, dort saß tatsächlich Winne. Jener Schulfreund aus Mühlbeck, mit dem ich die Scheiben in der Tongrube zerschossen hatte. War so eine Begegnung noch mit Zufall zu erklären? Winne und ich empfanden es gleichermaßen als „Wahnsinn“. Halleluja! Die Zeit als Gastronom in Berlin schien wie ein Magnet derartig kuriose Ereignisse für meine weiter oben genannte Skurrilitätensammlung anzuziehen.

Einige Jahre nach der Wende machte ich mich auf, Ostpreußen, das Land meiner Mutter kennen zu lernen. Am Vorplatz des kleinen aber hübschen Hotels im litauischen Mehmel (heute Kleipeta), in dem wir logierten, nahm eine Reisegruppe an den Tischen um uns herum Platz. Wer saß genau am Tisch neben mir? Meine Freundin Erna aus Neuenhagen. Erna war zur damaligen Zeit Ballettmeisterin im Kulturhaus in Neuenhagen und hat sich um die Ausbildung der kleinen Mädchen gekümmert. Als Nachkomme von Vertriebenen aus Pillau, einer Hafenstadt im ehemaligen Ostpreußen, war es leicht zu erklären, dass wir ob unseres ähnlichen Familien-Schicksals dieselbe Reiseroute wählten ohne voneinander zu wissen. Sie in einer organisierten Gruppe, ich wieder mal als Zigeuner.

Auf Bernd Hase konnten wir uns, wie schon ausführlich erläutert, verlassen. So war es kein Problem, dass ich mit meiner Frau den arbeitsreichen Alltag mit einem Kurzurlaub nach Paris unterbrach. Diesmal waren wir mit einem Reisebus unterwegs. Auf der Autobahn überholte unser Bus einen anderen, ebenfalls deutschen, Reisebus und wen sah ich, als ich justament in diesem Augenblick aus dem Fenster schaute? Meine einstige Nachbarin aus Mühlbeck!

In den Schulsommerferien war ich mit Nicole und den Kindern auf Urlaub in Ungarn. Auf dem Weg zu meiner Sonnenliege irgendwo am

Plattensee hörte ich hinter mir eine Stimme, die mir bekannt vorkam. Nichtsahnend drehte ich mich um und wen sah ich? Meinen Freund Klaus aus Friedersdorf, der zu jener Zeit, als ich unbedingt mal kurzfristig berufliche Erfahrung in einer Baufirma sammeln musste, mein Vorarbeiter und somit wichtiger Mann bei der Beschaffung von Baumaterialien für meinen Hausbau war.

Ebenfalls zu jener Berliner Zeit als Gastronom veranstaltete Radio 100,6 genau vor meinem „Ratskeller" in Lichtenberg eine Ratespielsendung. Da ich nicht weit zu laufen hatte, trat ich vor mein Lokal und machte zum Spaß auch mit. Muss ich extra verraten, wer den Hauptpreis gewonnen hat? Natürlich „der schnelle Meyer", der mit seinem Gewinn, einem Mercedes der S-Klasse eine Reise innerhalb von Deutschland antreten durfte, inklusive vier Übernachtungen in einem vier Sterne Hotel. Meine Wahl war München, die ich auch nicht bereut habe. Am Ende des kulturell und optisch wertvollen Tages genehmigte ich mir in der Hotelbar noch einen Drink. Außer mir bevölkerte nur noch ein weiterer Gast die schön geschwungene Bar. Ich gucke einmal, ich gucke zweimal und erkenne ihn. Es war mein Freund Mitko Kolev aus Bulgarien, der seit seinem Studium in Prag lebte. Unser Kontakt bestand seit unserem Kennenlernen vor Jahrzehnten und ich schätzte mich glücklich, diesem äußerst intelligenten, aber vom Schicksal, respektive Verfall des kommunistischen Systems, gebeutelten Mann im Laufe seiner Studienzeit finanziell unter die Arme greifen zu können. Heute lebt Mitko noch immer in Prag und hat sich als promovierter Elektroingenieur bei mehreren großen Baufirmen bewiesen. In seiner geschmackvollen Villa im italienischen Stil besuche ich ihn noch heute oft zwei Mal im Jahr mit meiner Frau und mittlerweile auch meinen Enkeln.

Bei einem weiteren Sommerurlaub mit meiner Familie in Binz, auf der Insel Rügen, lief mir unter tausenden von Touristen ein weiterer guter Bekannter, ein Gitarrenlehrer, über den Weg. Es war mein Freund Roland, der bei mir im „Ratskeller" einmal wöchentlich für die musikalische Umrahmung zuständig war.

Da ich immer zwei Tätigkeiten gleichzeitig machen muss, habe ich in den Anfängen des Lichtenberger „Ratskellers" auch noch nebenbei Modeschmuck vertrieben. Diese Handelstätigkeit brachte mich durch halb Deutschland, und so war ich ab und an auch in Rostock. Wen treffe ich?

Dana, die Tochter meines Bruders Manfred und dessen Schwiegermutter!

Berlin bescherte uns neben der Gastronomie auch noch einen politisch interessierten und aktiven Freundeskreis. Also gründeten wir die MIT, die Mittelstandsvereinigung der CDU. Alles ging seinen geregelten Gang, bis sich eines Tages ein fremdes Ehepaar anmeldete. Wie das im Leben so ist, kamen wir gleich ins Gespräch. Dabei stellte sich heraus, dass der etwa gleichaltrige Herr, der sich als Joachim Engert vorstellte, ein alter Bekannter war. Wir kannten uns aus der Fleischerlehre in Pouch. Ich habe damals bei seinem Onkel, Willi Bretlau, der in Pouch das größte und beste Mode- und Lebensmittelgeschäft im Umkreis betrieben hatte, Hausschlachtungen durchgeführt. Wir freundeten uns mit Joachim und seiner Frau Edelgard an und haben viele Urlaube zusammen verbracht. Auch heute noch sind wir gut befreundet und besuchen uns regelmäßig. Seinen 70er hat er mit seiner Familie bei mir im Hotel in Steinach, Österreich, gefeiert!

Wie oft dachte ich mir bei derartigen schrägen Erlebnissen: „Ich bin in einem anderen Film!"

Apropos Film: Seit unserer Flucht aus Ungarn, genau gesagt seit jenem Auftritt in Vilshofen mit Max Streibl vor der BBC-Kamera, wurde ich zu einem regelrechten Medienstar. Keine Zeitung, aus der ich nicht lachte, keine Fernsehdiskussion die Grenzöffnung betreffend, in der ich nicht mitdiskutiert hätte und logischer Weise auch keine Gedenkfeier zum Mauerfall ohne meine Anwesenheit. Meinen Beinamen „der schnelle Meyer" habe ich mir als Hans Dampf in allen Gassen redlich verdient und dieses Image pflege ich auch heute noch, Ende nicht absehbar.

Kapitel - 14 -

Nach zwei Jahren entschied ich mich, diesmal ohne weinendes Auge, die irischen Abwege zu verlassen, den Pub aufzugeben und mich auf eine Zukunft in der heimischen Gegend um Mühlbeck, meinem Geburtsort, vorzubereiten. Hierfür hatte der kleine vorsorglich vorausblickende Teil in mir schon Mitte der Neunziger Jahre den Grundstein gelegt, aber dazu später. Als kurze Vorausschau verrate ich jetzt schon, dass trotzdem alles anders kam.

Als wir uns vom Pub trennten, war es mir ein Anliegen, unseren dortigen loyalen und verlässlichen Büffettier und Kellner, Hans-Jürgen Hufenreuter nicht im Regen stehen zu lassen. Gute Mitarbeiter waren schwer zu finden, und so nahm ich Hans-Jürgen einfach mit in den „Ratskeller". Ich kannte ihn gut genug um sicher zu sein, dass er dieses Objekt selbstständig führen konnte. Als logische Schlussfolgerung und mit neuen geschäftlichen und privaten Plänen im Hinterkopf bot ich ihm somit gleich zu Anfang seiner neuen Tätigkeit die Option an, den gut florierenden Betrieb zu einem späteren Zeitpunkt zu übernehmen. Den „Ratskeller" als Objekt konnte ich nicht verkaufen, der gehörte mir ja nicht, aber auf eine kleine Ablösesumme, auch wenn sie in diesem fast schon freundschaftlichen Fall weit unter Wert lag, konnte ich mir nicht entgehen lassen. So bot ich meinem guten Mitarbeiter an, sich in das Geschäft hineinzuarbeiten. Mein Angebot lautete, ihm Einblicke in sämtliche Unterlagen zu gewähren, um später nicht das Gefühl zu haben, ein Buch mit sieben Siegeln zu kaufen. Als in der Gastronomie absolut übliche Ablöse für das gut gehende Geschäft, dachte ich an 30.000 Euro. Allerdings war mir klar, dass Hans-Jürgen eine solche Summe nicht sofort griffbereit hätte. Einen Kredit hätte er mit Sicherheit auch nicht bekommen, denn was den gastwirtschaftlichen Bereich betrifft, halten sich die Banken ja bekanntlich eher bedeckt.

Aber als „schneller Meyer" hatte ich bald eine meiner legendären guten Ideen parat und so schlug ich Hufenreuter vor, mit der Brauerei zu reden, die ihm diese Summe möglicherweise geben würde. Die Verhandlungen haben sich noch etwa ein Jahr hingezogen, bis unser Geschäft unter Dach und Fach war. 2003 war es dann endlich soweit und ich konnte den „Ratskeller" aufgeben. Meine Einschätzung in Bezug auf meinen Nachfolger hat sich bestätigt und er hat den Betrieb bis heute erfolgreich weiter geführt. Ich machte mich in Berlin „adlig" und sah voller Optimismus einem neuen Projekt entgegen.

Auch wenn meine Frau anfangs nicht so begeistert von der Idee war, Berlin zu verlassen, so hat sie doch im Laufe der Zeit und der Vorbereitungen das Fieber der Veränderung gepackt. Während ich mich um die Regelung der geschäftlichen Dinge kümmerte, drückte sie erneut die Schulbank und machte eine Abschlussqualifizierung in Richtung Computeranwendungen und Rechnungsführung. Sie war nicht nur gut, sondern schloss den Kurs als Klassenbeste ab. Wieder ein Grund mehr, stolz auf meine Nicole zu sein.

Apropos: „Sich adlig machen" ist eine spezielle Redewendung von mir und bedeutet „auf und davon". Ich gebe zu, das ist ein bisschen um die Ecke gedacht, aber mir hat sich diese Redensart eingeprägt. Jeder Mensch besitzt in seinem Wortschatz bestimmte Begriffe oder Redewendungen, die er gern und häufig gebraucht, auch wenn sie nicht im Duden zu finden sind. Bei mir sind es eben „sich adlig machen" und „von Hacke bis Nacke" als Synonym für „gewaltig" oder „heftig".

Wie schon gesagt, hegte ich keine Ambitionen, auf blauen Dunst wieder zurück nach Mühlbeck zu gehen. Das passt einfach nicht zu Gerhard, dem „schnellen Meyer". Bereits Mitte der Neunziger, kurz nach dem Alleingang meines Kompagnons Bernd Hase, warf ich vorsorglich einen Blick auf einige interessante Objekte in meiner alten Heimat. Nach der Wende standen zahlreiche ehemalige HO-Gaststätten zur Disposition, unter anderem auch das ehemalige „Schützenhaus" in Roßdorf, das die Kommunisten in „Czardas" umbenannt hatten. Ich hatte mit dieser Kneipe schon immer geliebäugelt. Vielleicht auch deshalb, weil ich damit eine Anekdote aus meiner Jugend verband, die ich in all den Jahren noch immer ganz deutlich vor mir hatte:

Nach meiner Lehre als Metzger, als ich mich im Bitterfelder „Haus des Handwerks" zum Kellner qualifizierte, kreuzte ein gewisser Klaus Günther von der HO, der staatlichen Handelsorganisation, meinen Weg. Der Umstand, sein Auftritt und das ganze Drumherum dieses Moments brannte diesen Menschen in mein Gedächtnis, umgeben von einer

Wolke aus Hass. Dass sich dreißig Jahre später unsere Wege wieder treffen würden, allerding in völlig anderer Konstellation, hätte ich damals nicht geglaubt.

Es war Neujahr 1969 und ich musste zur Frühschicht. Am Vorabend war es auf einer Silvesterparty mit den Kollegen heiß her gegangen. Ich war gerade mal 18 Jahre alt und sichtlich stolz auf meine Eroberung, eine hübsche Kellnerin. Im Zuge meiner Ausbildung war ich, wie schon erwähnt, im „Haus des Handwerks" untergebracht, dessen Hausordnung das Mitbringen betriebsfremder Personen strikt untersagte. Aber an jenem Neujahrsmorgen kümmerte mich diese Vorschrift genau gesagt gar nicht. Verliebt und gut gelaunt kam ich Arm in Arm mit dem Mädchen zu meiner Ausbildungsstätte und nahm sie mit rein. Im Foyer küsste ich die Kleine ausgiebig, oder wie ich damals gesagt hätte „wir haben uns geknutscht", was zu jener Zeit auch schon die Grenze des Machbaren bedeutete. Dabei ahnten wir nicht, dass wir beobachtet wurden. Oben, auf der Galerie befand sich das Büro des Objektleiters, einem gewissen Helmut Krypczak. Besagter Herr stand zusammen mit Peter Ruhner, einem Kellner und eben Klaus Günther am Fenster und schauten sich die Szene, denkbar genüsslich, an. Dann kamen die drei die Treppe herunter und Krypczak stellte mir den Unbekannten mit einem süffisanten Grinsen als Dr. Günther Klaus, Chef der Gastronomie, vor. Der nächste Satz war nicht mehr so freundlich. Mein Vorgesetzter machte mich zur Sau, weil ich eine betriebsfremde Person mit in das geschlossene Objekt gebracht hatte. Zum Schluss drohte er mir mit einem Verweis. In meiner jugendlichen Naivität hatte ich keine Ahnung, worum es wirklich ging. Also habe ich mich gesenkten Hauptes entschuldigt und Besserung gelobt. Ob ich mich in diesem Moment mehr vor meinem Chef und seinem angeblich mindestens ebenso hoch in der Hierarchie stehenden Kollegen geschämt habe, oder vor meiner Flamme, ist nicht ganz sicher. Das Mädchen war am Ende der Standpauke mit einem verlegenen „Tschüss" durch die riesige alte hölzerne Eingangstür verschwunden und ich beschloss, mich nach diesem peinlichen Vorfall bei der Arbeit besonders anzustrengen, um den Oberen zu zeigen, wie gut ich war. Die sind wahrscheinlich vor Lachen nicht in den Schlaf gekommen.

Diese Episode, die meinen ganzen Stolz über meine Eroberung in wenigen Minuten in nichts als Scham verwandelte, hat sich tief in meinem

Inneren festgehakt wie eine Klette beim Waldspaziergang. Wer wird schon gern vor seiner Flamme zurechtgewiesen?

Später stellte sich heraus, dass Klaus Günther weder promoviert hatte noch der Gastronomie-Chef der HO war, sondern lediglich der Obektleiter der Gaststätte „Czardas“ in Roßdorf. Im Zuge privater Feierlichkeiten hatte ich noch ein paar Mal mit ihm zu tun, weil das Objekt für Familienfeiern sehr beliebt war, dann verlor ich ihn aus den Augen. Aber nicht für immer, sondern nur für eine lange Zeit.

Das „Czardas“ hingegen behielt ich im Auge und bewarb mich schon 1990 bei der Treuhandgesellschaft in Halle um den Kauf der Gaststätte. Hätte ich sie bekommen, hätte ich die Berliner Betriebe gar nicht erst aufgebaut. Aber ich erhielt einen abschlägigen Bescheid und erfuhr von Bekannten aus der Branche, das Günther das Vorverkaufsrecht für das Lokal in Roßdorf eingeräumt worden war. Auch wenn ich nicht glücklich darüber war, so war es doch nachvollziehbar, denn er hatte das Lokal schließlich lange Jahre bewirtschaftet. Allerdings war eine Kaufabsicht seiner Seite noch nicht ganz sicher, denn er bekam vorerst einen Betreibervertrag für fünf Jahre, um sich in dieser Zeit für oder gegen den Kauf entscheiden zu können. Aber wie auch immer, ich musste zunächst dieses Objekt aufgeben.

Als ich ein paar Jahre später, es muss wohl 1995 gewesen sein, wieder einmal durch die heimische Gegend fuhr, machte ich auch einen Abstecher nach Roßdorf. Diese wunderschöne Gegend um den Galgenberg hatte es mir angetan. Das „Czardas“ lag direkt an diesem schicksalsträchtigen Ort. Im Mittelalter war der Galgenberg, wie der Name schon sagt, ein Richtplatz. Auch wenn heute der Gedanke an einen öffentlichen Galgen makaber ist, so ist der historische Fakt als Werbung doch unbezahlbar. Direkt am Grundstück, auf dem das „Czardas“ mit seiner traumhaften Aussicht steht, fließt die Mulde vorbei. Von hier aus führen die Wege in die Dübener Heide und in den Fläming, einen eiszeitlich gebildeten Höhenzug, der für so manchen Genusswanderer eine historisch gewachsene Kulturlandschaft darstellt. Dass diese Gaststätte schlichtweg ein „Super-Objekt“ war, wusste ich schon Jahre vorher, aber das Schicksal hatte es scheinbar nicht für mich reserviert.

Nun war die Sachlage anders. „Oh, jetzt hat Günther es wohl gekauft.“, fuhr es mir beim Anblick des geschlossenen „Czardas“ durch den Kopf. Ich rief sofort bei der Treuhandgesellschaft in Halle an und erkundigte mich. Eine Mitarbeiterin erzählte mir, dass Günther Mietschulden habe, Energie- und sonstige Rechnungen nicht zahlen könne und somit ein Kauf des Objekts für ihn nicht in Frage käme. Auf mein Bitten hin suchte sie die Akte heraus und teilte mir mit, dass ich den Kauf erneut beantragen könne. „Lassen Sie sich aber nicht zu viel Zeit damit", riet sie mir, „es gibt noch andere Bewerber. Schreiben Sie uns am besten, welchen Kaufpreis Sie zahlen möchten." Die Kooperation der sympathischen Dame am Telefon ging so weit, dass sie mir noch einen Spekulationsbetrag von 200.000 Mark nannte. Bei dieser Summe konnte ich mithalten.

Gesagt, getan. Schnell, wie ich meinem Beinamen entsprechend bin, gab ich mein Angebot bei der Treuhandgesellschaft ab. Ob das Eindruck gemacht hatte oder der realistische Kaufpreis, der ganz den Vorstellungen der Gesellschaft zu entsprechen schien, ist unklar. Jedenfalls war mir das Glück hold und ich bekam postwendend den Zuschlag. 1996 konnte ich das Objekt endlich kaufen. Jetzt war es an der Zeit, sich das „Czardas" näher anzusehen. Ich vereinbarte mit meinem Vorgänger, Klaus Günther einen Besichtigungstermin. So standen wir uns nach all den Jahren, in denen er mir unbewusst so manches Kopfweh verursacht hatte, wieder gegenüber. „So, Klaus!", begrüßte ich ihn mit einem ähnlich süffisanten Grinsen wie er es anno dazumal mir entgegenbrachte, „Jetzt bin ich der DR. MEYER. Jetzt machst du mal schön meine Türen auf und zeigst mir, was du in diesem Laden hier herum gezwiebelt hast." Dem Gesichtsausdruck meines Gegenübers nach zu urteilen, hatte auch er die alte Geschichte nicht vergessen. Ich schaute mich um und sagte mit einer leicht herrischen Handbewegung: „Deinen Dreck räumst du aber noch aus. Darauf bestehe ich." Dieser Auftritt war mir eine Genugtuung! Ich genoss den Moment, diesen blasierten Herren so winzig klein vor mir stehen zu sehen und noch mehr die Wut, die so offensichtlich aber erfolglos in ihm kämpfte. So klein fühlte ich mich damals auch, als die Bande mich vor dem Mädchen derart blamierte. Als er nun vor mir stand, in seinem schäbigen Hemd und ohne Geld, war er zu bedauern. Es heißt nicht umsonst: Man begegnet sich immer zwei Mal auf dieser Welt!

Unsere Kinder waren ihren Kinderschuhen längst entwachsen und zu stattlichen Frauen herangereift. Als Erste stellte uns Myrjam ihren

Freund vor, einen waschechten Berliner. Sie und Steffen kannten sich von der Schule und ich fand es praktisch, einen Elektriker als Schwiegersohn zu bekommen. Handwerker konnte man schließlich immer brauchen. Daher meckerte ich auch nicht, als er bei uns einzog. Dass allerdings der Handwerker mit seiner Gattin tagtäglich unsere Couch besetzten, wenn wir abends geschafft von der Arbeit kamen, ließ bei mir die Alarmglocken schrillen und mich einen meiner spontanen Entschlüsse fassen. Die beiden rauszuwerfen, erschien mir und vor allem Nicole etwas brutal und so legten wir ihnen höflich aber bestimmt nahe, eine eigene Wohnung zu suchen und baldigst zu finden. Um meine ernste Absicht zu unterstreichen, halfen wir dem jungen Pärchen, diese erste große Herausforderung zu meistern, indem wir sie nicht nur bei der Wohnungssuche unterstützten, sondern auch den Umzug managten. Körperlich mögen sie ja erwachsen wirken und auch sein, aber Kinder bleiben nun mal Kinder und bei aller Liebe wird es irgendwann Zeit, die Generationen zu trennen. Bald nach der Hochzeit wechselte Steffen seinen Job und Myrjam erwartete ihr erstes Kind. So sehr sich das Leben der jungen Eheleute auch änderte, die Wäsche wurde weiterhin bei Mama abgegeben. Folglich war das nächste Geschenk, noch dazu ohne Anlass im Kalender, eine Waschmaschine. 2002 dankten uns Tochter und Schwiegersohn auf ihre Art: Sie machten uns zu stolzen Großeltern. Unser erster Enkel heißt Niklas.

Kurz darauf kam auch Denise, unsere Große, mit einem jungen Mann an der Hand an und stellte uns diesen als Alex, ihren Freund, vor. Ein Tiroler! Der sympathische Begleiter unserer älteren Tochter war, wie Denise, ein Pferdenarr und verbrachte seine Freizeit in zufälliger, oder rückblickend gesehen wohl eher schicksalshafter Weise auf dem gleichen Pferdehof. Schon mit 14 wurde ihm sein Heimatland etwas zu eng und er strebte nach der großen weiten Welt. Um diese kennenzulernen, war Berlin sicher ein gutes Sprungbrett, auch wenn sich der Sprung für Alex nicht in Richtung weite Welt ergab. Nach Beendigung der Handelsschule in West-Berlin und einigen Erfahrungen in der oftmals mit einer engen Schlucht vergleichbaren Arbeitswelt machte er sich selbstständig und verdiente seinen Lebensunterhalt als Zaunbauer. In jungen Jahren den Weg der Selbstständigkeit zu gehen und dann noch erfolgreich zu sein betrachtete ich mit großem Respekt. Mir gefiel dieser junge Mann auf

Anhieb, denn bereits im ersten Gespräch erkannte ich neben der beruflichen Leistung auch seine häusliche und kinderliebe Ader. Eigenschaften, die ihn zum tadellosen Familienmitglied machten. Denise hatte ihren Titel als „Meisterin für Dekoration und Polsterei“ in der Tasche, was eine spätere Selbstständigkeit auch nahe legte. Ihren Fleiß bewies sie schon in der Schule bis hin zur Berufsschule, wo sie als beste Schülerin vom Landesfürsten, sprich Ministerpräsidenten von Sachsen-Anhalt, ausgezeichnet wurde. Ich hatte wirklich allen Grund stolz zu sein. Die Reitschule in Greppin war das zweite Zuhause unserer Großen und einen Mann zu finden, der neben vielen guten Eigenschaften auch noch ihre Leidenschaft für Pferde teilte, war schlichtweg eine perfekte Verbindung.

Um die Heimat unseres Schwiegersohnes in spe kennen zu lernen, verbrachten wir so manchen Kurzurlaub in den Tiroler Bergen. Natürlich suchten wir auch den Kontakt zu seiner Familie und so kamen wir nach Gries am Brenner, wo seine Eltern und zahlreiche Verwandtschaft noch heute leben. Dieses Dorf hatte etwas von dieser oft beschriebenen Alpenromantik, also das, was sich ein Norddeutscher unter den Bergen vorstellt, aber die mangelnde Weitsicht dank der sehr nahe und hoch aufragenden Felsen ließ auch Verständnis für Alex‘ Flucht aufkommen.

Am Traum meiner Frau und mir, einmal ein kleines Hotel zu führen, hatte sich nie etwas geändert. Was lag also näher, als das „Czardas“ in Roßdorf in ein Gartenlokal mit überschaubarem Hotel umzubauen. 16 Hotelzimmer empfand ich als wirtschaftliche Größe, die arbeitstechnisch zu bewältigen war und unsere Familie ernährte. Während des Umbaus sollten die Berliner Objekte weitergeführt werden, damit unser Lebensstandard gesichert war. Einen Kredit in Anspruch nehmen wollte ich auf keinen Fall, es erschein mir in diesen wirtschaftlich schwierigen Zeiten als zu hohes Risiko. Jeder kennt die Banken: Wenn die Sonne scheint, verschenken sie Regenschirme und wenn es regnet, sammeln sie alle wieder ein. Nein, ich wollte unseren Lebenstraum langsam angehen lassen. Immer, wenn etwas Geld übrig war, wurde auch am Objekt etwas gebaut. Nicht mal unsere Ersparnisse tastete ich an. Damit fuhr ich lieber mit meiner Familie in den Urlaub oder gönnte meiner Frau und meinen Töchtern etwas Schönes. Erst nach vollendeter Fertigstellung des Projekts „Czardas“ wollten wir wieder zurückgehen, quasi in die Heimat.

So war es gedacht, wenn man die Weisheit „Der Mensch denkt und Gott lenkt“ nicht mit einkalkuliert.

Roßdorf ist nur etwa zehn Kilometer von Mühlbeck entfernt und ich freute mich auf die neue Zeit in meiner alten Heimat. Mein ganz großer Familienplan sah vor, das Hotel mit Gartenlokal in dieser malerischen Umgebung zusammen mit meinem Bruder Helmut zu bauen und später auch gemeinsam zu bewirtschaften. Aber auch diesen Plan durchkreuzte obige Weisheit.

Im Jahre 2003, als wir uns vom Ratskeller endgültig trennten und unsere Koffer für die Rückkehr nach Roßdorf gepackt hatten, um den noch bei weitem nicht vollendeten Traum eines eigenen Hotels zu vollenden, legten wir aus Motivationszwecken einen kurzen Urlaub ein. Während wir in Tirol Ski fuhren, schlug das Schicksal einmal mehr als nötig, ordentlich zu.

Mein Bruder Helmut klagte über Bauchschmerzen, woraufhin ihn seine Familie vorsorglich ins Krankenhaus einliefern ließ. Er sollte nur einige Tage zur Beobachtung bleiben, Bauchschmerzen nahm wohl niemand so richtig ernst. Am nächsten Morgen war er tot. Todesursache: Plötzliches Herzversagen. Helmut ist nur 49 Jahre alt geworden. Meiner Mutter, die es liebte, im Kreise ihrer Familie zu feiern, fiel es naturgemäß immer besonders schwer, sich von einem Familienmitglied zu trennen. Besonders Helmuts Tod konnte sie nur sehr schwer, im tiefen Herzen wahrscheinlich gar nicht, überwinden. Immer wieder fragte sie uns, warum nicht sie es war, die gegangen ist, sie sei schließlich an der Reihe gewesen.

Mutter war zu dieser Zeit 81 Jahre alt und körperlich sowie geistig fit. Ihren Haushalt bewältigte sie noch immer ganz allein und ließ sich nicht gerne dabei helfen. Obwohl meine Mutter eine tiefe Heimatverbundenheit in ihrem Herzen trug, wollte sie am Ende ihre Heimat nicht mehr besuchen. Nach Helmuts Tod war für sie die Zeit reif um über ihre Bestattungswünsche zu sprechen. Das Ergebnis war eine Seebestattung in der Ostsee, damit ihre Asche über das Haff in die Heimat treiben konnte. Im Laufe des Gesprächs über die Seebestattung schüttelte meine Mutter irgendwann den Kopf und fragte: „Wie soll ich nach Ostpreußen kommen? Ich kann doch gar nicht schwimmen.“

Ein Jahr später verließ sie uns und ich richtete ihre Bestattung wie besprochen aus… in der Ostsee. Erst im Nachhinein sind Fragen aufgetaucht, die ich ihr nie gestellt habe, vielleicht auch nie stellen konnte. Letztendlich bin ich froh, dass ich sie kennen und ihr Kind sein durfte.

Das „Czardas" erstrahlte im Umbauglanz und ich konnte vor meinem geistigen Auge schon sehen, wie es sich bald noch besser und schöner als vorher in seine traumhafte, geschichtsträchtige Umgebung einfügen würde. Aber das ist bekanntlich noch kein Grund und schon gar keine Garantie, dass ein Gastronomie-Betrieb läuft. Täglich wurde mir mehr bewusst, dass ich ein zusätzliches, gut florierendes Objekt brauchte, bis das „Czardas" auf eigenen Füßen stand und vor allem lief. Schließlich konnten wir nicht nur von Liebe, Luft und Sonne leben. Aber wo sollte dieses neue Lokal sein?

Oft wurde ich gefragt, warum ich mir das „Czardas" aufgebürdet habe, obwohl es niemals nicht nur einen Cent abwarf und ich habe bis heute die gleiche einfache Antwort parat: „Aus Spaß!" Mir macht es einfach Spaß, aus alten Ruinen etwas Neues zu gestalten. Manchmal muss man eben etwas machen, das anderen Leuten unverständlich erscheint. Die Hauptsache ist doch, man kann es sich leisten und fühlt sich wohl dabei. Ich konnte es mir so leisten, wie ich das Projekt Stück für Stück umgesetzt habe, und das Wichtigste: Ich fühlte mich wohl dabei. Statistiken belegen, dass zufriedene Menschen sehr viel mehr Power haben als Unzufriedene. Letztere blockieren sich selbst. Wussten Sie das?

Während der Phase des Umbaus und der Neuorientierung haben wir uns die Zeit genommen, den einen oder anderen Blick in unser südliches Nachbarland zu werfen, auch dank unseres Schwiegersohnes Alex. Auf unseren Reisen haben wir Österreich kennen gelernt und sogar noch ein Stückchen weiter südlich über die Grenze gelugt. Wir waren in Tirol und Südtirol und haben das Burgenland besucht. Mein Fazit daraus war, dass es sich hier noch lohnt, fleißig zu sein. Da ich von Natur aus arbeitsam bin und zwei Hände zum Anpacken habe, herrschte nie ein Zweifel, dass ich die auch weiterhin in der Gastronomie einsetzen wollte.

Meine Frau war bereit, ihre inzwischen entstandene Bindung zu Berlin aufzugeben und nach Roßdorf zu ziehen um mit mir unseren Traum zu leben. Die Kinder würden auch hier wieder ihre Lebensmitte finden, dachte ich. Für Denise, unsere Älteste, die noch immer eine Pferdenärrin war und es wohl auch bleiben wird, war es wichtig, einen Reitstall in der Nähe zu wissen. Dieses Hobby pflegte sie auch während unserer Zeit in Berlin ausgiebig. Und Myrjam hätte sicher genauso Freude in diesem schönen neuen Objekt zu arbeiten, wie wir. Dachte ich.

Was ich aber nicht bedachte, um nicht zu sagen: „Ich sah den sprichwörtlichen Wald vor Bäumen nicht“, war, dass unsere „Kinder“ längst erwachsene Frauen waren. Myrjam war verheiratet und Mutter und Denise war gerade im Begriff den Bund des Lebens zu schließen. Mein ganzes Leben war es mir wichtig, die Zeichen der Zeit zu erkennen. Vielleicht war es Zeit, umzudenken, vielleicht sogar, ein wenig um die Ecke zu denken und etwas ganz Neues zu wagen. Die Zeit sagte mir, dass nicht ein Hotel das begehrenswerte Ziel war, sondern ein Bauernhof mit Privatzimmern. Für Nicole wäre der Umzug mit einem großen Opfer verbunden gewesen, denn eigentlich wollte sie nicht wirklich in Roßdorf ihre neue Heimat aufbauen. Denise wäre der Liebe wegen ohnehin nicht von Berlin weggezogen und Myrjam ist zwar wie ich, ein Zugvogel, aber mit Mann und Kind wird das schon schwieriger. Wozu also das Ganze? Prioritäten zu setzen fiel mir noch nie schwer, denn oberste Priorität hatte immer meine Familie. Meine Frau hatte so viel mit mir durchgestanden, und vielleicht war es nun Zeit, unsere zweite Lebenshälfte so zu gestalten, dass wir Spaß an der Arbeit und doch mehr Zeit für uns und unsere Reisen hatten. Warum sollten wir uns ständig den Kopf darüber zerbrechen, wann die Mehrwertsteuer erhöht wird und wann der Arztbesuch zehn oder zwanzig Euro kosten wird? Je mehr ich darüber nachdachte, desto mehr baute sich ein Horrorszenario in mir auf. „Schreck lass nach!“, dachte ich mir.

Ich setzte mich mit meiner Familie zusammen und innerhalb kürzester Zeit fällten wir die Entscheidung: Wir verlassen Altbekanntes und ziehen nach Österreich!

Familie bedeutete in diesem Fall unsere ursprüngliche Konstellation und zusätzlich unser Schwiegersohn Alex. Der hieß den Plan gut, überraschte uns aber mit seinem schnellen Entschluss: „Wenn ihr nach Österreich geht, bleiben wir auch nicht in Deutschland.“ Zwar hatte er auch nicht den leisesten Hauch einer Ambition in sein Heimatdorf nahe dem Brennerpass, der Grenze zu Italien, oder um es mit tirolerischer „Genauigkeit“ zu sagen, der Grenze zu Südtirol, zurückzukehren, aber dafür ein Options-Angebot im Ärmel: Kitzbühel. Von ein paar Kurzurlauben lernt man kein Land richtig kennen, aber was wir gesehen hatten, gefiel uns. Und wenn unser neues Familienmitglied befand, dass Kitzbühel eine gute und lebenswerte Umgebung aufwies, ließen wir uns gerne leiten. Myrjam wollte mit Niklas und Steffen in Berlin bleiben bis wir uns endgültig niedergelassen hatten und dann nachkommen. Für Steffen war allerdings klar, dass er zwar eine grundlegende Sympathie für Österreich und speziell Tirol empfand, aber auch weiterhin beim Innenministerium beschäftigt bleiben wollte. Irgendwie…

Kapitel - 15 -

Ob Deutschland oder Österreich oder sonst wo auf dieser weiten Welt voller Arbeit, für uns war klar, dass wir unserem Metier, dem Gastgewerbe, treu bleiben wollen. Die schönste Gegend um unsere neue Lebenshälfte anzugehen hatten wir ja gefunden, nun musste nur noch das passende Betriebsobjekt her. Denise und Alex hatten Kitzbühel als ihr neues Zuhause auserkoren und begannen nach einer geeigneten Wohnung und einem passenden Betätigungsfeld Ausschau zu halten, während sie ihre alten Jobs in Deutschland langsam ausklingen ließen. Wir gaben gerne unseren Segen dazu, wussten wir doch, dass wir auf die allfällige spätere Mithilfe unserer Tochter zählen konnten.

So schön die beschauliche und mit viel Liebe und noch mehr Kleingeld herausgeputzte Stadt Kitzbühel auch ist, Nicole und mich faszinierten diese fast bis zu den Gipfeln grünen Berge mit den kleinen weißen Hütchen, auf denen Schi gefahren wird, und den hübschen Häusern und Bauernhöfen, die die freien Flächen zu dekorieren schienen, viel mehr. Vielleicht, weil wir schon genug „Stadt" erlebt hatten in unserem mit Vollgas geführten Leben, vielleicht weil wir einfach eine Totalveränderung brauchten. Kitzbühels Schickimicki-Gäste waren nicht unsere Welt, sondern die Touristen und Einheimischen, die wie wir die Natur liebten. Bis das geeignete Objekt gefunden war, pendelten wir noch einige Zeit zwischen Berlin und Tirol hin und her, freuten uns aber von Mal zu Mal mehr auf den Tag, an dem wir uns endgültig niederlassen können und werden.

Das Tiroler Unterland wurde uns immer vertrauter und so liebäugelten wir mit einem Objekt in Hopfgarten. Auf Anhieb verliebten wir, also Nicole, ich und auch Myrjam, die jedwedes Betriebsobjekt mit uns führen wollte, uns in diese malerische fünfeinhalb tausend Einwohner zählende Marktgemeinde inmitten der Kitzbüheler Alpen. Auf einer unserer Erkundungstouren kamen wir auf den Penningberg und entdeckten tatsächlich eine leer stehende Gaststätte. „Penningdörfl" stand in schön geschwungener Schrift auf der Fassade und wir sahen uns schon fast fündig geworden. Frau Lehnert, die ursprüngliche Besitzerin, war mittels unscheinbarer Klingel auf der Rückseite des Gebäudes bald aufgestöbert und bestätigte unsere Vermutung, dass ein Pächter für das Objekt gesucht wird. Der Haken an der Sache war nur, dass die freundliche ältere Dame das Objekt bereits ihrer Tochter überschrieben hatte. Diese nahm zwar unsere Bewerbung entgegen, teilte uns aber auch gleichzeitig mit, dass es noch einen weiteren, österreichischen, Bewerber gäbe. Für diesen hat sie sich nach zwei weiteren Treffen und mehreren Wochen der Ungewissheit auch entschieden.

Ein kleiner Fehlschlag, aber nichts, das uns entmutigt hätte. Der logische Weg wäre nun zu einem Makler gewesen, aber das war nicht mein Weg. Ich setzte mein vollstes Vertrauen diesmal in die Einheimischen. Und wo trifft man die meisten Menschen, wenn man nicht gerade am Stammtisch in der Dorfkneipe mitmischen will? Richtig – in einer Trafik. Auch als Nichtraucher gibt es dort interessante Dinge, wie zum Beispiel Zeitungen, zu kaufen und mit den Angestellten, den Zentren des Dorfklatschs, oder manchmal sogar mit Kunden ins Gespräch zu kommen ergibt sich fast von selbst. Als Deutscher, noch dazu Berliner, der in Österreich ein Gastlokal sucht, kam ich nicht mal schlecht an und erhielt bereitwillig Auskunft über leer stehende Objekte. Nach einer Besichtigungstour der in Frage kommenden Angebote hatte ich die „Schernthann Stub'n" ausgespäht, ein Berggasthaus direkt neben der Gondelbahn-Mittelstation der „Hohen Salve" auf 1.165 m Seehöhe. Die zur Gänze südseitig ausgerichtete Sonnenterrasse bot ein atemberaubendes Panorama auf die Skiwelt Wilder Kaiser/Brixental und die umliegende Bergwelt. Mit Hilfe meiner verlässlichen Informationsquelle, der Trafik in Hopfgarten, war es auch nicht allzu schwierig, den Besitzer zu eruieren. Dieser besaß scheinbar neben dem Berggasthof auch das „Sporthotel Fuchs", praktischerweise neben der Talstation derselben Bergbahn wie oben beschrieben. Bei einem Telefonat mit dem Hotel stellte sich heraus, dass der Eigentümer ebenfalls Deutscher ist und in Dachau lebt, wo er als Bauunternehmer tätig ist. Trotz gefühlter Vielbeschäftigung meines Verhandlungspartners war es völlig problemlos einen Termin mit diesem zu bekommen. Bei unserem Rückweg von der alten in die neue Heimat trafen wir den Besitzer in seiner Firma in Dachau und wurden gleich sehr freundschaftlich und offen empfangen. So wie der Empfang verlief auch das weitere Gespräch und nach kurzer Zeit waren wir uns einig. Wie vereinbart meldete ich mich zwei Wochen später wieder bei ihm um Einsicht in die Geschäftsunterlagen nehmen zu können, die nötigen Papiere beizubringen und den langersehnten Pachtvertrag zu unterzeichnen.

Ich war überglücklich. Die Zeit der Ungewissheit, des Wartens, der Hoffnung und des Bangens auf eine angemessene und stimmige Herausforderung war endlich vorbei. Wir waren wieder Wirtsleute! Fast – einige kleinere und größere Renovierungsarbeiten standen noch auf dem Programm, denn bei genauerer Betrachtung unseres neuen Objektes stellten wir fest, dass so manche Räumlichkeiten doch etwas in die Jahre gekommen und von anderweitigen Restaurationen ausgeschlossen waren, was sich mit meiner Vorstellung von einer adäquaten Gastwirtschaft nicht deckte. Das rustikal gemütlich eingerichtete Gastlokal sollte, so wie die fünf Appartements im Tiroler Stil, die sich im oberen Stockwerk befanden, für die Gäste einladend und erholsam wirken. Mein Reich, die Küche, sowie die sanitären Anlagen erforderten neben Authentizität auch hygienische Standards gepaart mit optischem Anspruch und praktischer Zweckmäßigkeit. Die Fortsetzung meiner hohen Ansprüche bestand in meiner Arbeitsmontur, Material und Schufterei, wie ich sie von all meinen Lokalen davor kannte. In lebenslanger Gewohnheit klopfte ich Fliesen von den Wänden, riss Böden heraus und sanitäre Anlagen von den Wänden und verwandelte innerhalb von drei Monaten den Berggasthof in ein Betriebsobjekt, auf das ich stolz war und in dem sowohl Nicole als auch Myrjam und teilweise Denise gerne arbeiteten. Dazu kam noch das Extra-Zuckerl, nämlich die Freude, unseren Enkelsohn in einer solch intakten Natur aufwachsen zu sehen.

Nun fehlte nur noch eines für einen guten Start in unsere erste Wintersaison: eine Eröffnungsfeier. Wie sich das so gehört, luden wir natürlich auch den Bürgermeister von Hopfgarten ein und schlugen vor, den örtlichen Schützenverein, Gesangsverein oder eine anderweitig herzeigbare Abordnung der Gemeinde mitzubringen, da mit Sicherheit auch das Fernsehen anwesend sein würde. Das Schmunzeln des Gemeindeoberhauptes ließ die leise Vermutung zu, dass er dachte: „Was will der Depp?“, aber einen konkreten Einblick in seine Gedanken erhielten wir nicht und so waren wir bis zum Schluss gespannt, mit welchem Gefolgsstab er auftauchen würde. Die Erfahrung hatte uns nicht getrogen und die Medien wie Fernsehen und Lokalzeitung waren da, der Bürgermeister oder anderweitig abgesandte Gemeindevertreter leider nicht.

Einige Jahre später ging die Reihe der skurrilen Geschichten, die früher ich erlebte, an Denise, die ja Kitzbühelerin geworden war, weiter. Bei einem Empfang in Hopfgarten wollte es Freund Zufall, dass sie ausgerechnet neben dem Bürgermeister Platz fand. Als er hörte, dass sie gebürtige Deutsche ist, konnte er nicht anders, als ihr die Geschichte von einem ihrer ehemaligen Landsleute zu erzählen...: „Da war mal ein Deutscher bei uns in der Gegend, der wollte die „Schernthann Stub'n" umbauen, aber da ist wohl nichts draus geworden und so ist er wieder gegangen.", und fügte schulterzuckend und kopfschüttelnd hinzu: „Keine Ahnung was aus dem geworden ist." Seine Sitznachbarin entgegnete trocken: „Der hat jetzt ein Hotel in Steinach.", und verwandelte mit der darauf folgenden Erklärung: „Der ist nämlich mein Papa." den fragenden Blick des Bürgermeisters in stumme Betroffenheit. Wie nahe das Schicksal oft beieinander sitzt...

Neben der fantastischen Aussicht von der sonnigen Terrasse und dem praktischen Umstand, dass der Lift, genau gesagt die Mittelstation der „Bergbahnen Hohe Salve" direkt vor der Tür platziert war, kam noch hinzu, dass diese Gondelbahn auch im Sommer in Betrieb war und sowohl Touristen als auch einheimische Wanderer en masse nach oben beförderte und uns somit ein nahezu ganzjähriges Geschäft mit traumhaften Umsätzen bescherte. Das war auch gut so, denn bei 60.000 Euro Jahrespacht, meine Investitionen nicht zu erwähnen, waren umsatztechnische Spekulationen schlichtweg unangebracht.

Im Winter beherrschte uns mehr oder weniger der Skitourismus, aber im Sommer ergaben sich nette Kontakte mit den Bauern, die schon vor uns den Salvenberg bevölkerten und pflegten. Einige hatten selbst einen Gast- oder Hüttenbetrieb. Nach kurzer Zeit war ich mit den Bauern und Kollegen auf du und du, und wir trafen uns gegenseitig in den bewirtschafteten Hütten der Umgebung. So mancher wurde ein langjähriger Freund, besonders Georg Fuchs, genannt „Zott" und Betreiber der „Salvenalm". Es gab viele Gründe, auf die wir anstoßen und trinken konnten und irgendeiner hatte immer einen guten Bauernschnaps, entweder selbst gebrannt oder aus nachvollziehbarer Quelle. Nicht selten saßen wir bis zwei, drei Uhr morgens und haben, brachial aber treffend ausgedrückt, gesoffen. Meine Tagwache begann aber um fünf Uhr mit dem Herrichten des Frühstücks für unsere Gäste. Um bei meiner Frühschicht nicht allzu häufig Machtkämpfe mit der Müdigkeit austragen zu müssen, verabschiedete ich mich des Öfteren von der feucht-fröhlichen Runde in meiner Gaststube. „Wenn ihr noch etwas zu trinken möchtet, Schnaps und andere Getränke stelle ich euch an die Bar. Macht einfach was ihr wollt und legt das Geld in die Kasse." Das hat immer wunderbar funktioniert, denn schließlich ist „Vertrauen" das oberste Gebot am Berg und unter Freunden ist dieser Grundsatz regelrecht heilig. In den meisten Fällen jedenfalls…

„Als Erster im Westen" titelte der ORF Tirol in der Sendung „Tirol heute" im Winter 2004 und der Moderator erzählte, wie Gerhard, „der schnelle Meyer" im September 1989 über die burgenländische Grenze die Freiheit erreichte und als erster überhaupt im Westen ankam. „Nach mehreren Startversuchen und Rückschlägen hat er sich jetzt einen weiteren Traum erfüllt, einen Gasthof in den Bergen über Hopfgarten. Und der frühere DDR Bürger Gerhard Meyer kehrt damit in Tirol zu den Wurzeln seiner Familie zurück.", wurde ich vorgestellt, bevor die altbekannten Bilder der Grenzüberschreitung, allen voran mein weißer Toyota Corolla, mit der plötzlichen, nie geahnten Wende in der Geschichte gezeigt wurden. Anschließend war ich in Großaufnahme zu sehen und durfte abermals meinen legendären Satz über die Demokratie in Ungarn, den Fortschritt für die Menschheit und die Diktatur von Verbrechern zum Besten geben. Die nächsten Bilder zeigten Hopfgarten, die Schipiste vor unserer Gastterrasse und endlich auch den „Gasthof Schernthann". Dann kam ich als stolzer Küchenchef in österreichischer Kochmontur neben zufriedenen Gästen ins Bild und erzählte anschließend, etwas abseits des Touristenrummels, unsere Geschichte der Flucht und die Kuriosität, immer der Erste gewesen zu sein. Der Sprecher berichtete von unseren gastronomischen Anfängen im Westen und dem Schicksal, das die Lebenspläne meiner Familie stets durchkreuzt hatte. Nachdem ich den schweren Unfall meiner Frau in Berlin geschildert hatte, kam Denise an der Schankanlage ins Bild, ich wieder beim Kochen und gleichzeitig war von der Gastronomiekrise Mitte der Neunziger und unserem langen Weg bis nach Tirol zu hören. Meine eigenhändige und äußerst aufwändige Renovierung der „Schernthann Stub'n" war anhand von Fotos zu sehen und der Sprecher erwähnte noch, dass Denise einen

Tiroler geheiratet hat, während sie beim Bedienen der Gäste auf der Terrasse gezeigt wurde. „Das liegt wahrscheinlich bei uns im Blut, denn meine Generation und schon die Generationen weit vorher sind alles Flüchtlinge gewesen. Das fing 1733 in Salzburg an, da mussten wir nach Ostpreußen auswandern, 1945 wurden wir von den Russen aus Ostpreußen rausgeschmissen, dann wurden wir abgeliefert in Ostdeutschland, da hatten uns die Russen wieder beim Wickel und dann ist die Fluchtgeschichte als solche, die Sie ja kennen, aufgegangen. Heute hat sich der Kreis geschlossen und wir sind zuhause.", veranschaulichte ich noch ganz kurz meine Ahnengeschichte, bevor die Kamera über die Berge auf unsere Gastterrasse schwenkte und der Moderator mit dem Satz „Und hier in den Tiroler Bergen will „der schnelle Meyer" nun seinen Lebensabend verbringen.", den Bericht schloss.

Ansehen auf: www.derschnellemeyer.com/film12

Die Rechnung mit den Winter- und Sommertouristen ging leider nicht ganz auf, der Umsatz stimmte aber trotzdem. Grob gesagt hatten wir drei Monate im Jahr die Hölle los, der Rest war eher mau. Alles in Allem lief die „Schernthann Stub'n" perfekt, aber nach zwei Jahren war die Luft raus und es wurde Zeit, etwas Neues, das uns mehr forderte und ausfüllte, zu suchen.

Die Zeit auf dem Salvenberg war vielleicht etwas hochprozentig geprägt, aber die Freundschaften, die daraus erwuchsen, waren unbezahlbar. Ein Ziel der nächtlichen „Penningberg-Kennenlerntouren" war die „Salvenalm", wo ich Steff kennenlernte. Wir mochten uns auf Anhieb, vielleicht weil wir beide mit einem ähnlich losen Mundwerk gesegnet sind. Steff wohnte am Penningberg, wo er mit Leidenschaft seinen Bauernhof pflegte. Im Laufe des Gesprächs erfuhr ich, dass er außerdem noch eine leer stehende Pension unweit seines Hofes besaß. Die „Schernthann Stub'n" betrieb ich zwar noch nebenbei, aber die kurze Saison erlaubte mehr als einen Blick zur Seite, sprich ein zweites Betriebsobjekt war unumgänglich. Die Pension bot außerdem eine Wohnmöglichkeit für die ganze Familie im Tal. So schön das Gebirge ist, aber hoch oben zu leben war dann doch nichts für „Flachlandtiroler" wie uns.

Ein Handschlag war für mich stets Ehrensache und am Berg gilt diese Regel doppelt, oder nicht? Steff, meinem Freund und Besitzer der Pension gab ich 15.000 Euro in die Hand und während er einen Termin mit seinem Rechtsanwalt für den Kauf des Objekts machte, stürzte ich mich in die Arbeit. Die zehn Zimmer waren zwar vermietbar, aber mit sanitären Anlagen auf dem Gang für meine Begriffe im Standard des dritten Jahrtausends noch nicht angekommen. Dass die Pension mit derart mangelnder Ausstattung selbst in einem der bekanntesten Tourismusgebiete Tirols leer stand war für mich nicht weiter verwunderlich und erforderte eine schnellstmögliche Änderung des Ist-Zustandes. Wenigstens bewohnbar war das Haus, und so zog ich mit der ganzen Familie ein. Auch Myrjam kam mit ihrem Mann und Niklas, um sich mit uns in Tirol niederzulassen. Myrjams Mann, Steffen, blieb zwar immer nur drei Wochen um dann für eine Woche nach Deutschland zu reisen und seiner Arbeit beim Innenministerium nachzugehen, aber in dieser Zeit waren ja unsere Tochter und unser Enkelkind gut bei uns aufgehoben. Im nächsten Schritt packte ich meine Arbeitsmontur wieder aus und begann mit dem Umbau der Gästezimmer im Erdgeschoss. Nach einigen Monaten und am Ende von weiteren 15.000 Euro und unzähligen Arbeitsstunden glänzte jedes Zimmer dieser Etage mit Bad und WC. Zufrieden setzte ich mich ins Auto und fuhr mit meiner Familie in unsere alte Heimat. Der Termin beim Rechtsanwalt würde wohl noch etwas dauern, warum auch immer. Die DDR war schon viele Jahre Geschichte und ich war der Meinung, dass damit auch die Verzögerungstaktik in Sachen Vertragsunterzeichnung beendet war. Aber vielleicht war ja der Rechtsanwalt auf Urlaub oder anderweitig beschäftigt. Vielleicht musste ich mein „schneller Meyer"- Image etwas zurückstellen und mich mehr in Geduld üben.

Nach unserer Rückkehr nach Tirol von zwei Wochen Urlaub bei den Schwiegereltern und immer noch keinem Lebenszeichen von Steff oder seinem Rechtsanwalt war der Erste, den ich aufsuchte, mein Freund und Pensionsbesitzer. „Steff", sagte ich, „jetzt müssen wir Nägel mit Köpfen machen." Anstatt zu antworten, kratzte sich dieser am Kopf und druckste nach einer gefühlten Ewigkeit herum: „Gerd... ähhh… ich hab's verkauft." Der vermutete Hörfehler bestätigte sich leider nicht und ich konnte nichts machen, als den ungeheuerlichen Status quo zu akzeptieren. Auf die Frage nach dem „Warum" dieser Aktion, rückte Steff mit der Sprache heraus: Der neue Besitzer hatte einen Bauernhof, der scheinbar abgebrannt war, oder „aufgebrannt", wie das raue Tiroler Volk auch manchmal unterstellt, und erhielt von der Versicherung so viel Geld, dass er nicht nur mein Angebot überbieten konnte, sondern das Geld auch gleich auf den Tisch legte. Wäre nicht unser Handschlag, noch dazu unter Freunden, gewesen, hätte ich vielleicht Verständnis aufbringen können. Geld ist nun mal ein Luder und viel auf einem Haufen bringt den besten Charakter zum Wanken. Ich hakte die Angelegenheit für mich ab, wollte aber das Geld für meine Investitionen zurück. Als auch das ein Problem darstellte, beschloss ich, zur Strafe mit der ganzen Familie in dem Haus wohnen zu bleiben, damit der neue Besitzer nicht einziehen konnte. Mein Trumpf As war Myrjam, denn Niklas war schließlich erst vier Jahre alt und eine Familie mit einem kleinen Kind rauszuekeln war in Österreich genauso unmöglich wie in Deutschland.

Zum Glück hatte meine rastlose Ader vorgesorgt und zugleich mit Steffs Pension ein Ferienhaus mit 12 Zimmern in Brixen im Thale, gleich neben der Kirche, gepachtet. Mein guter Riecher zur rechten Zeit ließ den Verlust nicht ganz so schlimm ausfallen. Die Gästezimmer vermietete ich, des großen Arbeitsaufwandes wegen, nicht einzeln, sondern immer gleich mit dem ganzen Haus an eine Gruppe. Diese sinnvolle und nützliche Strategie erlaubte mir, mich wochentags auf mein neues Projekt zu konzentrieren und die große Arbeit im Ferienhaus an den Samstagen zu erledigen.

So konsequent ich stets mit meiner Arbeit und Familie war, so inkonsequent war ich im Einhalten meiner rachelustigen Vorsätze. „Gott straft auch ihn", dachte ich „und man sieht sich immer zwei Mal im Leben." Als Steff dann ein paar Tage später ankam und von Zahnschmerzen die ganze Nacht erzählte, hatten wir unsere Sachen bereits gepackt und verabschiedeten uns. Egal was war, ich erwartete wenigstens eine korrekte Abrechnung nach neun Monaten, in denen wir alle anfallenden Kosten des Hauses, von Gemeinderechnungen bis zur Versicherung, getragen hatten. Wer auch immer diese Rechnung erstellte, am Ende stand eine Null. In verbrecherischer Weise war so abgerechnet, dass das investierte Geld zur Gänze futsch war. Menschen machen Fehler, und wie heißt es so schön: „Der, der unfehlbar ist, werfe den ersten Stein." Ich setzte Steff auf meine interne Fahndungsliste der Arschlöcher, die mir im Leben begegnet sind und dachte: „In zehn, spätestens aber in 15 Jahren bist du dran."

Leer stehende Gaststätten, die auf einen erfolgreichen Pächter warten, gibt es wohl auf der ganzen Welt wie Sand am Meer und so war unser Vorhaben leicht umzusetzen. Unser nächstes Betriebsobjekt lag in Kelchsau, das nächste in Kirchberg, beide einen Steinwurf von Hopfgarten entfernt. Jeder Betrieb in unseren Händen lief zu unserer Zufriedenheit, aber nichts davon war für die Ewigkeit. Für die Ewigkeit planten wir auch nicht, aber wir hatten die Herumtingelei satt und wollten etwas Eigenes. Im Bezirk Kitzbühel schien nichts Geeignetes frei zu sein, vor allem nicht zum Kauf angeboten zu werden, und so sahen wir uns im westlichen Teil Tirols um.

Doch vorher machte ich einen Abstecher auf die Innsbrucker Herbstmesse, von der auch der „ORF, Landesstudio Tirol" berichtete:

Im Mittelpunkt der Innsbrucker Herbstmesse 2007 stand „die Kunst des Bierzapfens" und aus diesem Wettbewerb ging der „Tiroler Bierkaiser 2007" hervor. „Es kommt auf die Kühlung an, damit es nicht zu kalt und nicht zu warm ist, dann kriegt man die perfekte Blume auch zustande.", verriet ich meinen Geheimtipp aus mehr als dreißig Jahren Erfahrung, bevor ich mich an den Zapfhahn wagte.

Film 13 ist nicht auf meiner Webseite zu sehen, aber auf der Gratis-DVD Nähere Infos unter www.derschnellemeyer.com/filme

In Ötztal Bahnhof, am Eingang zum Ötztal, dem touristisch am stärksten frequentierten Tiroler Tal neben dem Zillertal, war das größte Hotel im Zentrum des Ortes, direkt am Bahnhof, zu haben. Mit einem geschulten Blick erkannten wir das Potential des großen Betriebsobjekts, aber leider nicht den dicken Pferdefuß, der diesem Objekt anhaftete.

Wie sich bald herausstellte, gehörte das Hotel einer Bank, die nicht nur durch äußerst umständliche Bürokratie glänzte, sondern auch durch Gier. Nachdem wir nach drei Monaten endlich alle geforderten Papiere zusammen hatten, waren die Preisverhandlungen noch immer nicht abgeschlossen. Ich war gerne bereit, etwas mehr zu bezahlen als das Objekt wert war, aber der Bank war es noch immer zu wenig, was einen Abschluss schlichtweg unmöglich machte.

Der Tag der Deutschen Einheit war auch 2007 ein Thema, das Einlass in die Medien fand. Diesmal lud uns die ARD zu einer Zeitreise ein:

„Den schnellen Meyer, den kannte mal jeder in Deutschland“, begann Claudia Schick den ARD-Report München am Tag der deutschen Einheit 2007, und fuhr fort: „Gut drei Stunden hat er nur gebraucht, von Ungarn bis nach Passau, an die deutsch-österreichische Grenze.“ Dann berichteten Birgit Kappel und Oliver Bendixen über eine „ungewöhnliche deutsch-deutsche Lebensgeschichte“, wie die Sprecherin es formulierte. Die alten Bilder des 10. September 1989 mit tausenden überglücklichen DDR-Bürgern flimmerten über die Mattscheibe und die Geschichte der großen Ausreise, in der Pole-Position natürlich „der schnelle Meyer“ in seinem noch schnelleren Flitzer, der wie schon so oft über die Demokratie in Ungarn und die verbrecherische Diktatur des Ostblocks referierte. 18 Jahre später, freuten sich die Berichterstatter, hatten sie mich und Nicole ausfindig gemacht. Mit meinem braunen Mercedes mit österreichischem, genauer Kitzbüheler Kennzeichen fuhren wir die Landstraße entlang in Richtung Ungarn, an den Plattensee, ich natürlich im „Tiroler G'wand“ mit Tiroler Hut. Kurze Rückblende mit Aufnahmen von 1989 und des heillos überfüllten Lagers Zánka, bevor Nicole und ich durch die menschenleere aber gepflegte Anlage zum Gebäude im kommunistischen Stil, das einst tausenden Menschen als Flüchtlingslager gedient hatte, gingen. In meiner gedanklichen Zeitreise sah ich vor mir, wo unser Auto mit dem abmontierten Kennzeichen gestanden hatte, wo die Wäsche gehangen hatte und wo unsere Kinder spielten, während wir unseren ehemaligen Schlafsaal besuchten. Nur bei der Feststellung unserer Betten ging meine Erinnerung mit jener meiner Frau auseinander. Dafür liefen unsere Gedanken beim Betreten der Sporthalle, in der 5.000 Menschen dicht gedrängt saßen, als verkündet wurde, dass wir hinaus konnten in die BRD, wieder synchron. Ein erneuter filmischer Rückblick zur Ausreise an der österreichisch-ungarischen Grenze, zu unserer ersten Kneipe im Westen, dem „Haus zur deutschen Einheit“, und schließlich zum ersten Jahrestag nach Berlin wo ich im Anschluss mit Nicole wieder Hand in Hand an der „Ecke Friedrichstraße/Unter den Linden“ den schweren Unfall meiner Frau von 1990 aufleben lasse. Nicole erinnert sich nicht gerne daran, erzählt von ihrer jahrelangen Angst, wenn sie ein Auto hinter sich wahrnahm und sagte: „Ich hatte das Gefühl, immer wenn's uns gut ging, bekamen wir eins mit der Keule auf den Kopf, damit wir wieder unten waren. Das war nicht das erste Mal und daher wusste ich, dass ich mich auch jetzt einfach wieder hocharbeiten musste.“ Der Sprecher erzählte noch von unserem gastronomischen Erfolg in Berlin, bevor wir 2004 der Hauptstadt den Rücken kehrten und nun in Kelchsau, in der Nähe von Kitzbühel eine Pension, das „Mooshäusl“, führten. In trauter Runde mit meiner Frau, unseren Töchtern und unserem Schwiegersohn Alex beim Stöbern in alten Fotos und Zeitungsausschnitten, genehmigte ich mir einen Schluck des frisch gezapften Bieres uns sagte zum Abschluss: „Heute ist das Glück in der Vollendung. Ich bin endlich zu Hause angekommen, Tirol war immer schon meine Wahlheimat, über Bayern, und hier möchte ich auch bleiben.“

Film 14 ist nicht auf meiner Webseite zu sehen, aber auf der Gratis-DVD Nähere Infos unter www.derschnellemeyer.com/filme

Während ich mich bei der Objektsuche wie gewohnt größtenteils auf mein Auto und meine Augen verließ, beschritt meine Frau neue Wege und machte sich im Anzeigenteil von Lokalzeitungen kundig. Tatsächlich fand sie das, wovon wir schon seit Jahren träumten: Ein Hotel. „Ich hab schon bei der angegebenen Telefonnummer angerufen.“, überraschte sie mich. „Und?“, fragte ich mehr auf eine weitere Unstimmigkeit eingestellt, als ehrlich fragend. „Alles trocken, alles in Ordnung, teilweise vor zehn bis fünfzehn Jahren umgebaut. Wir sollen einen Termin zur Besichtigung machen.“ „Und wo ist das Hotel?“ „In Steinach.“, klärte mich Nicole auf. „Steinach, Steinach,... Das liegt doch auf dem Weg zu den Eltern von Alex.“, dachte ich, „In der Mitte von Tirol, am Weg nach Italien. Auch nicht übel.“

Denise und Alex hatten vor kurzem ihre Eigentumswohnung in Kitzbühel bezogen und waren offensichtlich wirklich am richtigen Ort gelandet. Während Denise als Konzessionsträgerin bei einem Raumausstatter in Kitzbühel arbeitete, hatte Alex sein Gewerbe aufgegeben und wechselte zu „Sony“ als Gebietsleiter für Österreich und die Schweiz, wo er Außendienstmitarbeiter im Verkauf neuer Produkte schult. Um die beiden mussten wir uns keine Sorgen machen, konnten also geradewegs den Weg unseres Traumes weiter verfolgen, auf dem sich auch unsere jüngere Tochter sah.

Zwei Wochen nach Entdeckung der Annonce fuhr ich mit Nicole und Myrjam zum Besichtigungstermin. In Bezug auf ein Hotel von „Liebe auf den ersten Blick“ zu sprechen, ist vielleicht übertrieben, aber selten waren wir uns so einig wie dieses Mal: „Das isses!“ Dieses ehrwürdige gelbe große Gebäude mit seinen 33 Zimmern mitten im Ortszentrum und direkt an der alten Brennerstraße hatte sicher im Laufe der Jahre viel erlebt. Wahrscheinlich war die „Post“ schon zu Glanzzeiten der Postkutschen der Ort zur Einkehr und Stärkung der Reisenden von diesen oft erzählten und beschriebenen Tortouren, der Erholung der Pferde vom anstrengenden Trab über schlechte Straßen mit schwerer Fracht und der Peitsche des meist ungehobelten Postillions und zu guter Letzt auch der Ort, an dem Briefe und Pakete dorthin verladen wurden, wo sie zu mehr oder weniger erfreuten Empfängern gebracht wurden.

Die nächsten Gespräche führte ich mit Banken und Zwischenbesitzern, denn das Hotel war nach der großen Pleite in die Verwaltung einer Immobiliengesellschaft übergegangen. Von besagtem Realitätenbüro hatte ich zwar einen Namen, aber an die richtigen Leute heranzukommen, war doch recht schwierig. Steinach ist nur ein paar Kilometer von Gries entfernt, und ich glaubte immer schon fest daran, dass sich die Leute in Dörfern und besonders Tälern alle irgendwie kennen. Ein schneller Griff zum Telefon und Gerda Küng, die Schwiegermutter von Denise, angerufen. Wer weiß, vielleicht kannte Gerda die Typen, die das Hotel verkaufen wollen. „Wie heißt die Immobiliengesellschaft? Alpeninvest?“, fragte unsere Tiroler Fast-Verwandte. „Das ist die Firma vom Luis, meinem Neffen.“ Da Blut bekanntlich dicker als Wasser ist, war die Sache mit einem Schlag „watscheneinfach“, wie die Tiroler sagen. Den anderen Bewerbern wurde kurzerhand eine Absage übermittelt und ich erhielt den Vorzug. Sogar auf mein Angebot ging die Immobiliengesellschaft, oder vielmehr Luis, ein: Ein Jahr pachten, in dieser Zeit über die Banken alles zum Kauf klar machen, und falls es nicht klappen sollte, wollte ich der „Alpeninvest“ mein Grundstück in Roßdorf/Deutschland schenken. Die Zusage flatterte nach wenigen Tagen bei mir ein und meine Arbeitsmontur lag schon bereit, diesmal auch die von meinem Schwiegersohn Steffen. Elektroinstallationen, Malerarbeiten und einen Haufen Dreck bewältigten wir zu 99% allein. Sechs Wochen später eröffnete ich das „Hotel Post“ in Steinach am Brenner neu.

Sang- und klanglos eine Gaststätte zu eröffnen war noch nie mein Ding, aber bei unserem Lebenstraum wollte ich klotzen, nicht nur kleckern. In Erinnerung an die einstige Zweckgebundenheit von Hotels mit dem Namen „Post“ mietete ich eine antike gelbe Postkutsche samt Pferden und fuhr im passenden Gewand die Brennerstraße entlang, was der ORF gerne als Anlass für die Untermalung des Wetterberichtes in der Sendung „Tirol heute“ nahm. „Heute haben die Organisatoren Glück gehabt mit dem Wetter bei der ersten Nostalgiefahrt einer alten Kutsche im Wipptal.“, sagte der Moderator, während ich stolz und strahlend vor Glück vom Kutschbock winkte.

Ansehen auf: www.derschnellemeyer.com/film15

Erinnerung an das Flüchtlingslager Hammelburg

Kapitel - 16 -

Ein Jahr später war der Pachtvertrag ausgelaufen und wir zogen, wie in all unseren bewirtschafteten Objekten zuvor, positive Bilanz. Der Erfolg des Hotels lag diesmal nicht nur an der Erfahrung und harten Arbeit von Nicole und mir, auch Myrjam war in den nicht immer leichten aber dafür abwechslungsreichen Job hineingewachsen. Ihr Mann Steffen behielt seine Arbeit beim Deutschen Innenministerium, was bedeutet, dass er drei Wochen bei seiner Familie in Steinach verbringt und im „Hotel Post" arbeitet und eine Woche in Deutschland seinen Dienst versieht. Diese Regelung funktioniert bis heute. Die Krönung des ersten gelungenen Geschäftsjahres als Hoteliers war sicher unser zweites Enkelkind, mit dem uns erneut Myrjam und Steffen beglückten: Madeleine.

Neben einer funktionierenden Strategie um das totgeglaubte Hotel wieder in Schwung zu bringen, hatten wir natürlich am Ende des Pachtvertrages alle Papiere zusammen um unseren jahrzehntelangen Traum zu besiegeln. Die Unterzeichnung des Kaufvertrages war wohl für die ganze Familie ein Freudenfest und zugleich ein Beweis, dass wir es geschafft hatten. Aber die Familienfeiern wollten kein Ende nehmen. Auch unsere Große, Denise, sorgte dafür, dass die Familie größer wurde. Ein Jahr nach Madeleine brachte sie Paul zur Welt. Die stolze Oma in Gries lebt zwar einige Kilometer von der Familie ihres Sohnes entfernt, war aber ein Teil unserer Familie geworden und so bietet sich das „Hotel Post" neben der Völkerverständigung auch zum Familientreffpunkt an. Und Steinach-Kitzbühel ist nun wirklich eine Entfernung, deren Überwindung wir sogar einmal pro Woche schaffen.

Wie es in Dörfern nun mal ist – jeder weiß über den anderen Bescheid und unser einjähriger Pachtvertrag musste wohl auch über die Stammtische gegangen sein. Die Information, dass unsere wirtschaftliche Lebensgrundlage längst grundbücherlich eingetragen war, verbreitete sich allerdings nicht so schnell. Als die glückliche Oma Gerda wieder einmal ihren Enkelsohn im Kinderwagen durch das Dorf schob, gab es für die einen guten oder auch weniger guten Bekannten kein Halten mehr. „Ist der Deutsche noch da?", wurde sie gefragt. „Hab gehört, der hat schon wieder verkauft. Soll ja auch pleite sein.", wussten andere. Was Gerda auch antwortete, zwischen dem was jemand sagt, und jenem, was ein anderer hören will, liegen oft unüberwindbare Schluchten und wer will schon nicht hin und wieder einen bestechenden Beitrag zum Dorftratsch leisten, solange er nicht selbst zum Hauptakteur wird. Sonst wären ja die vielen Stammtische in den Gasthäusern leer und irgendwann zwecklos.

Nach fast zwei Jahren im Dorf kannte ich natürlich viele Leute und hatte auch gute Freunde gefunden. Einer davon ist Hansi Hilber, in dessen „Schicafe" in Steinach die lustige Kunde vom Deutschen, der Pleite gemacht hätte, Runde machte und der sich halb kaputt lachte. „Schade, dass ich an dem Tag nicht selber am Stammtisch saß.", dachte ich. Aber ein Dorf ist eben der Größe wegen ein Dorf und so dauerte es nicht lange, bis mir der fälschliche Klatsch selber zu Ohren kam.

Bei allem Verständnis für einen kleinen Ort, in dem die Einwohner, vor allem jene, die nicht so viel im Leben zu tun haben, nahezu gezwungen sind, nach irgendeiner Unterhaltung zu suchen um der mörderischen Langeweile ein Schnippchen zu schlagen, war ich doch stets ein Freund der Wahrheit. Hätte mich nicht meine Frau zurück gehalten, wäre im Bezirksblatt wohl folgende Anzeige erschienen: *„Für alle Rindviecher und Arschgesichter, die glauben, der Deutsche sei schon wieder pleite und längst über alle Berge, ein Freibier oder einen Freiwein, damit wir endlich zur Freundschaft anstoßen können."*

Durch Gerda erfuhr ich auch von jener ganz schwer bedrückenden Angst der Einheimischen, dass die Fronleichnams-Prozession, oder „Happy Kadaver", wie ich das Kirchenfest aus meiner Jugend kenne, durch den Zuwanderer gestört sein würde. Sie waren durchwegs überzeugt, dass der Deutsche mit der Tradition brechen würde, jenen Altar, der seit Generationen vor dem „Hotel Post" aufgebaut war, in althergebrachter Art zu schmücken. Auch durch diese falsche Annahme musste ich ihnen einen Strich machen und brillierte zu diesem hohen Kirchenfest, bei dem das ganze Dorf auf den Beinen zu sein schien, mit dem schönsten Altar. Das brachte mir den persönlichen Dank des Pfarrers und viele wohlwollende Gesten und Blicke der Bevölkerung ein und seither fühle ich mich im Dorf richtig angekommen und angenommen.

Der Herbst 2009 bot für jede Zeitung im deutschsprachigen Raum und jeden Fernsehsender genug Anlass, um ausführlich dem zwanzigsten Jahrestag der Flucht aus der DDR und später dem Fall der Berliner

Mauer zu gedenken. Deutsche und österreichische Zeitungen und Fernsehsender gaben sich bei mir die Klinke in die Hand.

Schon vor den großen Feiern, im August, berichteten zwei Zeitungen aus unserer neuen Heimat über unsere Geschichte.

Die erste war die „Tiroler Tageszeitung", die schon auf das Titelbild mein Foto setzte, neben dem zu lesen war: „Ein rasanter DDR-Flüchtling". Auf Seite sechs dann: „Die schnellste Flucht aus der DDR führte nach Tirol" Neben Fotos von mir allein und mit Nicole und Myrjam und meinem ersten Enkel Niklas die altbekannte Geschichte und auch die Zitate von mir: „Wir wollten nicht in einem Flüchtlingslager warten, bis die DDR pleitegeht. Wir haben uns gedacht, das können wir zuhause auch.", und Myrjam: „Für meine Schwester und mich ging der Urlaub einfach weiter. Als Kind realisiert man nicht, dass sich die Welt verändert."

„Der schnelle Meyer" fasst in Steinach Fuß! – Sie ging durch alle Medien: Die unglaubliche Lebensgeschichte des ersten DDR-Bürgers, der 1989 ganz legal nach Deutschland ausreiste", schrieben die „Bezirksblätter Stubai/Wipptal" am 5. August 2009. Unter dem Foto von mir und Myrjam in unserem Hotel stand „Ein „Titelheld" ließ sich bei uns nieder". Im Blattinneren erzählte ich in gewohnter Weise unsere ganze Geschichte, inklusive aller Umwege, die uns letztendlich nach Tirol führten.

„Zwei, die ihr Glück in die Hand nahmen", betitelte der „Vilshofener Anzeiger" vom 11. September 2009 den drei seitigen Bericht der wohl spektakulärsten plötzlichen Wende in der Geschichte. Das schon so oft gezeigte Foto von mir bei der Grenzüberquerung mit unseren Pässen in der Hand stand neben einem Bild von Nicole und mir in unserer ersten Kneipe im Westen, im „Haus zur deutschen Einheit" in Sylbach und darüber prangte eine große, aktuelle Aufnahme von unserer ganzen Familie inklusive Schwiegersöhnen und Enkelkindern vor unserem „Hotel Post" in Steinach.

„Schnellster Ossi trägt jetzt Lederhose" schrieb der „Bürgerblick" vom September 2009 und bildete mich beim Überschreiten der Grenze neben einem aktuellen Foto und einem unseres schnellen Toyotas ab. Auch unser Aufnahmeschein im Lager Vilshofen mit der Endziffer 001 fand Platz in dem dreiseitigen Bericht.

„Die Wende 1989 – „Der schnelle Meyer“ über den Weg in die Bundesrepublik und die Machenschaften des DDR-Regimes“ lautete die Schlagzeile von „Die neue Woche“ vom 9. September 2009. Auch aus dieser Zeitung lachte ich stolz mit meiner ganzen Familie und erzählte die unglaubliche Geschichte von Anfang an.

Sogar das „Sky Magazin“ stellte ihre Sendung mit Joey Grit Winkler am 3. Oktober 2009 ganz ins Zeichen „20 Jahre Fall der Berliner Mauer“. Gast im Studio, in Lederhose mit passendem Gilet und weißem Trachtenhemd war ich, „der schnelle Meyer“. „Der Tanz auf der Berliner Mauer, der Jubel, diese friedliche Revolution, alles kaum zu glauben.“, erinnert sich die Moderatorin, bevor noch schärfere Worte als in anderen Fernsehsendern, begleitet von entsprechenden archivierten Bildern zum ehemaligen DDR-Regime, die noch immer sensiblen Ohren der Zuseher erschrecken ließen. Mit den Worten: „Meine Überzeugung war es immer, dass die detonierte Teilung, die Teilung durch Stacheldraht und Todesstreifen, gegen den Strom der Geschichte standen.“, jagte Willy Brandt wohl jedem auch nach 20 Jahren einen eiskalten Schauder über den Rücken. Meinen ersten Gedanken, als ich erfahren hatte, dass die Grenze offen ist, wollte die Moderatorin wissen. „Der erste Gedanke war, dass es jetzt einmal in der Geschichte passiert, dass man nicht abgeschossen wird wie Hasen an der Grenze, wenn man sie passieren möchte.“, antwortete ich, mit dem schönen Titel „1. Offizieller DDR-Flüchtling“ unter meinem Namen. „Haben Sie Ihre Familie überrumpelt, oder wollten die alle sowieso mit?“, fragte Frau Winkler. Meine offensichtlich unerwartete Antwort: „Meine Frau und ich haben uns angeschaut und ich sagte „du, stell dir vor, die Möbel sind auch schon 50 Jahre alt, den Mist kannste stehen lassen, gehen wir einfach in eine andere Stadt in Deutschland, die besser für uns ist.“, brachte meine Gesprächspartnerin zum Lachen. Aber sie wollte es genau wissen und hakte nach: „Wie viel Zeit war denn da dazwischen, als Sie erfahren haben, die Grenze ist offen und als sie dann im Auto saßen?“ Also erzählte ich die ganze Geschichte, von unserem Urlaub in Bulgarien, der Verlängerung in Ungarn und der schicksalshaften Zeitung, die unsere Lebenspläne kurzerhand auf den Kopf stellte. Die Erklärung hinsichtlich unserer Flucht reichte aus, aber die nächste Frage betraf dann unsere Familien, die wir zurückgelassen hatten. „Ich hatte mir das so vorgestellt: Irgendwann siehst du die Eltern und Großeltern sowieso wieder, denn es kann keine zehn Jahre mehr dauern, bis die Idioten den Rest, der noch nicht runtergewirtschaftet war, auch beenden. Die Oma hat angerufen und geweint. „Oma, brauchst nicht zu weinen, zu Weihnachten sehen wir uns eh wieder.", gab ich einen Einblick in meine damaligen Gedanken und entlockte der Moderatorin einen weiteren Lacher. „So war's dann auch.", sagte sie und ich konnte nur zustimmend nicken. Auch von meinem immer dagewesenen Wunsch, in den Westen zu gehen, erzählte ich, aber auch von dem Risiko, das mich all die Jahre davon abhielt zu flüchten, meine Familie durch eine illegale Flucht in Gefahr zu bringen und ihnen Schwierigkeiten zu bereiten. Meine Interviewpartnerin wollte sogar wissen, was ich gedacht habe, als ich über die Grenze drüber war. „Es war ein erhebendes und ein stolzes Gefühl, denn zum allerersten Mal durften wir eine Grenze passieren ohne jegliche Kontrollen.", erinnerte ich mich und wurde gleichzeitig mit „Hotelier Post Steinach" untertitelt, „Von Deutschland Ost nach Ungarn wurde man durchsucht, als ob man Schmuggler gewesen wäre. Und plötzlich fährst du einfach durch und alle jubeln dir zu. Das war ein erhabenes Gefühl!" „Und wie kam es dazu, dass Sie der Erste waren?", war die nächste Frage. Ich berichtete vom Lager Zánka und unserem schnellen Toyota und fügte noch erklärend hinzu, dass man auch in der DDR nahezu alles auf dem Schwarzmarkt kaufen konnte, wenn man das nötige Kleingeld besaß. Natürlich ließ ich auch noch meiner Erinnerung an die freundliche Aufnahme im Westen und dem letzten Sommer in der DDR freien Raum.

Film 16 ist nicht auf meiner Webseite zu sehen, aber auf der Gratis-DVD Nähere Infos unter www.derschnellemeyer.com/filme

Der „Fränkische Sonntag" legte seiner Ausgabe vom 7./8. November 2009 eine „Sonderausgabe zum 9. November '89 mit dem Titel: Grenzen los – 20 Jahre Mauerfall" bei. Die Schlagzeile am Anfang der Erinnerungen an die immer noch berührenden Geschichten über das Ende des Sozialismus und zugleich das Ende der DDR lieferte natürlich ich.

„Der „schnelle Meyer“ landete in Tirol“ stand in großen Lettern über unserer Geschichte und meinem wahrscheinlich weltberühmten Foto mit unseren Pässen in der Hand am Grenzübergang Suben, dieses Mal aber mit schwarz-rot-goldenen Pinselstrichen untermalt. „Schicksalswege – Gerhard Meyer aus Ost-Berlin zeigte 1989 dem Sozialismus die Rücklichter: Nach der rasanten Flucht im Toyota Corolla von Ungarn über Österreich nach Bayern schmiss die Familie die Haßfurter Wirtschaft „Zur Deutschen Einheit.“, war neben dem schicksalsträchtigen Foto zu lesen. Ein Bild von Nicole und mir 1989 in der Sylbacher Kneipe und ein aktuelles mit der ganzen Familie vor dem „Hotel Post“ gaben die optischen Einblicke in unser Leben damals und heute. Mit meinem Rückblick auf mein temporeiches Leben schloss der Bericht: „Zu DDR-Zeiten gab's auch schöne Momente, aber die ganze Bewachung machte es zu einer Schweine-Zeit. Aber wenn ich an Sylbach und seine Bevölkerung denke, dann krieg ich noch 'ne Gänsehaut.“

Als nächstes und zu meiner besonderen Freude wurde auch im Fernsehen unserer neuen Heimat, dem ORF, Landesstudio Tirol, dem 20. Jahrestag des Endes der DDR gedacht. In der Sendung „Tirol heute“ berichtete Klaus Schönherr vom schnellsten DDR-Flüchtling von 1989 und heutigen Wirt des „Hotel Post“ in Steinach am Brenner. „An Interviews ist Gerhard Meyer seit 20 Jahren gewöhnt und schon bei seinem ersten an der österreichisch-ungarischen Grenze konnte er dem DDR Regime die Meinung sagen.“, stellte mich der Sprecher vor. Gleich darauf kam auch schon das Bild von mir im schnellen Toyota und der geschichtsträchtige Satz über Demokratie, Fortschritt für die Menschheit auf der Welt und was man im Ostblock machen sollte. Stilgetreu in Tracht gedachte ich im Hotel jener historischen Nacht, unserer Gefühle, Gedanken und der unglaublichen Leere, der Ruhe vor dem (Reporter-)Sturm, sozusagen, an der Grenze in Passau. Ich erinnerte mich sehr gern daran, endlich aus dem Moloch der Kommunisten rauszukommen und von zahllosen Presse-Leuten empfangen zu werden. „Von der jetzt auflebenden DDR-Nostalgie hält „der schnelle Meyer“ rein gar nichts.“, stellte Herr Schönherr fest und ich konnte das auch leicht erklären: „Diesem Gedanken der DDR-Nostalgie kann ich nichts abgewinnen. Ich meine, wenn jemand das für seinen Kopf haben will, soll er das behalten, aber ich verstehe unter DDR-Nostalgie etwas ganz anderes: Ich würde die Leute alle an die Grenze schicken, ich würde sie dann von den Grenzposten erschießen lassen, das war die Realität. Ich würde die Leute nicht in Urlaub fahren lassen, ich würde sie in FDGP-Heimen unterbringen, die mehr oder weniger größere Hühnerställe waren. Alle fünf Jahre einmal würde ich ihnen Urlaub an der Ostsee verschreiben, oder alle zehn Jahre, wie es in der DDR gewesen ist. Aber wenn unbedingt jemand seine wässrige Butter haben will, oder das miese Brot, das es gegeben hat, oder wenn er besseres Essen wollte, dass er in den Delikatladen gehen musste,… Wenn das jemand unter Nostalgie versteht, ist das sein Ding, aber DDR-Nostalgie als solches von den Kommunisten ist das Absurdeste, das es jemals gegeben hat." „Heimweh hat die Familie nicht, ihre Heimat ist Tirol geworden.", bemerkte der Sprecher richtig und fügte noch an, dass es ein wenig dauern würde, bis ich um die österreichische Staatsbürgerschaft ansuchen kann und wollte wissen, ob ich dann ein original Tiroler würde. „Ein original Tiroler werde ich nie werden, aber ich möchte es auf dem Papier stehen haben. Als Original Tiroler müsste man wohl mindestens zehn Generationen da sein und einen alten Namen haben wie „Auer" oder so. Mit „Meyer" wird das schlecht gehen.", antwortete ich belustigt." „Im Herzen ist Meyer schon längst angekommen.", stellte Herr Schönherr fest, während ein Anruf den Klingelton meines Handys preisgab: „Dem Land Tirol die Treue".

Ansehen auf: www.derschnellemeyer.com/film17

Einen fast identischen, nur etwas ausführlicheren Bericht lieferte zur Feier des Tages natürlich das ORF Landesstudio Burgenland. Unter dem Titel „Das Tor ist offen" flimmerten beeindruckende Bilder über die Mattscheibe von zerschnittenen Stacheldrahtzäunen, Menschen, die über die Mauer klettern und der geschichtsträchtige und unbeschreiblich emotionale Moment, als die ungarische Botschaftsmitarbeiterin verkündete: „Bürgerinnen und Bürger der DDR können mit ihren DDR-Papieren das Land verlassen.", mit einem Blick in die jubelnde Menschenmenge. Ich erkläre zwischendrin natürlich wieder meine These von der Demokratie in Ungarn und der Diktatur von Verbrechern im Ostblock.

„Im November 1989 ist das geteilte Europa Geschichte. Die Berliner Mauer fällt. Den ersten Riss bekam sie hier: an der Grenze zwischen Ungarn und dem Burgenland.“, erinnerte der Sprecher und ergänzte mit einem kurzen Ausflug in die Geschichte: „Es taut kräftig nach dem kalten Krieg. Ungarn beginnt im Mai 1989 mit dem Abbau des Stacheldrahtes. Nur politische Motive sind es allerdings nicht. Das Sperrsystem wird dem ungarischen Staat zu teuer. Das Wegräumen des eisernen Vorhangs ist ein im damaligen Osten nicht unbemerktes Signal, das die Erosion des 40 Jahre alten DDR- Regimes unter dem damaligen Parteichef Erich Honecker beschleunigt.“ Weitere Bilder von glücklichen, gerührten Menschen, die endlich ihre Freiheit erlangt haben, untermalt mit dem treffenden Song der Scorpions „Wind of Change“.

Nach dem legendären Bild der Fahrt über die ungarisch-österreichische Grenze komme ich im „Hotel Post“ in Steinach ins Bild. „Gerhard Meyer, 20 Jahre danach. Seine rasante Fahrt hat ihn tatsächlich über Nacht zum Medienstar gemacht.“, stellt mich der Moderator vor, während die Kamera über unzählige Zeitungsausschnitte schwenkt. „Der schnelle Meyer, wie er auch genannt wird, ist und bleibt ein Wandervogel. Nach mehreren Stationen in Deutschland und Österreich lebt er nun in Steinach am Brenner als Gastwirt und Hotelier“, werde ich weiter, beim Bierzapfen, den Zusehern präsentiert. Ich erinnere mich an den frisierten Wartburg neben mir an der Grenze und unsere Fahrt durch die Nacht, nur mit einer Kopfschmerztablette gedopt. Ein Herr aus dem Burgenland zeigt stolz seine Souvenirs von DDR-Geldscheinen mit Widmungen, die ihm Flüchtlinge zum Dank dagelassen hatten.

„Viele historische Schicksale haben sich im Sommer 1989 entlang einer sich auflösenden Grenze abgespielt, aber alle diese Geschichten zusammen haben europäische Geschichte gemacht.“, schloss der Sprecher den Bericht mit einem letzten Blick auf das Tor mit dem zerschnittenen Stacheldraht.

Film 18 ist nicht auf meiner Webseite zu sehen, aber auf der Gratis-DVD Nähere Infos unter www.derschnellemeyer.com/filme

Am 14./15. November berichtete auch die „Passauer Neue Presse“ von den 20-Jahres-Feierlichkeiten unter dem Titel „Europa ist eine unglaubliche Erfolgsgeschichte“. Am Vorabend hatte die Verlegerin Angelika Diekmann im Passauer Medienzentrum den ehemaligen Bundesaußenminister Hans Dietrich Genscher mit dem „Menschen in Europa-Award“ geehrt. Zu dieser Veranstaltung waren 470 Besucher geladen, die mit den Podiumsgästen, zu denen natürlich auch „der schnelle Meyer“ gehörte, ein Stück Zeitgeschichte erlebten. Mit drei weiteren Zeitzeugen diskutierte ich mit ZDF-Moderator Wolfgang Herles über die Wende, 20 Jahre danach. „Wir haben blühende Landschaften bekommen“, stand unter dem Foto dieses Gesprächs. Im Anschluss an den Artikel wurden noch Walburga Habsburg-Douglas, Joachim Gauck, Jerzy Buzek, Theo Waigel und der Ehrengast Hans-Dietrich Genscher zitiert, wobei jenes Zitat wohl am meisten berührte: „Der Gewalt der Gewaltlosen konnten sich nicht einmal die Waffenträger entziehen. (…) Wir Europäer haben ein Beispiel gegeben: Man kann aus der Geschichte lernen.“

Und zu guter Letzt schilderte am 28. November 2009 auch das „Haßberg-Echo“ die Geschichte meine Familie. „Was macht der „schnelle Meyer“?“, wurde auf der Titelseite gefragt und im Blattinneren aufgeklärt. Auch diesen Bericht schmückten ein aktuelles und ein altes Bild aus unserer ersten Kneipe im Westen.

Der Medienrummel war nicht nur Teil meines Lebens geworden, sondern ein Teil der ganzen Familie, mit dem sich auch unsere Enkelkinder zu identifizieren beginnen. Die Jahre im Hotel „Post“ waren nicht geprägt von Eintönigkeit sondern von Zugehörigkeit, Zusammenhalt und natürlich Erfolg. Unser ältester Enkelsohn Niklas besuchte schon die letzte Klasse der Volksschule in Steinach, seine Schwester Madeleine war ein stolzes Kindergartenkind und ob er bereit war oder nicht, davon gingen seine Eltern einfach mal aus, schenkten sie ihm noch eine Schwester, Isabella. Nicole und ich waren auch bei unserem Enkel Nummer Vier die glückseligsten Großeltern und freuten uns jedes Mal über ein weiteres großes Familienfest. Das Gleichgewicht unserer Enkelkinder war hergestellt. Zwei Jungs und zwei Mädels. Aber nur für kurze Zeit, denn ein Jahr nach Isabella wuchs die Familie in Kitzbühel und Denise brachte Katharina zur Welt. Wir kamen aus dem Feiern nicht mehr raus. Wie schön!

Im Herbst 2011 feierte das jüngste Bundesland Österreichs „90 Jahre Burgenland", das mit einem großen Fest in Oberwart begangen wurde, moderiert von Harald Kraßnitzer und Barbara Karlich. Klaus Meine von den Scorpions war zwar, im Gegensatz zu Opus, die die Feierlichkeiten mit ihrem legendären Hit „Life is Life" eröffneten, nicht vor Ort, aber via Satellitenschaltung gedachte er mit rührenden Worten der Grenzöffnung 1989: „Kaum jemand in Deutschland weiß, dass vor 22 Jahren die Burgenländer mitgeholfen haben die Grenzen zu öffnen und mit heißem Herzen verstanden haben, worum es geht und die Emotion, die damals in der Luft lag, aufgegriffen haben und ganz wesentlich dazu beigetragen haben, dass die Welt sich verändert. Sie haben dem Wind der Veränderung gelauscht, sozusagen und mit ihrem Herzen und ihrer Einstellung dazu beigetragen, dass die Menschen in Freiheit leben konnten und können, und dafür an diesem ganz besonderen Tag unser aller Dank." Der wohl bekannteste Scorpions-Song „Wind of Change", begonnen von Eva-Maria Marold und Michael D. Hoffmann und beendet in einem fulminanten Finale mit österreichischen Gesangsgrößen, einem großen Chor und noch größerem Orchester, bescherte wohl jedem der Tausenden Gäste eine Gänsehaut. Nachdem Barbara Karlich im Interview mit Professor Paul Lendvai dessen neues Buch „Mein verspieltes Land" vorgestellt hatte, lief eine Rückblende zum 11.9.1989 an den Grenzübergang Klingenbach über die riesige Leinwand. „Wir freuen uns über die Demokratie in Ungarn, die ein riesengroßer Fortschritt ist für die Menschheit auf der ganzen Welt. Man sollte im ganzen Ostblock dieses nachmachen, damit diese Diktatur von Verbrechern aufhört.", war von mir in Großaufnahme zu hören bevor ich neben Frau Karlich auf der Bühne als schnellster DDR-Flüchtling und somit „der schnelle Meyer" beklatscht wurde. Auf die Frage, was ich denn dachte, wer hinter mir her sei, antwortete ich gelassen: „Das kann ich heute nicht mehr genau sagen, aber es war einfach ein unbeschreibliches Gefühl, einmal über die Grenze zu gehen, ohne Angst haben zu müssen, niedergeschossen zu werden." „Wie fühlt sich Freiheit an?", wollte die Frau in Rot neben mir wissen. „Wenn man denken kann, sagen darf, wohin man gehen möchte, das ist Freiheit. Die Gedanken der Freiheit waren ja im Osten bei uns nur zu Hause, da herrschte Demokratie, und in der Schule mussten wir heucheln. Das waren zwei Welten, die wir ständig erlebten. Und auf einmal war das weg." Ich erzählte stolz, dass ich jetzt in Tirol angekommen und Österreicher sei und mich sehr, sehr wohl fühle. „Sie wären im Burgenland auch sehr herzlich willkommen.", stellte mir Frau Karlich in Aussicht, worüber ich herzlich lachen musste, während ich den nächsten tosenden Applaus genoss.

Film 19 ist nicht auf meiner Webseite zu sehen, aber auf der Gratis-DVD Nähere Infos unter www.derschnellemeyer.com/filme

Mit Professor Paul Lendvai im Burgenland

„Sag die Wahrheit", hieß die Sendung, in der ein prominentes Rateteam aus drei Kandidaten jenen herausfinden musste, der wirklich die Wahrheit sagte. „Welcher ist der schnellste DDR-Flüchtling?", fragte Michael Antwerpes, der Showmaster. Und das Team fragte und fragte und rätselte – und befand einen meiner zwei Kollegen als glaubhafter.

Ansehen auf: www.derschnellemeyer.com/film20

Die Zeit läuft und mit ihr der Fortschritt. Ein Hotel mit 33 Zimmern ist, grob zusammengefasst, ein Haufen harter Arbeit und erfordert nebenbei auch laufend Investitionen um „up to date" zu bleiben. Gäste wollen sich im Urlaub, der kostbarsten Zeit des Jahres, wohl fühlen und das konnte ich schon immer leicht nachvollziehen. Die logische Schlussfolgerung daraus war, wenn wir unseren vorhandenen Gästen gerecht werden, könnten ja noch einige mehr dazu kommen. 1994 wurde das „Hotel Post" aufgestockt und Vorbereitungen für einen späteren Ausbau es zweiten Stocks getroffen. Etage eins und drei waren bereits modernisiert. Wir, wie schon immer natürlich ich und wie bereits beim letzten Umbau mein Schwiegersohn Steffen, nahmen das Projekt ganz allein in Angriff. Nachdem wir die Heizung verlegt hatten, konnten wir uns an die Bäder wagen, für die wir schon mal viel Lob von der Familie ernteten. Mein Perfektionismus gebot für diesen Zubau freilich mindestens den gleichen Standard wie der Rest des Hauses aufweist und so bauten wir eine Löschwasserleitung ein und weil wir gerade so gut in Schwung waren auch eine Feuermeldeanlage im Flur der zweiten Etage. WLAN musste im dritten Jahrtausend selbstverständlich auch in jedes Zimmer. Nachdem wir die neuen Böden verlegt und die Malerarbeiten in den Räumen erledigt hatten, setzten wir voll Stolz die Türen. Auch die Einrichtung gaben wir nicht in fremde Hände, denn wenn wir schon so viel geschafft hatten, war die Montage der Möbel nur mehr ein vergleichbarer Spaziergang im Park.

Nach einer kurzen Regenerationspause stand die Fassade auf dem Programm und ich machte etwas, das ich noch gar nie gemacht hatte: Ich rief eine Baufirma an. Wenn Sie nun denken, dass ich die Firma mit den Malerarbeiten des Hotels beauftragt habe, muss ich Sie leider enttäuschen. Die fertige Ansicht hatte ich im Kopf, Steffen an der Hand und seinen Freund Alex aus Berlin in Aussicht. Also was brauchten wir mehr, als eine große Menge gelber Farbe und ein Gerüst, das ich die Firma aufstellen ließ. Eine kleine Hürde stellte Myrjam dar, denn als ich ihr von meinem Vorhaben erzählte, rot-weiße Rauten neben die Fenster zu malen, begann sie eine zweckgebundene Diskussion. Da ich aber als DDR-Kind an kleinere und auch größere Schwierigkeiten gewöhnt bin, ließ ich mich nicht beirren und machte mich an die Arbeit. In vier Tagen hatten wir zu dritt eine neue Fassade, inklusive österreichischer Rauten, gezaubert. Lustiges Detail am Rande war eine Geschichte des Malers, von dem wir die Farbe gekauft hatten. Er erzählte uns, dass er als junger Bursch in seiner Lehrzeit an Malerarbeiten im „Hotel Post" maßgeblich beteiligt war. Dafür erteilten wir ihm den Auftrag, die „gelungene Fassade", wie sein fachmännisches Urteil lautete, mit einer aufgemalten Postkutsche zu komplettieren.

Unsere Arbeit erlangte die Honoration der K&K-Monarchie in Steinach, also heute ÖVP und SPÖ. Jeder mit Rang und Namen kam persönlich um Tribut zu zollen: „Gerhard, hast du das wieder schön gemacht. Das ist ein Blickfang für das ganze Dorf." Hatte das der Bürgermeister gesagt? Schwer zu sagen bei den Legionen an Gemeindebürgern mit Rang und Namen, die alle ankamen um unserer Leistung Tribut zu zollen. Noch heute habe ich blaue Flecken vom Schulterklopfen.
2014 jährte sich die Grenzöffnung schon zum 25. Mal, was Medienberichte über mich und meine Familie zum unerlässlichen Programm machte.

Am 23. Juli lachte ich aus dem „Haßfurter Tagblatt", in vertrauter Umarmung mit den neuen Besitzern meiner ehemaligen Gaststätte „Zur Deutschen Einheit", Elena und Odisseas Tasios und meinen alten Freunden Inge und Bernd Wagner, dessen 60. Geburtstag wir im jetzigen Restaurant „Korfu" feierten. „Ein Reißverschluss in der DDR-Flagge – Gerhard Meyer kam 1989 als erster über Ungarn aus der DDR n die Bundesrepublik, dann zog er nach Sylbach", stand über der Abbildung und ich fragte mich, wie oft diese Schlagzeile schon meine Geschichte betitelte. Auch in diesem Bericht wurde unsere Flucht aufgerollt und Einblicke in unser aktuelles Leben in Tirol vermittelt, gespickt mit Zitaten des „schnellen Meyer": „In meinem Leben ging es immer rauf und runter, aber ich habe nie gejammert." „Die deutsche Wiedervereinigung ist das Beste, was uns hätte passieren können."

„Das Picknick als Tor zur Freiheit – Für ein „Picknick" der Paneuropa-Bewegung wurde vor 25 Jahren ein kleiner Grenzübergang zwischen Ungarn und Österreich geöffnet. Hunderte DDR-Bürger nutzten dies für die Flucht über die grüne Grenze" war auf Seite drei der „Tiroler Tageszeitung" vom 20. August 2014 zu lesen. Unter einer Chronologie des Zerfalls des Ostblocks und einem schwarz-weiß Bild von Menschen, die sich am 19. August 1989 durch einen Riss im eiseren Vorhang zwängten, prangte eine weitere fettgedruckte Überschrift: „Eine Lumpenfahne als Symbol der Hoffnung – Der Steinacher Hotelier Gerhard Meyer hat eine besondere Geschichte. Er erreichte über Ungarn als erster „Ossi“ die BRD.“

Meine altbekannte Lebensgeschichte, kurz gehalten, aber mit einem Farbfoto von mir vor unserem „Hotel Post“ mahnte alle, die Geschichte nicht zu vergessen oder zu verdrängen. Vor dem frisch gemalten Hotel mit den österreichischen Rauten an den Fenstern hielt ich die „Lumpenfahne“, die wir, wie viele andere Flüchtlinge, im Lager Zánka zusammengeflickt hatten, stolz in der Hand und als Erklärung stand darunter: „Aus ein paar Stofffetzen schufen DDR-Flüchtlinge wie Gerhard Meyer deutsche Flaggen. Heute bewahrt er sie in seinem Hotel auf.“

Die erste Einladung zu den anstehenden Feierlichkeiten erreichte mich aus Bayern. Mit einem Schreiben des Bayerischen Landtags wurde ich eingeladen, am 12. September 2014 an der „Festveranstaltung des Bayerischen Landtags „25 Jahre Grenzöffnung Ungarn-Österreich“ in Passau teilzunehmen. Landtagspräsidentin Barbara Stamm eröffnete die vom Bayerischen Rundfunk live übertragene Veranstaltung feierlich und gab das Wort an Oberbürgermeister Jürgen Doppler sowie Landrat Fritz Meyer weiter, die weitere Grußworte an die Festgäste richteten.

Im Anschluss hatte ich die Ehre, neben weiteren Zeitzeugen, mit dem damaligen Bundesminister, Dr. Theo Waigel, Altlandrat Hanns Dorfner, Vils-hofens Altbürgermeister Hans Gschwendtner, dem ungarischen Minister für gesellschaftliche Ressourcen, Zoltan Balog, sowie dem Passauer Polit-Experten Prof. Dr. Heinrich Oberreuter in einer Gesprächsrunde an die Geschehnisse vor 25 Jahren zu erinnern. Beendet wurde die Festveranstaltung mit dem kurzen aber stimmigen Gedicht „Vers zur Jahrtausendwende“ von Reiner Kunze, der bereits 1977 aus der DDR geflüchtet war: „Wir haben immer eine Wahl. Und sei es, uns denen nicht zu beugen, die sie uns nahmen.“

Die „Passauer Neue Presse“ schrieb tags darauf: „Passau und Vilshofen erinnern an Grenzöffnung“ und berichteten von den vorausgegangenen Feierlichkeiten. Zentrum der Berichterstattung war ein Farbbild der

Ehrengäste mit mir in der Mitte, in der einen Hand die „Lumpenfahne", in der anderen ein Mikrofon. Meine Worte, die auf dem Bild nicht zu hören sind, werden gleich darunter erläutert: „Gerhard Meyer schildert beim Festakt im Passauer Rathaussaal vor Theo Waigel, Landrat Franz Meyer, OB Jürgen Dupper, Generalkonsul Helmut Koller (Österreich), Landtagspräsidentin Barbara Stamm und dem ungarischen Minister Zoltan Balog, wie seine Frau und die beiden Töchter im September 1989 aus Stoffabfällen diese Deutschland-Fahne genäht haben"

Auch der Bayerische Rundfunk ließ sich eine Retrospektive zum 25. Jahrestag nicht entgehen. Wie schon so oft, erschienen wieder die Bilder von der Ausreise 1989, beginnend mit den alles entscheidenden Worten der ungarischen Botschaftsangestellten. Darauf folgten vor Glück strahlende Menschen, die es kaum erwarten konnten, sich auf in ihr neues Leben zu machen. Ich sagte wieder einen meiner so oft zitierten Sätze und schon schwenkte die Kamera auf die unzähligen Zeitungsausschnitte über den schnellsten aller DDR-Flüchtlinge, den „schnellen Meyer". Der Bericht von unserer ersten Kneipe in Haßfurt wurde durch den Fluchtflitzer vor der Tür gekrönt und zufriedene Gäste prosteten sich zu. Anschließend durfte ich mit Nicole nochmal Zanka besuchen und alte Erinnerungen bescherten mir Gänsehaut. Nach einem Blick auf das nächtliche Zollamt Suben kramte ich in Erinnerungen an die Flucht, zum Beispiel wie ich mit 200 Sachen durch Österreich gefahren bin und die Sprecherin berichtete von meinem neuen zufriedenen Leben als Hotelier in Österreich. „Oft werde ich gefragt, wie denn die DDR war.", erzähle ich füge an: „Wie soll ich dir 45 Jahre DDR erklären? Das kann man nicht erklären, das muss man erlebt haben; und wenn du das willst, dann fährst du nach Nordkorea und da hast du noch dasselbe System, wie die Verbrecher im Osten gewesen sind.", während ich die Lumpenfahne schwenke. „Morgen ist der schnelle Meyer" Ehrengast beim Jubiläumsfest des bayerischen Landtags zur Grenzöffnung.", beschließt die Moderatorin den Bericht, während ich mit der dunkelhaarigen Dame, die einst auch ein Flüchtling war, von dannen ziehe.

Film 21 ist nicht auf meiner Webseite zu sehen, aber auf der Gratis-DVD Nähere Infos unter www.derschnellemeyer.com/filme

Ein Artikel in der Samstag/Sonntag-Ausgabe vom 13./14. September 2014 im „Fränkischer Tag“ brachte mich zum Schmunzeln. Die große fett gedruckte Überschrift „Der weite Weg des Vereinsbusses – Liebhaberstück: Ein früherer Vereins-VW des FC Haßfurt kehrte über den Brenner wieder in die Haßberge zurück“, war für mich mehr als der Bericht über einen in die Jahre gekommenen VW-Bus, sondern rief alte Erinnerungen wach.

1990 hatte ich das Gefährt mit Erstzulassung 1977 in einem Haßfurter Autohaus gekauft und sogar unseren Umzug von Berlin nach Österreich damit gefahren. Eine kleine nostalgische Ader hielt mich letztendlich davon ab, die Aufschrift „1. FC Hassfurt“ in „Hotel Post“ umzusatteln. Nach 24 Jahren der Hege und Pflege, aber ohne Anmeldung in meiner Garage kam mir der Gedanke, es in die alte Heimat zurückzuführen. Ein Käufer hatte sich bald gefunden und als Harald Wohlmacher, KFZ-Meister und Autohaus-Besitzer aus Junkersdorf bei Pfarrweisach vor mir stand, beschloss ich kurzerhand diesem sympathischen Mann einen Franken-Bonus zu spendieren und gab ihm den ehemaligen Vereinsbus weit unter dem Sammlerwert in die alte Heimat mit. Dieser freute sich natürlich, wie erwartet, und erzählte später: „Durch den TÜV ging er problemlos durch, jetzt wird er noch etwas hergerichtet – und dann ausgeliefert. An einen Kunden aus Rügheim – einen Erzieher….“ Na dann hoffe ich, dass auch dieser das gute Stück die nächsten 24 Jahre so gut pflegt wie ich.

Das Kind der Vertriebenen, die sich arrangieren müssen, ist in mir geblieben und einer, der immer mit gespitzten Ohren bei den Alten dabei war und „Marx ist Murks“ gehört und täglich bestätigt bekam, wird die Impffolgen von „Sozialismus ist Mist“ nicht mehr los. Aber diese vergangenen zehn Jahre in Tirol haben aus mir nicht nur einen begeisterten Lederhosen- und Trachtenhemden-Träger gemacht, sondern einen Menschen, der seine Lebensmitte, seinen perfekten Ort zu leben auf dieser großen Welt, gefunden hat. Vielleicht hat auch der Tiroler „Nationalheilige“ Andreas Hofer mit seinem unbezwingbaren und unsterblichen Freiheitsgedanken schon leicht auf mich abgefärbt, vielleicht war es mir aber auch bestimmt, in seinen Fußspuren wandeln zu dürfen. Jeden Morgen, wenn ich auf die imposanten Berge mit ihren meist mit pudrigem Schnee angezuckerten Gipfeln, deren Namen ich längst alle kenne, blicke, weiß ich, dass ich die richtige Entscheidung getroffen habe. Und dieses Wissen wird bei jedem gemütlichen Zusammensein mit meinen lieben und guten Freunden bei mir im Hotel, in deren Lokalen, Dorfkneipen oder auch in mehr oder weniger versteckten Almhütten immer wieder aufs Neue bestätigt.

„Arbeiten musst du überall", und „Wo du auch bist, das Leben ist immer ein Kampf", sind bis heute meine meistverwendeten Sprüche geblieben und haben sich mein ganzes Leben bewahrheitet. Hier in Tirol kennt mich jeder genauso in Arbeitsmontur, wie schon früher in Deutschland. Umbauen und ausbauen gehören zu meinen am besten gepflegten Hobbys. Der große Unterschied zu früher ist aber der, dass ich weiß, wofür ich schufte. Nicht jedem ist so viel Glück beschieden, im Kreise seiner Familie die zweite Lebenshälfte genießen zu dürfen. Myrjam und Steffen führen das Hotel mit Liebe und Hingabe und deren Kinder bringen Leben in den oft harten und langen Arbeitsalltag eines Gastronomiebetriebes.

Niklas, unseren „Großen" mit seinen Freunden ganz selbstverständlich im Winter Schi fahren gehen zu sehen ist ein immer wiederkehrender fantastischer Augenblick. Meine Enkelkinder wachsen als Kinder der Berge in dieser intakten und anmutigen Natur auf. Madeleine und Isabella bewegen sich jetzt schon selbstbewusst und mit einer Art angeborener Selbstverständlichkeit durch das Hotel und ich würde mich nicht wundern, wenn eine der beiden die gastronomische Familientradition weiterführen würde. Cousin Paul und Cousine Katharina wohnen zwar in Kitzbühel, aber da Tirol ja ein kleines Land ist, komplettieren sie den Enkelreigen regelmäßig. Die Augen dieser behüteten Kinder, die mit allen erdenklichen Chancen für ihre Zukunft aufwachsen, entschädigen mich für alle Strapazen und Hürden im Leben.

Mit meiner Frau war ich nicht immer einer Meinung was den Standort unseres Betriebes anging, der ja stets zugleich unser Lebensraum war. Aber in Bezug auf unsere neue Heimat waren wir uns von Anfang an einig: Tirol ist ein Gewinn für die ganze Familie. In einem kleinen Dorf wie Steinach Fuß zu fassen ist nicht ganz leicht, aber uns ist die Integration perfekt gelungen und ich würde fast sagen, wir fühlen uns als Einheimische. Der Dorftratsch hat mich noch nie interessiert, aber auf Du und Du mit den Menschen, die schon immer hier gelebt haben und jenen, die, wie wir, „zugereist“ sind, um es tirolerisch auszudrücken, zu leben, gibt uns dieses unvergleichliche Gefühl von Heimat. „Die Deutschen“ sind inzwischen „der Gerhard“ und „die Nicole“ geworden und unser Österreichischer Pass bestätigt dieses Empfinden von Zugehörigkeit auf dem Papier. „Integration ohne die Identität zu verlieren“ war stets mein Credo und ich bin der beste Beweis, dass diese Einstellung auch umsetzbar ist.

„Wenn der Mensch an einer Grenze ankommt, wo's nicht weitergeht, dann muss man halt alles liegen lassen.“, sagte ich an dem Tag, der unser Leben am meisten und nachhaltigsten veränderte, am 11. September 1989. Ich habe immer darauf vertraut, dass mir Gott einen Weg zeigt, der für mich und meine Familie gut ist. Dass ich ihn auch gehen und eventuell ein paar liegen gebliebene Steine wegräumen musste, sah ich immer als Teil des höheren Plans und nahm anschließend die Belohnung verdient in Empfang. Unser Leben in Deutschland war sicher nicht schlecht, aber wir waren wieder mal an dieser viel zitierten Grenze angekommen. Alles liegen zu lassen fiel keinem Familienmitglied besonders schwer, denn eine neue Herausforderung bietet immer eine große Chance auf etwas Größeres und Besseres. Auch diesmal hat sich unser Gottvertrauen ausgezahlt. Die anfänglichen Steine sind längst beseitigt und mit der täglichen Freude am Hier und Jetzt und dem Blick nach vorne steht einem glücklichen und vor allem zufriedenen Lebensabend nichts mehr im Weg.

Der Zigeuner, der mir schon in jungen Jahren nachgesagt wurde, hat sich aus meinem Herzen bis heute nicht verabschiedet, auch wenn ich mich mittlerweile als Tiroler fühle. Ein Leben ohne Reisen kann ich mir nicht vorstellen und ich nutze jede Gelegenheit um mit meiner Frau alte Freunde zu besuchen oder neue Gegenden zu erkunden. Jede Reise ist für uns ein Abenteuer von dem wir aber immer gerne heimkommen.

Steinach liegt nahezu in der Mitte Tirols und lädt förmlich dazu ein, kleine Abstecher über die nahe Grenze nach Südtirol oder in die nahe Landeshauptstadt zu machen. Auch die deutsche Grenze in Richtung Mittenwald ist mit etwa 55 Kilometern Entfernung, für unsere Begriffe, nur einen Steinwurf entfernt. Und wenn wir mal gar nirgends hinwollen, lassen wir unsere Seele am stillen Bergsee oder auf einer malerischen

Berghütte baumeln und atmen den frischen und wohltuenden Duft von Heimat, Freiheit und Glück.

Einer der schönsten Tage in meinem Leben: der 26. Juni 1976

Hausbau im „Do it yourself – Verfahren"

„Wenn der Mensch an einer Grenze ankommt, wo's nicht weitergeht, dann muss man halt alles liegen lassen."

Gerhard Meyer

Eintrag ins Aufnahmebuch des Lagers der Stadt Hammelburg…

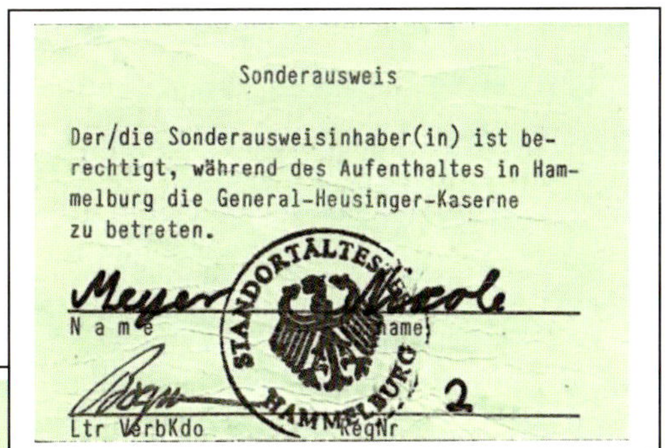

Sonderausweis

Der/die Sonderausweisinhaber(in) ist berechtigt, während des Aufenthaltes in Hammelburg die General-Heusinger-Kaserne zu betreten.

Meyer Nicole

Name Vorname

2

Ltr VerbKdo RegNr

STANDORTÄLTESTER HAMMELBURG

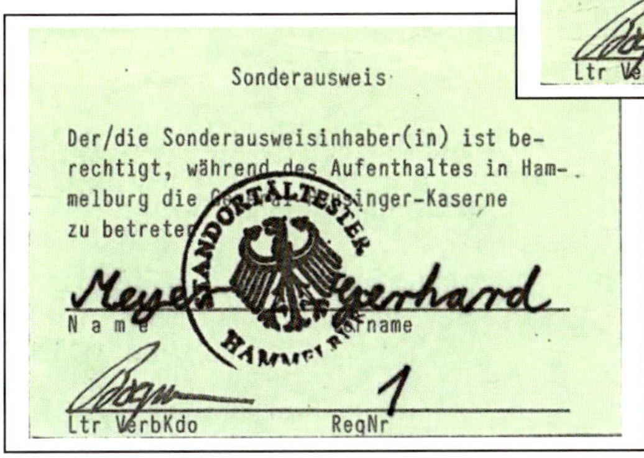

Sonderausweis

Der/die Sonderausweisinhaber(in) ist berechtigt, während des Aufenthaltes in Hammelburg die General-Heusinger-Kaserne zu betreten.

Meyer Gerhard

Name Vorname

1

Ltr VerbKdo RegNr

STANDORTÄLTESTER HAMMELBURG

…und Erhalt der Sonderausweise mit den Nummern 1 und 2.

Unsere erste Kneipe in Haßfurt, das „Haus der deutschen Einheit"…

… mit dem „Baum Deutschlands"…

… und der Flagge mit Reißverschluss.

Mit unserem Fluchtauto, dem schnellen Toyota Corolla GT

Durchbruch zur Küche im Ratskeller Lichtenberg…

… nach viel Schutt wegräumen endlich fliesen…

… und mit Bernd Hase und einem Presslufthammer werden auch die Fenster freigelegt.

Das Ergebnis konnte sich sehen lassen…

… und Myrjam erfreute die Gäste zu den Festen ganz speziell.

Prominente Gäste im Ratskeller Lichtenberg

Edita Limbach (mi)

Peter Gauweiler

Bürgermeister Diepken

Ratskeller Pankow, …

… mit selbst gepolsterter Ratsstube (oben) und blauem Salon (rechts)

„Kohl mit Biss“ - die längste Kohlroulade der Welt

1. Preis
beim Derby
1998

Finnegan's
Irish Pub

Unsere Silberhochzeit und gleichzeitig die Hochzeit von Myrjam und Steffen

Mein stolzer Schwiegervater mit seinen Enkeln

Silberhochzeit hin oder her, der Bräutigam kocht selbst

Mit Mama auf der Fähre nach DK

Mama und Tante Gertrud

Mit meinem guten alten
Freund Mitko Kolev
1992

Mitkos Frau, Vanja

Nicole und Mitko

Podiumsdiskussion anlässlich der Feier „25 Jahre Grenzöffnung“

Eintrag ins Goldene Buch der Stadt Passau

Überreichung der „Lumpenfahne“…

…und meiner Skulptur mit der Inschrift: „Einigkeit und Recht und Freiheit – 25 Jahre Grenzöffnung“

Noch Deutscher

Stolzer Tiroler

DANKSAGUNG

- Mein ganz großer Dank vorab gilt meiner Frau Nicole, die meine Meinung nicht immer geteilt hat aber doch beständig an meiner Seite war und ist, und der viel zitierten starken Frau hinter jedem starken Mann Leben eingehaucht hat,

- meinen Töchtern Myrjam und Denise, die mich jeden Tag aufs Neue stolz machen,

- den Familien Wagner und Günther aus Haßfurt-Sylbach (UFr), die ganz einfach da waren, als wir familiäre Hilfe gebraucht haben,

- den tausenden Helfern der „Deutschen Einheit“,

- der ungarischen Regierung für ihre spontane und unkonventionelle Öffnung der Grenze zum „Westen“,

- allen Mitarbeitern von Presse, Radio und Fernsehen, die mir mehr oder weniger wiederholt kostenlose Werbung beschert und mir zu gewisser Berühmtheit verholfen haben,

- den Mitarbeitern des Amtes der Stadt Haßfurt, die um eine rasche Abwicklung der Gewerbegenehmigung bemüht waren und mir bei allfälligen Problemen stets mit Rat und Tat zur Seite standen,

- dem Tourismusverband Bayern für die Anstrengung, uns durch rasche Integration an Land und Leuten teilhaben zu lassen,

- der Brauerei Hiernickel in Haßfurt für die hilfreiche und unbürokratische Geschäftsbeziehung

- und Angelika Diekmann, der Initiatorin der Veranstaltung „Menschen in Europa“